系统风险冲击、企业创新能力与股票价格波动性

Systemic Risk Shock, Enterprise Innovation Ability and Stock Price Volatility

张 慧　陈其安◎著

中国经济出版社
CHINA ECONOMIC PUBLISHING HOUSE
·北 京·

图书在版编目(CIP)数据

系统风险冲击、企业创新能力与股票价格波动性 / 张慧，陈其安著 . --北京：中国经济出版社，2023. 12

ISBN 978-7-5136-7561-1

Ⅰ. ①系… Ⅱ. ①张… ②陈… Ⅲ. ①股票价格-物价波动-研究 Ⅳ. ①F830. 91

中国国家版本馆 CIP 数据核字(2023)第 220912 号

组稿编辑　崔姜薇
责任编辑　焦晓云
责任印制　马小宾
封面设计　任燕飞

出版发行　中国经济出版社
印 刷 者　北京富泰印刷有限责任公司
经 销 者　各地新华书店
开　　本　710mm×1000mm　1/16
印　　张　13. 5
字　　数　204 千字
版　　次　2023 年 12 月第 1 版
印　　次　2023 年 12 月第 1 次
定　　价　88. 00 元
广告经营许可证　京西工商广字第 8179 号

中国经济出版社　**网址** www. economyph. com　**社址** 北京市东城区安定门外大街 58 号　**邮编** 100011
本版图书如存在印装质量问题，请与本社销售中心联系调换(联系电话：010-57512564)

前言

Preface

系统风险是股票市场普遍存在的风险，也是推动股票市场价格变化的重要因素。系统风险冲击造成的股票市场剧烈波动会给投资者、上市公司乃至国民经济造成巨大损害。证券监管部门、投资者和学术界密切关注股票市场，注重防范股票市场风险、维护股票市场平稳运行，这也是长期内我国经济发展的一项重要目标。在遭受系统风险冲击时，股票市场一般会经历明显的波动过程。不同上市公司的股票价格在系统风险冲击下会呈现出较大的波动性差异。探究影响股票价格波动性的特定因素，有助于揭示系统风险冲击下不同上市公司股票价格波动性呈现较大差异的原因，为上市公司提高创新能力和系统风险抵御能力、投资者应对系统风险和降低投资损失提供理论指导，为我国防范股票市场风险、维护股票市场平稳运行提供决策依据。从理论上讲，企业创新能力综合反映了企业创新活动的投入产出效率、整体生产率、发展潜力和核心竞争力，将对企业价值及资本市场表现产生重要影响。从实践层面来看，近年来，创新对经济增长的引擎作用日益凸显。创新驱动发展已经成为世界各国提升核心竞争力、抢占全球竞争制高点的战略共识和有力武器。现阶段，企业创新能力也是我国转变经济增长方式、培育新的经济增长点和建设创新型国家的重要支撑。

基于上述理论和现实背景，本书将系统风险冲击、企业创新能力和股票价格波动性纳入同一研究框架，将企业创新能力和系统风险冲击嵌入股票价值，借鉴经典的效用度量函数，构建投资者同质性条件下的基础模型，以及投资者异质性条件下的拓展模型，深入剖析系统风险冲击与企业创新能力对股票价格波动性的影响机理。在此基础上，结合中国股票市场的实际和上市公司样本数据进行了实证检验。本书的主要研究内容如下。

第一，介绍了企业创新理论、高阶梯队理论、资产定价理论和不完全信息理论，并围绕系统风险冲击与股票价格波动性、投资者结构与股票价格波动性、企业创新与股票价格波动性，以及外生风险冲击、企业微观特征与股票价格波动性四个方面对国内外相关文献进行了梳理和评析，明确了理论支撑和逻辑起点，确定了研究思路和研究框架。

第二，分析现有文献对系统风险冲击、企业创新能力、投资者结构和股票价格波动性等主要变量的度量方法，进而结合研究目的和研究对象，构建本书对上述主要变量的度量方法。本书以中国股票市场指数的持续性暴跌定义上市公司遭受的系统风险冲击，从创新投入、创新产出和创新环境三个维度构建一般上市公司创新能力指数，以上市公司信息交易者持股比例衡量投资者结构，对系统风险冲击与企业创新能力对股票价格波动性的影响进行实证研究。

第三，构建理论模型，揭示系统风险冲击与企业创新能力对股票价格波动性的影响机理，并基于中国上市公司样本对系统风险冲击与企业创新能力对股票价格波动性的影响进行实证检验。理论研究和实证研究结论如下：①系统风险冲击与股票价格波动性正相关，企业创新能力与股票价格波动性负相关。②企业创新能力对系统风险冲击与股票价格波动性之间关系具有负向调节效应，能弱化系统风险冲击对股票价格波动性的影响，进而起到稳定股票价格的作用。③企业创新能力降低股票价格波动性和弱化系统风险冲击对股票价格波动性影响的作用，在国有企业和非国有企业中均显著存在；相比非制造业企业，制造业企业创新能力对股票价格的稳定效应更加显著；相比中小板企业和创业板企业，主板企业创新能力对股票价格的稳定效应更加显著。

第四，通过构建投资者异质性条件下的理论模型，揭示了在股票市场上同时存在信息交易者与非信息交易者的情况下，系统风险冲击、企业创新能力与投资者结构对股票价格波动性的联合影响机理。理论研究结论如下：①在任何系统风险冲击和投资者结构下，创新能力都将降低股票价格波动性，即对股票市场价格具有稳定效应。②系统风险冲击对股票价格波动性的影响随企业创新能力和投资者结构不同而呈现不同特征，在企业创新能力较低的情况下，股票价格波动性将随系统风险冲击力度的加大而增大。③投资者结构在不同系统风险冲击和企业创新能力下会对股票价格波动性产生不同影响。当信息交易者持股比例较低时，股票价格波动性与信息交易者持股比例负相关；当信息交易者持股比例较高时，高(低)创新能力企业的股票价格波动性会随信息交易者持股比例增加而减小(增大)。这说明信息交易者持股比例对低创新能力企业股票价格波动性的影响存在门槛效应，而信息交易者持股比例较高的股票市场遵循"优胜劣汰"的市场选择机制。

第五，从企业经营绩效和投资者情绪两种中介渠道，实证研究了系统风险冲击与企业创新能力对股票价格波动性的影响路径。实证研究结果表明：①系统风险冲击与企业经营绩效显著负相关，与投资者情绪显著正相关；企业创新能力与企业经营绩效显著正相关，与投资者情绪显著负相关。②企业经营绩效并没有起到稳定股票价格的作用，而投资者情绪加剧了股票价格波动，说明中国股票市场存在企业基本面同其股票价格波动性相背离的现象，绩优并不能稳定股票价格。③企业经营绩效和投资者情绪是系统风险冲击与企业创新能力影响上市公司股票价格波动性的两个重要渠道，总体中介效应都显著存在，且体现为部分中介效应。

第六，结合中国股票市场的实际情境，实证研究了系统风险冲击、企业创新能力与投资者结构对股票价格波动性的影响。实证研究结果表明：①中国上市公司股票价格波动性与系统风险冲击显著正相关，与企业创新能力显著负相关，企业创新能力将显著降低系统风险冲击下的股票价格波动性。②信息交易者持股比例对股票价格波动性的影响存在门槛效应。当信息交易者持股比例低于一定门槛值时，将对股票价格波动性产生抑制作用；当信息交易者持股比例高于一定门槛值时，对股票价格波动性的影响将由抑制转变为促进。③中国上市公司较低的创新能力导致股票价格在系统风险冲击下呈现出暴跌现象，信息交易者持股也因上市公司创新能力普遍偏低而在总体上没能发挥稳定股票价格的作用。中国股票市场因缺乏严格的退市机制，没能使高持股比例信息交易者对低创新能力上市公司产生的“优胜劣汰”效应充分展现出来。

本书的特色和可能的创新体现在以下三个方面：

第一，历史上全球系统性风险从未停止过，学者在研究系统风险对股票价格的影响，以及探索增强企业风险应对能力方面付出了诸多努力，但较少关注企业创新能力对股票价格的稳定效应。本书将系统风险冲击、企业创新能力和股票价格波动性置于同一框架，丰富和拓展了企业创新经济效应相关研究，同时为我国实施创新驱动发展战略防范系统性风险提供了全新的视角。

第二，现有研究大多从实证层面考察系统风险对股票价格的影响，以及企业特定特征对企业稳定性的影响，本书尝试从理论层面构建一个系统的分析框架，丰富现有的理论研究成果。本书通过构建系统的理论模型，揭示了系统风险冲击、企业创新能力，以及投资者结构影响股票价格波动性的内在机理，并基于中国上市公司实际进行了实证检验和路径分析，验证了理论分析假说的合理性。

第三，相比现有文献，本书有一些新发现，如理论上信息交易者持股比例越高的市场，越遵循优胜劣汰的市场选择机制，但中国股票市场的实际情境表明，信息交易者持股比例对上市公司股票价格波动性的门槛效应取决于企业创新能力的强弱。本书的研究结论能够在一定程度上解释中国股票市场的异象，对传统金融市场理论提出的“信息交易者越多，股票价格越稳定”的观点进行了修正和补充。

目　录

Contents

第1章 Chapter 1

绪 论

1.1 研究背景与研究意义

1.1.1 研究背景

股票市场是实现资金融通和资源优化配置的重要场所，在国民经济中占据着举足轻重的地位。系统风险是驱动股票市场价格波动的核心因素，也是股票市场普遍存在的风险。国际金融危机、宏观经济政策、通货膨胀、战争冲突、政权更替、自然灾害等外生事件均可能成为股票市场系统风险冲击的来源。在遭遇系统风险冲击时，股票市场不可避免地要经历先系统性的剧烈下跌而后复苏上涨的过程，波动性会显著增大。防范股票市场风险、维护股票市场健康稳定发展是证券监管部门、上市公司、投资者和学术界共同关注的重要课题。中国股票市场起步较晚，在市场机制、制度环境等诸多方面都具有特殊性，其中，最突出的特征就是中国股票市场在系统风险冲击下呈现出脆弱性和不稳定性。

回顾中国股票市场发展实践，频频出现的系统风险冲击不但给经济发展造成了重创，还给上市公司和投资者带来了巨大损失。以 2015 年清理场外配资和去杠杆的政策冲击为例，中国股票市场在此次系统风险冲击下出现典型的暴涨、暴跌现象。从 2014 年 7 月开始，随着国有企业改革、养老保险基金入市等政策红利的持续释放，以及“一带一路”“互联网+”等概念股的刺激，中国股票市场投资者情绪不断高涨，推动市场行情持续上扬。在不到一年的时间里，上证指数从 2050 点上涨至 2015 年 6 月 12 日的 5166 点，涨幅达 152%；“牛市”的疯涨造成股市估值与经济基本面的偏离度持续加大，股市泡沫不断积聚。2015 年 6 月初，证监会开始采取去杠杆措施，陆续出台了一系列政策文件，要求清理场外配资和禁止未经批准的融资融券活动。在清理场外配资和去杠杆政策的外生冲击下，中国股票市场数次出现千股跌停的现象，主板、中小板和创业板指数均出现了持续性暴跌。沪深 300 指数从 2015 年 6 月 8 日的 5353.75 点开始持续暴跌，于 2015 年 7 月 8 日跌至 3663.04 点，跌幅达到 31.58%。其间，中小板和创新板指数的最大跌幅分别达到 38.1%和 39.4%。此次“股灾”中的单边持续暴跌和“恐慌式”踩踏严重打击了投资者的信心，破坏了金融市场的稳定性，造成中国股票市场的短期大幅震荡和长期疲软态势，对国民财富、投资者和上市公司都造成了巨大损害。值得注意的是，不同上市公司在此次系统风险冲击下有不同的股票市场表现，呈现出较大的股票价格波动性差异。上汽集团（股票代码：600104）在此时间区间从 26.11 元（收盘价）下跌到 25.23 元，跌幅为 3.4%，随后在 7 月 10 日恢复到 6 月 12 日 26.11 元的水平；中航高科（股票代码：600862）在相同时间区间从 39.12 元（收盘价）下跌到 15.39 元，跌幅达 60.7%，虽然在 7 月 24 日上涨到 26.97 元，但之后又呈现震荡下跌态势。不同股票在相同系统风险冲击下为什么会表现出不同的波动性呢？这显然是一个值得深入研究的问题。

从理论上讲，创新是经济增长的主要驱动力，也是企业核心竞争力的重要来源。根据内生增长理论，在企业人力资本和物质资本积累的过程中，研发和创新活动产生的技术进步会使要素的边际收益递增，是长期推动经济持续增长的内生因素。自约瑟夫·熊彼特提出创新理论以后，创新产生的经济效应一直是国内外学者研究的热点，大量理论和实证研究已经充分证实了创新对经济增长及企业价值的积极作用。已有研究表明，创新有助于长期提高企业的投资收益率（Cho and Pucik，2005；Prajogo，2006），对企业的成长能力和营利性具有正向推动作用（梁莱歆、张焕凤，2005），能促进企业的出口增长和国际化战略实施，是企业国际竞争力提升的主要驱动力（Guan and Ma，

2003)。在实践中，具有高创新能力的企业能通过引进或自主研发将新技术和新方法引入生产体系，改进现有工艺和质量，降低生产成本，提高生产效率；根据市场发展趋势迅速开发出新产品或新服务，在市场中获得垄断优势和定价权，抢占市场份额，进而为企业创造未来市场价值(任海云、师萍，2009)，提高企业绩效(王铁男、徐云咪，2012)。在资本市场影响方面，创新能提升企业的股票市场价值和投资者的超额收益，有助于增强投资者信心及一国经济发展的稳定性(Adcock et al.，2014)。因此，作为反映企业核心竞争力和未来发展潜力的综合指标，企业创新能力可能通过企业基本面和投资者行为两个因素对股票价格波动性产生重大影响。

从实践层面来看，在当前全球经济增长放缓、竞争新格局加速形成的背景下，创新被提到了前所未有的高度，创新驱动发展成为各国培育新的经济增长潜力、谋求新的竞争优势和抢占全球竞争制高点的战略共识。近年来，世界主要经济强国纷纷出台了系列政策文件，以加速创新战略规划和创新能力的提升：美国继《美国创新战略：确保我们的经济增长和繁荣》之后，于2015年出台了新版《美国国家创新战略》，集中于国民经济的重点领域实现创新与变革；2014年，《欧盟"地平线2020"计划》中制订了短期和长期的详细创新战略规划，欧盟科研一体化进程也在加速推进；日本和韩国分别提出了《未来10年经济增长战略》和《新增长动力规划及发展战略》。现阶段，提高创新能力是我国转变经济发展方式、加速经济结构调整和建设创新型国家的客观要求，创新在我国经济发展规划中受到空前的重视。继党的十八大首次提出创新驱动发展战略后，党的十九大明确指出，将创新打造成"引领发展的第一动力"。之后，国家相继出台了一系列政策文件，激发社会创新活力，培育企业创新主体，旨在实现将创新打造成促进经济增长、转变增长方式、构建国际竞争优势新引擎的目标。基于上述理论和现实背景，深入系统地研究系统风险冲击、企业创新能力与股票价格波动性的关系，不仅具有重要的理论价值，而且是我国加快实施创新驱动发展战略、维护股票市场平稳发展的现实需要。

1.1.2 研究目的与研究意义

1.1.2.1 研究目的

本书总体研究目的是深入系统地分析系统风险冲击与企业创新能力对股票价格波动性的影响，为我国防范股票市场风险、优化投资者结构、维护股票市场平稳发展提供理论依据和实践指导。总体研究目的又可分为以下几个子目的：

第一，围绕系统风险冲击、企业创新能力对股票价格波动性的影响这一研究主题，归纳梳理相关理论，奠定本书的理论基础。梳理国内外已有文献，分析相关研究取得的成果及存在的不足，确定本书的研究起点，形成研究思路和研究框架。

第二，构建理论模型，揭示系统风险冲击与企业创新能力影响股票价格波动性的微观机理。首先，构建投资者同质性条件下的基础模型；其次，放松投资者同质性的假设条件，将基础模型扩展到投资者异质性条件下的理论模型，并结合研究结论阐述其合理性和经济含义。

第三，在理论研究的基础上，实证检验系统风险冲击与企业创新能力对股票价格波动性的影响。从创新投入、创新产出和创新环境三个维度构建企业创新能力指标，以中国股票市场的持续性暴跌定义系统风险冲击变量，采用层次回归分析研究系统风险冲击与企业创新能力对股票价格波动性的影响，并进一步分析上述关系在不同分类样本上的差异。

第四，考察系统风险冲击和企业创新能力对股票价格波动性的影响路径，实证研究企业绩效和投资者情绪在系统风险冲击与企业创新能力对股票价格波动性影响中的中介效应。

第五，结合中国股票市场特定情境和上市公司样本数据，实证研究系统风险冲击、企业创新能力与投资者结构对股票价格波动性的影响，对投资者异质性条件下的理论模型进行实证检验，并基于实证结果阐明其经济意义和政策含义。

第六，提出提升上市公司创新能力、优化投资者结构和维护股票市场平稳发展的建议。本书的研究结论表明，提高上市公司创新能力是弱化系统风险冲击、降低股票价格波动性的有效途径，优化投资者结构是充分发挥资本市场鼓励创新功能和实现“优胜劣汰”的重要保障，资本市场的制度环境建设是发挥企业创新能力和投资者结构对股票价格稳定效应的前提条件。

1.1.2.2 研究意义

(1)理论意义

第一，将企业创新理论和资产定价理论结合起来，拓宽了研究视角，完善了已有的分析框架。通过文献梳理可以发现，已有研究大多围绕企业创新理论或资产定价理论进行研究，仅有极少数文献将二者结合起来，考察二者的内在关系和可能的影响机理，研究视角较为单一。本书通过理论建模和实证检验获得了企业创新能力能获得资本市场正向反馈的理论支撑与经验证据，拓展了原有的研究视角，补充了企业创新理论和资产定价理论的相关研究。

第二，构建理论模型，揭示了投资者同质性条件下系统风险冲击与企业创新能力影响股票价格波动性的微观机理。通过纳入系统风险冲击和企业创新能力变量，借鉴经典的投资者效用函数，构建数学模型，揭示了系统风险冲击和企业创新能力对股票价格波动性的影响机理，并结合模型结论阐明了其合理性和经济含义。

第三，构建理论模型，揭示了投资者异质性条件下系统风险冲击和企业创新能力对股票价格波动性的影响机理。考察投资者异质性条件下系统风险冲击与企业创新能力对股票价格波动性的影响方向和影响条件，为更加全面、系统地把握系统风险冲击、企业创新能力、投资者结构与股票价格波动性之间的关系提供了新的研究思路。

第四，在一定程度上修正和补充了传统金融市场理论中“信息交易者越多，股票市场价格越稳定”的观点，为更加深入和全面地把握信息交易者在股票市场发挥的作用提供了理论借鉴。通过投资者异质性条件下系统风险冲击与企业创新能力对股票价格波动性影响的理论研究，证明了信息交易者持股比例在不同条件下会对股票价格产生不同影响：当信息交易者持股比例较低时，股票价格波动性与信息交易者持股比例负相关；当信息交易者持股比例较高时，高(低)创新能力企业的股票价格波动性会随信息交易者持股比例增大而降低(提高)，信息交易者持股比例对低创新能力企业股票价格波动性的影响存在门槛效应。

第五，补充和完善了投资者结构的相关文献，为微观金融领域的相关研究提供了新的视角和思路。现有对投资者结构的研究大多围绕机构投资者对市场定价效率、流动性和波动性方面的影响展开，鲜少探究投资者结构影响股票市场价格的微观机理。本书通过构建理论模型，阐明了信息交易者在股票市场发挥"优胜劣汰"的选择机制和优化资源配置功能中的重要作用，为微观金融领域投资者结构相关研究提供了新的视角和经验借鉴。

(2)现实意义

第一，为我国激发企业创新活力，促进上市公司自觉提升创新能力，加速推进创新驱动发展战略的政策制定提供理论基础和决策依据。近年来，创新驱动发展成为各国打造经济增长新引擎和参与国际竞争的重要手段，也是世界经济强国经济发展中的战略共识。企业是市场活动中的创新主体，如何促进企业发挥创新主体作用、自觉提升创新能力是创新驱动发展战略实施中的关键问题。本书通过构建数学模型，从理论上证明了在信息交易者持股比例较高的股票市场中，当遭遇系统风险冲击时，低创新能力企业可能在系统风险冲击下被市场淘汰，而自觉提升创新能力是上市公司不被市场淘汰和谋求可持续发展的重要手段。本书为建立创新激励机制和"倒逼"机制，最大限度发挥股票市场鼓励创新职能，推进创新驱动发展战略实施提供了微观理论基础和决策依据。

第二，为增强上市公司系统风险抵御能力，维护股票市场的可持续发展提供了经验借鉴。相比国外成熟股票市场，中国股票市场带有典型的"牛短熊长""暴涨暴跌""政策市"特征，股票市场历史上由经济政策冲击导致的系统风险屡屡出现，增强上市公司的抗风险能力、维护股票市场的平稳运行是国民经济发展的迫切需求。本书基于中国股票市场的现实情况，系统考察系统风险冲击、企业创新能力、投资者结构对股票价格波动性的影响方向和影响程度，阐明企业创新能力和信息交易者对股票市场价格的稳定效应，为上市公司提高抗风险能力、政府制定相关政策提供参考，为我国维护股票市场平稳运行探寻可行的路径。

第三，为完善股票市场"优胜劣汰"机制，提高市场资源配置效率的相关政策制定提供了微观基础和理论依据。本书借鉴经典的效用函数，建立数学模型，深入剖析投资者异质性条件下系统风险冲击、企业创新能力和投资者结构对股票价格波动性的影响。理论研究结果证明了信息交易者持股对股票价格的稳定效应——信息交易者持股比例更高的股票市场，"优胜劣汰"的市场选择机制更成熟，为我国通过优化投资者结构、加强投资者素质建设、完善上市公司退市制度、强化上市公司信息披露等途径充分发挥股票市场"优胜劣汰"的市场选择机制作用，提高市场资源配置效率提供理论依据。

第四，为投资者提高风险防范意识、降低投资损失提供了理论指导。本书将理论和实证相结合，深入研究系统风险冲击与企业创新能力对股票价格波动性的影响，结合中国股票市场的特定情境和样本数据，阐明了系统风险冲击对股票价格波动性的正向推动作用，以及企业创新能力对股票市场价格的稳定效应，为投资者通过密切关注系统风险冲击源、提高风险防范意识、持有高创新能力上市公司股票等方式抵御系统风险及降低投资损失提供了理论指导和可行性建议。

1.2 研究内容和研究方法

1.2.1 研究内容

本书研究内容具体安排如下。

第1章，绪论。首先，立足中国股票市场一贯呈现出的脆弱性和不稳定性等典型特征，结合创新驱动发展战略，引出研究问题，并进一步阐明研究目的和研究意义；其次，围绕研究问题，介绍本书的研究内容和主要研究方法，并进一步阐述整体思路和结构框架；最后，对本书特色和主要创新点进行总结。

第 2 章，理论基础与文献综述。围绕研究问题，对企业创新理论、高阶梯队理论、资产定价理论、不完全信息理论进行梳理，对系统风险、企业创新能力、投资者结构、股票价格波动性等核心概念进行界定，奠定本书的理论基础；从系统风险冲击与股票价格波动性，投资者结构与股票价格波动性，企业创新能力与股票价格波动性，外生风险冲击、企业微观特征与股票价格波动性四个方面对现有文献进行了梳理和评析，明确已有研究存在的不足和可拓展的研究空间，形成本书的逻辑起点和重要借鉴。

第 3 章，主要变量的度量。通过梳理国内外相关研究，对系统风险冲击、企业创新能力、投资者结构、股票价格波动性等主要变量的度量方法进行分析，并提出本书对主要变量进行度量的思路和方法。

第 4 章，系统风险冲击与企业创新能力对股票价格波动性的影响：理论模型与机理分析。分别构建了投资者同质性和投资者异质性条件下系统风险冲击与企业创新能力影响股票价格波动性的理论模型。首先，借鉴经典的效用函数，构建投资者同质性条件下系统风险冲击、企业创新能力影响股票价格波动性的理论模型，从微观层面揭示系统风险冲击和企业创新能力对股票价格波动性的作用机理；其次，放宽投资者同质性的假设条件，将投资者同质性条件下的基础模型扩展到投资者异质性条件下的理论模型，揭示在股票市场同时存在信息交易者和非信息交易者的条件下系统风险冲击、企业创新能力与投资者结构对股票价格波动性的联合影响机理。

第 5 章，系统风险冲击与企业创新能力对股票价格波动性影响的实证研究。基于微观企业视角，以中国 A 股上市公司为样本，以中国股票市场指数的持续性暴跌定义系统风险冲击变量，从创新投入、创新产出和创新环境三个维度度量企业创新能力，实证研究系统风险冲击与企业创新能力对股票价格波动性的影响，对投资者同质性条件下的理论研究结论进行检验。在此基础上，进一步分析上述关系在不同产权性质、行业属性和上市板块的企业存在的差异，以提高研究结论的针对性和参考价值。

第 6 章，系统风险冲击与企业创新能力对股票价格波动性的影响路径：企业经营绩效与投资者情绪的中介效应。在第 4 章理论研究的基础上，本章实证研究企业绩效与投资者情绪在系统风险冲击和企业创新能力对股票价格波动性影响中的中介效应，并进一步分析系统风险冲击与企业创新能力对股票价格波动性的影响路径在不同子样本上可能呈现的差异。

第7章，系统风险冲击、企业创新能力与投资者结构对股票价格波动性影响的实证研究。考虑投资者结构因素，以中国A股上市公司为样本，以机构投资者持股比例衡量信息交易者持股比例，实证研究系统风险冲击、企业创新能力与投资者结构对股票价格波动性的影响，对投资者异质性条件下的理论模型进行实证检验，并在此基础上考察上述关系在不同产权性质、行业属性和上市板块企业可能呈现的差异。

第8章，研究结论与展望。首先，总结本书理论研究和实证研究的结论；其次，结合中国股票市场的制度背景和现实特征，提出推进创新驱动发展战略、维护股票市场平稳健康发展的建议，为我国培育创新激励机制、优化投资者结构、完善股票市场制度提供决策依据；最后，提出研究存在的局限性，以及未来可能的研究方向。

1.2.2 研究方法

本书在对相关理论和国内外已有文献进行梳理的基础上，考虑投资者同质性和异质性情形，综合运用理论研究与实证研究相结合、定性研究与定量研究相结合、对比分析等方法，研究系统风险冲击、企业创新能力对股票价格波动性的影响。

第一，文献研究方法。在第2章，通过搜集和回顾国内外相关文献，对企业创新理论、高阶梯队理论、资产定价理论、不完全信息理论及相关文献进行了梳理，明确了研究的理论基础，掌握了该领域的研究现状及存在的不足，形成了清晰的研究思路和完整的研究框架。

第二，对比分析方法。在第5章至第7章的实证研究中，鉴于不同产权性质、行业和上市板块企业在创新活动的特征、股票价格稳定性的影响因素等方面均有所不同，在全样本研究的基础上，进一步对样本进行细分，对比分析系统风险冲击与企业创新能力对股票价格波动性的影响在不同类型企业中的差异。

第三，数理模型推导法。在第 4 章，采用了理论建模与逻辑分析相结合的方法，构建数学模型揭示了系统风险冲击、企业创新能力对股票价格波动性的影响机理，并结合模型推导的结论阐述了其合理性和经济含义。

第四，计算机仿真方法。在第 4 章，针对投资者异质性条件下的理论模型，采用计算机编程对理论模型的研究结论进行仿真分析，以更加清晰、准确地把握系统风险冲击、企业创新能力和投资者结构对股票价格波动性的影响条件与影响方向。

第五，计量经济学方法。在理论研究的基础上，在第 5 章至第 7 章分别采用了调节效应模型、中介效应模型和面板门槛模型等计量经济学方法进行实证研究。

1.3 研究思路与结构框架

本书遵循“问题提出—理论研究—实证研究—结论与建议”的逻辑展开研究。在理论研究中，首先，构建投资者同质性条件下的系统风险冲击与企业创新能力影响股票价格波动性的基础模型；其次，将投资者同质性条件下的基础模型拓展到投资者异质性条件下的理论模型，深入剖析在股票市场同时存在信息交易者和非信息交易者的条件下，系统风险冲击、企业创新能力和投资者结构对股票价格波动性的联合影响机理，并对投资者异质性条件下的理论模型进行仿真分析。在实证研究中，首先，检验系统风险冲击和企业创新能力对股票价格波动性的影响；其次，考察企业经营绩效和投资者情绪在上述关系中的中介效应；最后，考虑投资者结构因素，实证研究系统风险冲击、企业创新能力与投资者结构对股票价格波动性的影响。

本书的技术路线如图 1.1 所示。

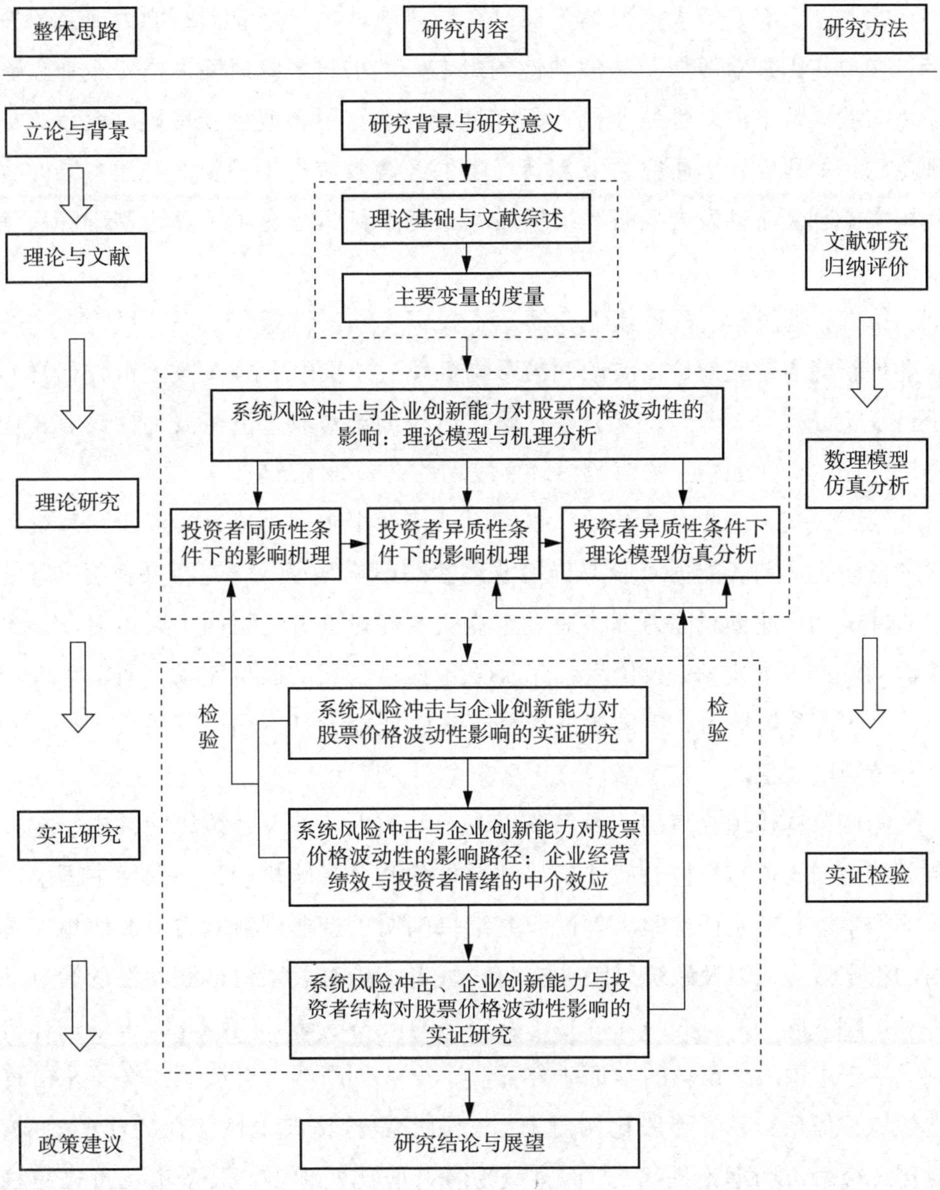

图 1.1　技术路线

1.4　主要创新点

本书的主要创新点体现在以下四个方面：

第一，已有研究大多聚焦于探讨系统风险冲击、企业创新能力或者投资者结构单一因素对股票价格波动性的影响。本书将系统风险冲击、企业创新能力与股票价格波动性置于同一研究框架，丰富了企业创新理论、股票市场理论的相关研究，为研究企业创新产生的经济效应提供了新的视角，同时为我国实施创新驱动发展战略和维护股票市场平稳运行提供了理论基础和决策依据。

第二，通过构建理论模型，揭示了投资者同质性条件下系统风险冲击与企业创新能力对股票价格波动性的影响机理，并采用中国 A 股上市公司样本进行了实证检验。研究结果表明：系统风险冲击对股票价格波动性具有正向推动作用；企业创新能力对股票价格波动性具有抑制效应。

第三，基于企业经营绩效和投资者情绪两个中介渠道，实证研究系统风险冲击与企业创新能力对股票价格波动性的影响路径。研究结果表明，系统风险冲击和企业创新能力都将通过企业绩效与投资者情绪两个渠道对股票价格波动性产生影响——投资者情绪加剧了上市公司的股价波动，而上市公司绩优并不能稳定股价，中国股票市场存在企业经营基本面同其股票价格波动性相背离的现象。

第四，构建理论模型，揭示了投资者异质性条件下系统风险冲击、企业创新能力与投资者结构对股票价格波动性的联合影响机理，并采用中国上市公司样本进行了实证检验。理论研究结果阐明了企业创新能力对股票市场价格的稳定效应，以及系统风险冲击与投资者结构对股票价格波动性的影响条件和影响方向，信息交易者持股比例较高的市场更具“优胜劣汰”市场选择机制。基于中国股票市场的实证研究证实了企业创新能力对股票市场价格的稳定效应，信息交易者持股比例对上市公司股票价格波动性存在的门槛效应，对传统金融市场理论提出的“信息交易者持股比例越多，股票市场价格越稳定”的观点进行了修正和补充。由于中国上市公司创新能力普遍偏低，信息交易者持股总体上没能发挥稳定股票价格的作用；而中国股票市场严格退市机制的缺乏，使信息交易者持股对低创新能力上市公司产生的“优胜劣汰”效应没能得到充分展现。这为我国通过优化投资者结构、改善信息披露环境等途径发挥股票市场鼓励创新和优化资源配置的功能提供了理论基础与决策依据。

第2章
Chapter 2

理论基础与文献综述

本章介绍了本书借鉴的理论，阐述了企业创新理论、高阶梯队理论、资产定价理论、不完全信息理论的内涵，明确了本书的理论依据；对系统风险、企业创新能力、投资者结构、股票价格波动性等核心概念进行了界定，为本书奠定了研究基础；从系统风险冲击与股票价格波动性、投资者结构与股票价格波动性、企业创新与股票价格波动性，以及外生风险冲击、企业微观特征与股票价格波动性四个方面对国内外相关文献进行了梳理和分析，明确了国内外研究现状及存在的不足，掌握了该研究领域的发展趋势，同时为本书形成完整的研究思路和研究框架奠定了基础。

2.1 理论基础

2.1.1 企业创新理论

“创新”这一概念始于奥地利经济学家约瑟夫·熊彼特。在早期经济学领域的研究中，新知识和发明通常被当作理论分析框架中的外生变量(Freeman and Soete，1997)，创新的作用一度被忽视。1912 年，熊彼特在其经典著作《经济发展理论》中首次对创新的内涵及表现形式进行了阐述，并强调了创新对经济发展的重要性。自此以后，创新理论引起国内外学者的广泛关注和浓厚兴趣，创新及其产生的经济效应成为经济管理学领域研究的热点问题，经久不衰。根据熊彼特提出的创新理论，创新是新的生产函数的建立，通过在现有生产体系中引入新的生产要素，或者对生产要素的重新组合获取更多的利润和潜在收益。具体而言，创新可表现为五种形式：推出新产品、采用新的生产方法和工艺、采用新的原料、开拓新的市场、调整和变革组织形式（Schumpeter，1942）。在早期创新理论之后，熊彼特分别于1939年和1942年对创新理论进行了拓展和补充，将创新与发明创造的概念区别开来。他提出，发明创造是指新的概念和试验产品的产生；而创新是指将新技术和发明引入生产体系生产出商品，并进一步将商品推向市场，实现商业化和产业化的过程。此外，他还提出，由于创新活动往往需要较大的资源投入，伴随着不确定性和风险性，大企业在创新活动中居于主导地位，并强调了创新对企业和经济发展的重要作用，初步形成了较为完善的创新理论。

对创新概念的界定是创新理论研究领域的核心问题之一，在熊彼特之后，众多学者基于不同视角阐述了创新的内涵。Flexner和Pfeffer（1957）提出，创新是发明创造、资本获取、厂房建造、劳动力雇佣等企业生产过程的组合。Mansfield（1968）将创新定义为企业从新构思开始，直到完成新产品交货和销售为止的整个探索活动。Freeman（1995）延续了这一观点，认为技术创新是一个发现新机会，并经过开发、生产、营销等环节实现将发明创造成功商业化的反复过程。1998年，经济合作与发展组织（OECD）在《科技发展概要》中对技术创新的概念进行了界定，提出技术创新是“发明首次被应用于商业”，应该同时包括技术的发明创造和实现商业化的过程，并强调要重视新技术和发明创造的成果转化与推广。此外，国外学者Christensen（1997）基于资源改造的视角，认为创新是企业组织改变现有资源产出、实现财富创造和价值增值的过程。Christensen（1997）指出，创新体现为企业将资金、劳动力、原材料和信息等资源转化为具有市场价值产品的科技活动中的变革，涵盖了企业日常经营的诸多环节。国内学者许庆瑞（2002）最早对技术创新理论进行研究，认为技术创新是指对现有知识进行新综合，或者将新技术首次推广应用进而转化为生产力的过程。可见，他延续了创新过程的视角，认为技术创新不仅指新产品的开发、新技术的采用、生产工艺的改进等，还包含将这些成果进行市场推广和实现商业价值的过程。

依据不同的研究视角和分类标准，可将创新分为不同的类型。Myers 和 Marquis(1969)按照程度不同，将创新划分为渐进式创新、突破式创新和系统式创新。对现有产品、服务和生产体系的改良，以及技术的变革提升为渐进式创新；对现有产品、服务、生产和销售体系的全新突破与更替为突破式创新；现有生产体系中各要素的重新组合和新功能的实现为系统式创新。根据技术来源不同，又可将创新分为模仿创新、合作创新和自主创新。模仿创新是指通过引进、购买等方式获得核心技术和方法，进而进行改进和研发，形成自身特定的创新成果；合作创新主要是指与高校、科研机构及其他企业进行分工合作和开展研发活动，充分发挥各自的比较优势，以提高创新的效率和成功的可能性；自主创新又称"内源创新"，主要是指依靠自身力量进行核心技术的研发，并将创新成果推向市场，实现商业化和产业化的过程。由于创新往往需要较大的资源投入，同时又存在风险性和时间周期的不确定性，模仿创新和合作创新是现实经济活动中使用最为广泛的两种创新方式。

需要注意的是，创新同创新能力存在本质上的不同。创新存在不确定性和失败的概率，高收益伴随高风险是企业创新的典型特征，创新的不确定性和风险将随着创新程度的提高而加大(Carl，1999)。国内外不少学者研究了企业创新的风险。一般而言，影响企业创新的因素不仅包括政策法规、市场发展趋势等外部因素，还包括企业资金渠道、发展战略、研发团队等内部因素，这些因素的变动和不确定性均可能导致企业创新活动的失败。技术的可行性和先进性，以及生产的不确定性形成了创新中的技术风险；市场需求、市场竞争趋势、市场进入时机的捕捉和把握构成了创新中的市场风险；企业决策失误、高管与核心人才的激励、财务和信息系统的管理构成了创新过程中的组织管理风险；政治法律、技术经济环境及社会文化因素等企业运营环境的变化均可能引致企业创新的外部环境风险。以上诸多因素都会对创新的成败产生极其重要的影响(王立新 等，2006)。吴涛(2004)认为，企业内外部环境的复杂性，以及企业自身能力的局限性都可能导致创新活动的失败，从而使企业无法实现目标；企业员工或者管理层对变革的抵制(Galia and Legros，2004；Hewitt-Dundas，2006)、高层管理人员对创新的支持程度也会影响企业创新的成败。相比企业创新本身，创新能力是企业在日常运营和创新活动中形成的一种核心能力，体现为企业成功采纳新思想和工艺形成新市场化产品的能力，是技术研发能力、战略管理能力、信息获取能力、市场洞察能力等的系统整合（Barton，1992；Burgelman，1998），是反映企业核心竞争力、创新效率、未来增长潜力和内在价值的综合指标。

自熊彼特提出创新理论以来，创新逐渐被纳入经济管理学学科的研究范畴，学者对创新领域的研究倾注了极大的热情，并取得了丰富的研究成果。其中，创新产生的经济效应是该领域研究的热点问题。创新对企业绩效和企业价值的积极影响已在国内外学者的大量理论与实证研究中被证实（Lanjouw and Schankerman，2004；Mosnier and Gayet，2004；徐欣、唐清泉，2010；周煊 等，2012）。Chan 等（2001）从研发投入的角度衡量企业创新能力，发现创新能力有助于提升企业的股票市场价值，研发投入越高的企业，股票超额收益越高。创新能力与企业出口增长呈正相关关系，是提高企业国际竞争力的主要驱动力（Guan and Ma，2003）。创新能力能显著促进新兴国家中小企业出口绩效的提升，有助于企业国际化战略的实施（Oura et al.，2016）。从长期来看，创新有助于提高企业的投资收益率，对企业的成长能力和营利性具有正向推动作用（Cho and Pucik，2005；Prajogo，2006）。考虑研发活动的投入产出时滞后，研发投入对企业的盈利能力和发展能力将产生促进作用（梁莱歆、张焕凤，2005）。Cainelli 等（2006）的研究证实了创新对企业生产率和增长率的正向推动作用。以技术知识存量衡量的创新能力能为企业创造未来市场价值（任海云、师萍，2009；罗婷 等，2009），与企业绩效显著正相关（王铁男、徐云咪，2012）。创新投入通过投资者信心的中介效应对公司价值产生显著的正向影响（唐玮、崔也光，2017）。

通过梳理相关文献可以发现，国内外学者围绕创新的概念和内涵、创新能力的度量、创新绩效、创新投资决策的影响因素等进行了诸多探讨，并形成了丰富的研究成果。其中，创新能力对经济增长和企业绩效的积极作用已被普遍接受与广泛认可。创新能力是企业核心竞争力的重要来源，在生产实践中，高创新能力的企业能通过引进或者自主研发的方式将新技术和新方法引入生产体系，改进现有的工艺和产品质量，进而降低生产成本和提高生产效率，根据市场发展趋势迅速开发出新产品或新服务，在市场中获得垄断优势和定价权，抢占市场份额。因此，创新能力是影响企业绩效和市场价值的重要因素，这为本书将系统风险冲击、企业创新能力和股票价格波动性纳入统一研究框架，考察企业创新能力对股票价格波动性的影响提供了理论依据。

2.1.2　高阶梯队理论

企业高管的概念可追溯到 Cyert 和 March(1963)的著作 *Behavioral Theory in the Firm*。他们在研究中将企业看作一个充满竞争性和内部利益冲突的结合体。一方面，企业内部各部门的经营目标常常会因不一致而出现冲突；另一方面，受认知和价值观等因素的影响，管理者在采用理性方法进行战略决策时会产生偏差。为了实现同一组织目标，在企业战略决策的过程中，需要建立管理者联合团体，即管理者联盟(Cyert and March，1963)。1984 年，美国学者 Hambrick 和 Manson 在经典论文《高层梯队理论：组织作为高层管理者的反映》中首次提出高阶梯队理论，认为管理者个体的有限理性会使高管团队的整体特征比单个高管人员特征对组织产出具有更强的解释能力和预测能力，强调了团队整体的战略决策对组织目标实现的重要影响。根据该理论，高管团队是指企业高层管理人员组成的团体，包括副总经理及以上向企业领导者进行直接汇报的所有管理人员。但是，综观已有研究文献，由于研究视角和研究目的不同，国内外学者对高管团队的概念界定和统计口径也存在差异，并没有达成共识。Fredrickson(1984)将高管团队界定为由公司首席执行官(CEO)选定的在企业重大经营决策中起关键作用的经理人构成的团队。Christophe 等(2009)延续了这一观点，认为高管团队是 CEO 确定的参与公司战略决策的高管人员构成的团体。Finkelstein 和 Hambrick(1996)认为，高管团队成员是指董事会中的所有高层管理人员，即主席、CEO、副总裁等。与此类似，学者 Carmeli 和 Halevi(2009)、Abraham 等(2011)在研究中将 CEO、财务总监等副总裁以上人员构成的团体视为高管团队。此外，有些学者对高管团队概念界定的口径更宽泛，将中层管理人员也纳入高管团队。例如，国外学者 Dwyer 等(2003)、Wei 和 Wu(2013)，国内学者张平(2007)、贺远琼和陈昀(2009)，都认为除了 CEO、副总裁、总经理以上级别的人员外，职能部门主管、总会计师等中层管理人员也会对企业的战略决策产生重要影响，是高管团队的重要组成部分。我国公司法规定的高级管理人员，包括公司经理、副总经理、董事会秘书、财务负责人员，以及公司章程中规定的其他人员。

与传统古典经济学的假设条件不同，高阶梯队理论提出，作为企业决策主体的高层管理人员是有限理性的。根据 Hambrick 和 Mason(1984)提出的理论，企业高层管理人员会根据面临的具体组织情境做出个性化的诠释和决策，其行为反映了高管人员的认知、价值观和经验等微观个性特征；高管基于自身心理特质做出决策，参与形成组织的战略；高管层内部的决策参与行为存在互动和相互影响，相比单个高管成员，高管团队的整体特征对组织的产出具有更好的解释能力和预测能力；年龄、教育背景和职业轨迹等人口统计学特征可以反映高管团队的认知水平与心理特征；高管团队的整体特征又将通过企业并购、创新等战略决策对企业绩效等组织产出产生重要影响。Hambrick 和 Mason(1984)的高阶梯队理论研究框架如图 2.1 所示。

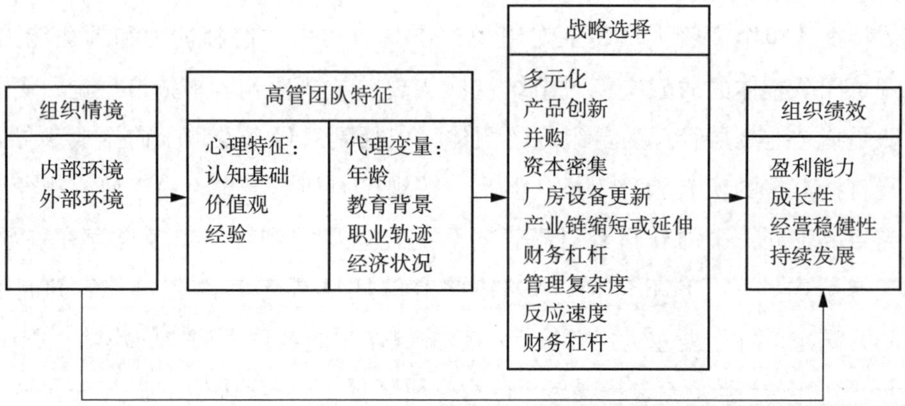

图 2.1　Hambrick 和 Mason 的高阶梯队理论研究框架

在 Hambrick 和 Mason 提出高阶梯队理论之后，Finkelstein 和 Hambrick (1996)、Finkelstein 等(2008)对其进行了拓展和改进。他们创新性地提出，高管团队包括团队过程、团队结构和团队组成三个核心要素。其中，团队过程主要研究内部冲突和团队凝聚力，团队结构体现为高管团队内部的相互依赖性和规模大小，团队组成主要研究内部人员的多样性特征和异质性。相比 Hambrick 和 Mason(1984)的高阶梯队理论模型，优化和改进后的高阶梯队理论模型更加强调高管团队人员内部的依赖性、互动性和异质性。综合来看，两种主流的高阶梯队理论都基于高管人员有限理性的假定，认为高层管理人员是有限理性的，聚焦于探讨高管团队的年龄、职业轨迹等微观个性特征与企业战略和企业绩效之间的关系。其逻辑思路和分析框架具有一致性：高管人员是有限理性的，高管的年龄、教育背景、经济基础和职业轨迹等人口统计学特征极大地影响了高管人员的认知及其对组织情境的诠释与抉择，进而通过战略决策影响企业绩效等组织产出。此外，面对企业内外部环境的复杂多变和不确定因素，单个高管人员认知和能力水平的局限会造成决策的偏误，高管团体的战略决策能更好地评估和把握组织情境的整体局势，降低战略决策中的偏误风险。因此，高管团队的整体特征对企业绩效等组织产出有更大的影响力和预测能力。梳理已有文献可以发现，由于高管的年龄、性别、任期、教育背景、经济基础等人口统计学特征能较好地反映高管团队人员的认知基础、心理特征和价值观等，且具有容易测度的优点，在高管团队背景特征与企业行为之间关系的研究中被广泛采用。已有研究表明，在高管团队年龄对企业的影响方面，高管团队人员越年轻，学习能力和适应性越强，越会对企业的发展潜力和成长性产生正向影响（Hart and Mellors，1970；Child，1975；徐经长、王胜海，2010）。此外，平均年龄较低的高管层风险承受能力和自信心较强（Milliken and Martins，1996），在应对复杂多变的内外部环境和不确定因素时，更倾向于采取进攻性的策略进行战略变革（Bantel and Jackson，1989），通过多元化经营战略和全球化战略拓宽市场份额（Wiersema and Bantel，1992；Tihanyi et al.，2000）。在高管团队的教育背景对企业行为的影响方面，学者一般认为高管层的平均受教育程度越高，学习能力和认知水平越高，在复杂多变的企业内外部环境中的信息处理能力、觉察能力和适应能力越强，越能承担风险和不确定性（Smith et al.，1994），他们通过战略变革和创新，实现多元化和国际化的经营，以拓宽业务领域（Cho et al.，1994；Goll and Johnson，2008）。

综上所述，高管团队的人口统计学特征会对企业的运营发展和战略决策产生重要影响，而创新能力是企业在重大决策和创新实践中逐渐积累与提升的能力。因此，高管团队的个性特征将在企业创新能力形成过程中发挥重要作用，这为本书用高管的个性心理特征度量企业创新环境奠定了理论基础。基于高层管理人员有限理性的客观现实，结合高管年龄、受教育程度等个性特征度量企业创新环境，进一步将创新环境纳入企业创新能力的评价维度，能对企业创新能力进行更加准确和全面的度量。基于此，研究企业创新能力与股票价格波动性关系得出的研究结论更加合理和可信。

2.1.3 资产定价理论

对资产定价的研究可以追溯到 Bernoulli 在 1738 年发表的论文 *Exposition of a New Theory on the Measurement of Risk*。Bernoulli 在该文中首次对不确定性条件下的决策问题进行了描述和解释，这可以看作资产定价理论的开端。20 世纪 50 年代，资产定价的基本思想逐步形成。Arrow 和 Debreu（1954）在风险与不确定性条件下建立了一般均衡模型，为资产定价理论的研究提供了概念框架。Markowitz（1952）采用均值-方差方法建立了有效投资组合选择理论，提出了有效投资组合的判定准则，厘清了有效投资组合预期收益与风险之间的交换关系。Modigliani 和 Miller（1958）考察了资本结构与企业价值之间的关系，基于无套利假设提出了"公司价值独立于资本结构"的著名定理。针对 Markowitz 有效投资组合选择理论存在的风险度量和计算复杂性难题，Tobin（1958）对 Markowitz 的研究成果进行了补充，提出被人们称作"分离定理"的资产分配理论，为确定有效投资组合提供了有效方法。Sharpe（1963）基于 Markowitz（1959）的研究成果提出了指数模型。

在早期研究工作之后，学术界对投资如何在收益和风险之间权衡、资产如何被定价等进行了大量研究。King（1966）、Engle（1982）、Blume（1973）解释了如何衡量风险。Sharpe（1964）认为，既然投资者在风险和收益之间进行权衡，那么在均衡的高风险资产中，必须通过高收益补偿投资者，这催生了资本资产定价模型（CAPM），成为资产定价理论的基石。在之后 CAPM 模型的发展过程中，资产定价领域的研究逐步分为两个方向：扩展传统的 CAPM 模型和实证研究。在传统资产定价理论的基础上，国外学者展开了大量拓展研究。Black 等（1972）将 CAPM 模型拓展到了一个无法以无风险利率借款的领域。Merton（1973）的研究表明，原始的 CAPM 模型不会在动态的环境中保持不变，需要多个贝塔。此外，国外学者对传统 CAPM 模型的拓展研究还包括 Black 等(1972)的零贝塔资本资产定价模型(0-βCAPM)，Merton(1973)的跨期资本资产定价模型(ICAPM)，Breeden(1979)提出的基于消费的资本资产定价模型(CCAPM)，Cox 和 Ingersoll(1985)基于生产的资本资产定价模型(PCAPM)，Lucas 和 Stokey(1987)基于货币的资本资产定价模型(MCAPM)等，经典的包括市场、公司规模和账面市值比因素的 Fama-French 三因子模型，以及包括市场、公司规模、账面市值比因素、盈利和投资因素的 Fama-French 五因子模型。

20 世纪 80 年代以后，学者对资产定价的研究重心从纯理论研究转移到实证检验，并根据理论与实证的差异对模型进行了修正。Black 等(1972)首次对 CAPM 模型进行了严格检验，Gibbons(1982)则使用经典的最大似然方法发现了违反 CAPM 模型的经验证据。随后，大量学者围绕资产定价模型的适用性验证展开研究，包括对跨期的资产定价(Marquering and Verbeek，1999)和国际资产定价模型(Ramchand，1999；Jan et al.，2000)、条件资产定价模型的检验(Hamori，1997；Garcia，2001；Chiao et al.，2003；Huynh，2017)，对多种资产定价模型的检验和比较(Bakshi et al.，1995；Harshita et al.，2015)，对 Fama-Franch 三因子模型(Das，2015)、Fama-French 和 Carhart 四因素模型(Boamah et al.，2017)、Fama-Franch 五因子模型(Fama and French，2016；Guo et al.，2017；Lin，2017)的检验。此外，还包括对资产定价模型线性和非线性形式的检验(Miranda，1997；Asgharian，2008；Erdos et al.，2011；Gospodinov et al.，2013；Hunter and Wu，2014)。

传统的资产定价理论建立在投资者完全理性、市场完善和环境无摩擦等严苛的假设条件基础上，但 20 世纪 70 年代末证券市场涌现出了很多金融市场异象，传统的 CAPM 不能对其进行合理的解释。大量金融市场异象的出现，促使学者逐步摆脱了标准金融理论的分析框架，越来越关注考虑投资者异质行为和投资者情绪的资产定价研究。相关文献主要从前景理论(Li and Yang，2009)、投资者关注(Hacıbedel，2014；Liang et al.，2017)、投异质信念(Al-buquerque and Yang Miao，2014；Lebaron，2012；Panchenko et al.，2013)、意见分歧(Carlin et al.，2014；)、后悔厌恶(Pruna et al.，2017；Guo and He，

2017）、投资者情绪（Yang and Zhang，2014；Yang and Zhou，2015；Li，2017）等方面研究投资者行为和心理特征对资产价格的影响，尝试对金融市场异象进行解释。

综合以上分析可以看出，国内外学者对传统资产定价模型进行了拓展和修正，试图从不同角度建立更加精确的资产定价模型。纵观资产定价理论的发展脉络，系统风险一直是其主要定价因子。除此之外，为了提高资产定价模型的定价效率和解释能力，定价因子逐步由市场层面因素扩展到行业和企业层面因素，企业微观特征成为对资产定价理论进行拓展和完善的研究中需要考虑的重要影响因子。从实践来看，创新能力在宏观经济增长和企业发展中占据着越来越重要的地位，综合反映了经济主体的核心竞争力和未来发展前景，将通过经济基本面和投资者心理预期两个因素对股票价格产生影响。换言之，企业创新能力可能成为资产定价理论的重要定价因子，与上市公司股票价格收益及系统风险冲击下股票价格波动有着密切的联系。因此，资产定价理论为本书研究系统风险、企业创新能力与股票价格波动性之间的关系提供了理论依据。

2.1.4 不完全信息理论

信息是经济学理论中的重要概念，是经济主体在日常经济活动中进行决策和交易的基础。在早期研究中，学者通常将信息的概念与不确定性联系在一起。1921 年，Frank Knight 在其论著 *Risk*，*Uncertainty and Profit* 中详尽地阐述了“风险”和“不确定性”的概念，并对两者进行了清晰的区分。他提出，风险是指具有既定已知概率分布的未知产出，而不确定性是指概率分布未知的随机产出。随后，Shannon 和 Weaver（1948）从概率论的视角，提出信息的功能是用来消除客观事物的随机不确定性。美国学者 Horton（1979）明确提出了信息对于经济主体交易决策的重要作用，认为信息就是经过加工处理后的定性或定量数据，能满足人们决策的需求。

不完全信息理论是在传统经济学中“完全信息”的基础上发展而来的。传统古典经济学派基于完全信息的假定，认为市场参与主体掌握的信息是无差别的，市场中的生产者和消费者都拥有完全充分的信息以做出正确的决策。

然而，这一假设条件同现实严重背离。后来，不少经济学家质疑这一严苛的假设条件，对传统古典经济学理论进行了修正，提出了信息成本、投资者有限理性和信息不对称等问题。20世纪60年代以后，基于不完全信息这一客观特征的信息经济学逐渐崛起。美国经济学家Marschak(1959)最早提出了“信息经济学”的说法，随后乔治·斯蒂格勒(George Stigler)(1961)系统阐述了信息的价值，以及信息在经济活动中对生产要素配置的重要作用，这两位经济学家是信息经济学的重要奠基人。此后，信息逐渐被纳入经济管理学的研究范畴。Hayek(2005)在其论著*The Use of Knowledge in Society*中指出，市场中的信息是不充分且分散存在的，每个市场经济主体都无法拥有全部信息，只能拥有全部知识集合中的一小部分。还有学者提出，信息是一种存在搜索成本、有价值的资源。市场经济主体的投资决策过程就是信息的搜集和评估过程，投资者的有限理性也会造成信息的不完全。

信息不对称是信息经济学学科得以建立的基石，也是博弈论和信息经济学的一个重要研究方向。随着信息经济学学科的不断发展和成熟，20世纪80—90年代，信息不对称理论成为微观经济学研究领域的一个重要分支，并被广泛应用于保险市场、农产品市场、政府税收及金融市场的研究中。许多经济学家致力于通过建立理论模型研究信息不对称造成的市场失灵和资源配置低效率的问题。在信息不对称理论的研究方面，20世纪70年代，美国经济学家乔治·阿克洛夫(George Akerlof)、迈克尔·斯彭斯(Michael Spence)和约瑟夫·斯蒂格利茨(Joseph E. Stiglitz)的研究成果具有里程碑式的意义。他们将信息不对称理论应用于不同市场，掀起了非对称信息研究的热潮。1970年，阿克洛夫发表了论著*The Market for "Lemons": Quality Uncertainty and the Market Mechanism*，首次将信息不对称理论应用于商品市场，提出了著名的逆向选择问题。他指出，二手车市场买卖双方存在信息不对称，卖方相对于买方拥有更多的信息，从而处于信息占优地位，这可能引致市场瘫痪和逆向选择问题。Spence(1973)在其博士学位论文*Job Market Signaling*中探讨了劳动力市场中劳动者与雇主之间信息不对称问题产生的根源，提出依靠“学历”等市场信号实现信息的甄别和筛选，降低雇主的信息劣势。Stiglitz和Weiss(1981)探讨了保险市场和信贷市场中的信息不对称，提出可以通过信息甄别和信息传递等方式解决逆向选择问题，提高不完备市场中的资源配置效率。

梳理已有文献可知，不完全信息通常是指受到经济环境的复杂性、信息传播渠道的阻碍和扭曲、经济主体认知能力等主客观因素的影响，经济主体不可能及时获取某种事物完整而准确的信息。信息不完全主要体现为不同经济主体之间的信息不对称。在实际的微观金融活动中，信息不对称现象普遍存在于企业内部人之间、企业外部人之间，以及企业内部人与外部人之间。一种典型的企业内部人之间的信息不对称是公司控股股东与职业经理人对公司财务和运营活动等信息掌握程度的差异，即存在“委托-代理问题”，职业经理人可能为了牟取私利而做出损害公司长远利益的决策。典型的企业内部人与外部人之间的信息不对称体现为，上市公司的控股股东在公司运营状况和真实价值等方面掌握着比普通投资者更多的信息。一方面，经济环境的复杂性、信息传导机制的不完善、信息传播过程的时滞性等客观因素可能造成信息传递和信息交流的不充分；另一方面，控股股东和公司管理层可能通过直接控制信息的披露造成信息垄断，新闻媒体报道的有偏性也可能造成信息的扭曲，投资者的有限理性和能力的局限性可能限制其信息获取能力，这些主客观因素均可能造成外部投资者相对于公司控股股东处于信息劣势地位。在股票市场中，信息是一种有成本的稀缺资源，信息搜集成本、市场敏感性及投资者能力水平的差异，均可能造成不同类型投资者之间存在信息不对称，具体表现为不同类型投资者在获取上市公司信息的数量和完整性、质量和准确性、时效性等方面存在较大差异。

在资本市场中，信息是投资者预期形成和交易决策的依据。信息不对称对投资者的交易决策及资产价格的影响是微观金融领域研究的重要问题。从理论上讲，股票价格形成和价格发现均体现为市场对信息的吸收与消化过程。拥有不同上市公司信息的投资者会形成不同的预期和判断，进而通过交易决策行为反映到股票价格上。信息不对称理论为本书奠定了理论基础。基于投资者异质性的视角，考察在股票市场同时存在信息交易者和非信息交易者的条件下，系统风险冲击、企业创新能力和投资者结构对股票价格波动性的影响，具有重要的理论价值和现实意义。

2.2　核心概念界定

2.2.1　系统风险

2.2.1.1　系统风险概念界定

风险即不确定性，股票市场风险是指股票市场在发展运行过程中由于宏观经济波动或者外生冲击下的不确定性而给投资者等市场参与主体带来损失的可能性，通常表现为未来时期内股票价格和收益的大幅波动。20 世纪 50 年代，哈里・马柯维茨(Harry Markowitz)首次明确提出资本市场风险的概念，在投资组合理论中将风险和预期收益两个重要概念联系起来。根据其均值-方差组合模型和有效边界理论，资产自身的风险大小决定了其期望收益，投资者将在收益和风险之间权衡并进行资产的优化配置。

Shape 于 1963 年建立了资本资产定价模型，即单一指数模型，提出资产收益与市场组合收益密切相关，首次将股票市场风险划分为系统风险和非系统风险两部分。其中，系统风险与市场总体行情呈线性关系，而非系统风险与行业特征、企业微观特征和运营状况紧密相关。国内外学者围绕资本市场系统风险进行了大量研究。在系统风险的内涵和特征方面，1994 年，国际清算银行将系统风险定义为“单个参与者的履约失败，可能造成其他参与者违约，并通过系列的连锁反应引起金融体系大范围陷入金融困境的风险”。Bartholomew 和 Whalen(1995)认为，系统风险是指对整个银行、金融和经济系统而非个别机构产生影响的事件。Kaufman(1995)从溢出效应的角度，将系统风险定义为倒下的相互关联的多米诺骨牌产生连锁反应的风险。Bandt 等(2009)认为，存在广义和狭义的系统风险概念。狭义的系统风险仅限于银行市场之间的传染效应，而广义的系统风险是对很多金融机构或者整个金融市场造成共同冲击的风险。基于类似的角度，Gandy 和 Veraart(2017)提出，系统风险是由外部经济冲击导致金融体系内参与者的违约行为，进而引发一系列严重连锁反应的风险。国内学者包全永(2005)、周天芸等(2012)均从金融体系金融功能的丧失角度界定广义的系统风险，从金融体系内部分机构遭受的负面冲击及其外部性角度界定狭义的系统风险。被广泛接受的是国际货币基金组织和国际清算银行的定义：系统风险是指部分或者全部金融体系遭受损害，引发一系列的风险事件，造成大范围内金融体系崩溃和实体经济受到严重损害的风险。

综合以上分析可知，国内外学者虽然从不同角度阐述了系统风险的内涵，但从整体来看，不同的定义均强调了系统风险的外部性、溢出效应等典型特征。

2.2.1.2 系统风险的影响因素

综合已有研究成果可知，影响股票市场系统风险的因素包括宏观经济因素、制度因素、政治因素和自然因素等。

(1)宏观经济因素

经济周期、利率、汇率、通货膨胀、宏观调控政策等宏观经济因素都会对股票市场的运行产生重要影响。其中，宏观经济的周期性波动是股票市场系统风险最重要的来源，将通过改变企业外部运行环境对股票市场的长期发展趋势产生决定性作用。当利率发生变动时，整个资本市场的资金流向和上市公司的运营成本将发生重大变化，进而影响股票价格走势，增加投资者损失的可能性。汇率的变动主要通过影响国际资本的流动对股票市场的整体供求状况产生影响。当汇率上升时，国际资本的净流入会增加，引起股票市场总需求的增加，推动股票价格上涨；当汇率下降时，国际资本的净流出会增加，引起股票市场总需求的减少和股票价格的下跌。通货膨胀风险又称"购买力风险"，主要通过货币的购买力影响股票价格的波动，造成投资者损失。财政和货币政策等宏观调控政策会通过不同的宏观经济变量引起股票价格的波动，这也是股票市场系统风险的重要影响因素。

(2)制度因素

制度因素包括资本市场的制度建设、体制改革、法律法规等，具体而言，包括股票发行和退市机制、监管机制、信息披露制度，以及融资融券等制度性变革和其他政府干预政策。在发育不够完善的股票市场中，制度因素对股票市场的影响尤为突出，是股票市场系统风险的重要来源。

(3)政治因素

国内和国际政治因素，如国内政治斗争、政权的更替，国际政治势力的摩擦、冲突和战争等，都会对股票市场造成不可避免的冲击和影响。

(4)自然因素

外生的自然灾害(地震、火灾、洪灾等)也可能引发股票市场系统风险。

2.2.2 企业创新能力

根据熊彼特的创新理论，创新是“创造性的毁灭”，意味着一种新的生产函数的建立，通过在现有生产体系引入新的生产要素，或者对生产要素的重新组合获取潜在收益。熊彼特提出的是一种广义上的创新，不仅指以产品和工艺创新为代表的技术创新，还包括组织变革和营销能力等非技术层面的创新。

企业是创新活动的主体，企业创新能力的概念界定是创新领域研究的核心问题之一。Barton(1992)、Lall(1992)、Koc 和 Ceylan(2007)定义了狭义的企业创新能力。Barton(1992)侧重于企业技术创新视角，指出掌握核心知识的专业人才、技术系统、管理系统及企业价值观是企业创新能力的核心。Lall(1992)同样基于技术创新视角定义了企业创新能力，指出企业创新能力是企业有效吸收、掌握和改进现有技术，并创造出新技术需要的技能和知识的能力。随着创新理论研究的不断深入，企业创新能力的概念逐步由狭义拓展到广义。现有对广义企业创新能力的概念界定主要存在三种不同的视角，即战略目标观、过程观和资源要素观。有些学者基于企业战略和企业目标视角对企业创新能力的内涵进行了界定。Burgelman(1998)基于企业战略的视角，认为企业创新能力是可利用资源及其分配、对行业发展的理解能力、对技术发展的理解能力、战略管理能力、结构和文化条件等支持企业创新战略的一系列综合特征的组合。刘锦英(2006)基于企业升级目标视角对企业创新能力的内涵进行了界定，认为企业创新能力体现为企业根据升级目标创造和获取新知识并使之转化为具有市场价值的新产品或者新功能的能力，是一种包含创新动力、创新环境、创新决策能力、新知识的产生和获取能力等的系统整体功能。王立新等(2006)认为，企业创新能力是在企业创新过程中支撑企业创新战略实现的一种系统能力。张军等(2014)认为，企业创新能力是支持企业顺利实现创新目标并获得创新收益独占权或支配权的各种组织活动的能力基础或潜力。还有些学者基于创新过程的视角对企业创新能力进行了定义。Flexner 和 Pfeffer(1957)提出，创新是资本获取、发明创造、厂房建造、劳动力雇佣等企业生产过程的组合。Mansfield(1968)将创新定义为企业从新构思开始，直到完成新产品交货和销售为止的整个探索活动。Freeman(1995)延续了这一观点，认为技术创新是一个发现新机会，并经过开发、生产、营销等环节实现对发明创造的商业化的反复过程。1998 年，OECD 在《科技发展概要》中也对创新的概念进行了界定，提出创新是“发明首次被应用于商业”，应该同时包含技术的发明创造和实现商业化的过程，强调了新技术和发明创造的成果转化和推广过程。国内学者许庆瑞(2002)最早对创新理论进行了研究，他基于创新过程视角，认为技术创新是指对现有知识进行新综合，或者对新技术进行首次推广并应用转化为生产力的过程。较为常见的还有基于创新资源和要素构成视角对创新能力的概念进行界定。国外学者 Christensen(1997)基于资源改造视角，认为创新是企业组织改变现有资源产出、实现财富创造和价值增值的过程。Drucker(1986)认为，创新是科技的变革和资源价值创造方式的改变，通过引入新的生产方式或者工序，将新产品或者服务推向市场上的消费者。Christensen(1997)认为，创新体现为企业将资金、劳动力、原材料和信息等资源转化为具有市场价值的产品这一科技活动中的变革，涵盖了企业日常经营诸多环节。Saenz 等(2009)提出，企业创新能力是在应对多变的外部环境和不确定性时，整合构建可利用内外部资源用于创新活动的能力。

已有文献并没有对企业创新活动、创新投入和创新能力等概念进行严格的区分，在相关研究中，大多将其统称为“企业创新”。事实上，创新能力与创新有着本质区别。创新活动本身具有风险性和不确定性，创新成功往往伴随着抢占新的市场份额和获得超额利润，而创新失败则意味着投入成本的损失。与企业创新不同，企业创新能力是企业在实践和创新活动中不断积累的能力，反映了经济主体创新活动的投入产出效率、整体的生产率及发展潜力，是经济主体核心竞争力的重要来源。当外部运行环境发生变化时，创新能力能增强企业的灵活性，提高企业对外界变化的反应速度（Hartman，2009）。高创新能力企业通过迅速开发适合市场需求的新产品或者采取新的市场定位（Clifford，1977；Picard and Rimmer，1999）度过市场环境恶化时期，通过提高产品质量和品牌效应或者利用成本优势在价格敏感型市场采取低价策略吸引消费者，从而保持较高的市场份额和盈利能力。因此，创新能力是反映企业核心竞争力和未来发展潜力的综合指标。

综合以上分析可知，随着学者对创新理论研究的不断深入，企业创新能力的概念已经由狭义的技术创新能力转变为由技术创新、制度创新等诸多方面能力构成的综合体。但是，技术创新能力仍然是企业创新能力的核心，是决定企业核心竞争力和发展潜力的关键因素。本书采用狭义的企业创新能力概念，基于投入产出视角，将企业创新能力界定为企业整合和利用掌握的创新资源带来一定效率的创新产出的能力。

2.2.3 投资者结构

基于投资者的异质性，可将市场上的投资者划分为不同类型。投资者结构，是指市场上不同类型投资者的规模或者持股数量的占比。基于不同的角度和研究目的，国内外相关研究通常将股票市场上的投资者划分为机构投资者和个人投资者、信息交易者与非信息交易者等多种类型。机构投资者是与个人投资者相对的概念，同个人投资者相比，机构投资者往往在资金规模、信息获取和专业水平等方面具有显著优势。自1990年成立以来，中国股票市场上的投资主体日益多元化，机构投资者规模不断扩大，形成了以公募基金、私募基金和保险公司为主的机构投资者格局。但从整体来看，中国股票市场仍然是以散户投资者为主的市场结构，投资主体的结构性失衡问题较为突出。

2.2.4 股票价格波动性

在金融学理论中，“波动性”意味着风险，指未来时期资产价格变动和收益的不确定性。股票价格波动性反映了股票价格的变异程度和风险水平。经济周期、宏观调控政策等宏观经济因素和投资者的非理性行为都是影响股票价格波动性的重要因素，尤其是非发达经济体股票市场，更容易受到政策因素的影响，“政策市”特征更加明显。

2.3 文献综述

2.3.1 系统风险冲击与股票价格波动性相关研究

国内外学者对系统风险冲击对股票价格波动性的影响进行了较多研究，并形成了丰富的研究成果。有些学者研究了货币政策、汇率风险和利率风险对股票价格波动性的影响。Bernanke 和 Kuttner(2005)研究了货币政策变化对股票价格的影响，发现美国联邦储备基金目标利率每降低 25 个基点，广义股票指数上涨 1%，而且不同行业的投资组合对货币政策冲击的反应往往不同——高科技和电信行业的反应是大盘指数的一半。货币政策冲击通过影响预期未来超额收益或者预期未来股息影响股票价格。Grishchenko(2011)以货币政策和利率风险为冲击源，考虑了短暂和永久的冲击，通过构建商业周期模型分析货币政策冲击对股票溢价和无风险利率之谜的影响。Bernhard 和 Ebner(2017)研究发现，美国联邦储备委员会、欧洲央行、英格兰银行和日本银行宣布的非常规货币政策(UMPs)对瑞士资产价格产生了重要的溢出效应，非预期的扩张性的非常规货币政策大幅降低了瑞士政府和企业债券的收益率，促使瑞士法郎升值，并打压了瑞士股票价格。在外汇风险与股票价格波动研究方面，Apergis 等(2011)基于国际资本资产定价模型和欧元区国家数据研究了外汇风险与股票市场收益之间的关系。孙彦林等(2019)研究了外汇变动和外汇市场成交量与股票市场收益的关系。实证结果表明，2000—2008 年，德国股票收益的横截面反映了外汇风险，股票市场收益与外汇敏感性呈倒“U”形关系，小型企业和价值型股票的外汇敏感性较大。Yang(2017)研究了新加坡、中国香港、韩国和中国台湾等亚太地区四个小型开放经济体的股票价格对汇率变动与货币政策冲击的反应，发现汇率变动冲击会导致股票价格的瞬时变化，货币政策冲击对这四个经济体股价变动的影响是同时发生的。在以政治事件为系统风险冲击源的研究方面，Huang 等(2011)在对 2004 年台湾地区领导人选举政治危机期间的股价波动进行研究后发现，2004 年台湾地区领导人选举政治危机显著增大了上市企业的股票价格波动性。Wagner 等(2018)研究了 2016 年特朗普总统选举冲击引起的企业股价反应，实证结果表明，不同公司股票价格的相对变动反映了人们对减税政策的预期，高税收和专注于国内市场的公司市场表现更好。Wang 和 Boatwright(2019)利用 1995—1996 年中国台湾海峡危机的自然实验，检验了政治冲击对股票市场的影响，结果表明，政治危机对台湾股票价格产生了较大负面影响。此外，以金融危机、经济危机为系统风险冲击源，研究其对股票价格波动的影响也是该领域的一个研究方向。贾颖和杨天化(2011)检验和比较了 2008 年国际金融危机冲击下世界各主要经济体股票市场表现，实证结果表明，欧美股票市场常常出现惯性效应，亚洲股票市场常常出现反转效应。张涤新和冯萍(2013)从市场风险和市场收益角度，采用事件研究法、VAR-BEKK 模型和 Wilcoxon 非参数检验方法研究了 2007 年金融危机对我国内地与香港股票市场的影响及其传播路径，发现 2008 年金融危机通过香港向内地市场单向传播，对内地和香港的股票市场都造成了显著冲击，且香港股票市场受到的冲击更大。苏明(2014)研究了 2008 年国际金融危机对中国股票市场的影响及其传导机制，发现国际金融危机通过影响居民消费选择和实体经济造成了中国股票市场价格下跌。耿志祥和孙祁祥(2016)采用 VAR-BEKK-MVGARCH-DUMMY-T 模型研究了金融危机和自然灾害等外生风险冲击对我国保险股票市场和整个股票市场的影响，发现金融危机虽然对我国股票市场的影响较小，但增大了保险股票市场指数的波动性，同时，保险股票市场指数对自然灾害外生冲击更加敏感。

2.3.2 投资者结构与股票价格波动性相关研究

国内外学者关于投资者结构与股票价格波动性的研究已成体系，大多数研究集中于探讨机构投资者对股票市场波动性的影响，主要存在三种不同观点。部分学者认为，机构投资者更加理性，拥有信息和资金优势，能够有效降低股票市场波动性（Hirshleifer et al.，1994；Cohen et al.，2002；蔡庆丰、杨侃，2013）。祁斌和黄明等(2006)通过对上交所 A 股上市公司的研究，获得了机构投资者能稳定股票市场的经验证据。胡大春和金赛男(2007)基于A股上市公司样本和动态面板模型，探讨了基金参与与我国股票价格波动性的关系，得出了基金持股比例提高能降低股票收益波动率的结论。Puckett和Lipson(2005)基于机构交易活动的专有数据库研究了股票价格极端波动时的机构交易情况，机构投资者通过负反馈投资策略起到了降低市场波动性的作用。Barber和Odean(2008)的研究发现，机构投资者的投资策略和行为更加理性，有助于稳定股票价格。Li等(2010)、李诗瑶(2017)相继获得了机构投资者持股能降低股票市场波动性的经验证据。李志生和金凌(2019)基于2015—2016年股灾，研究了“国家队”特殊的机构投资者对股票价格波动性的影响，结果表明，“国家队”这一类型机构投资者通过改善公司的信息环境、降低噪声交易、稳定投资者情绪及减少投资者异质性信念内在机制显著降低了股价波动。刘璐等(2019)研究了保险机构持股对上市公司股价波动的影响，结果表明，保险机构投资体现了价格发现功能，在市场低迷时期对股票市场具有稳定作用。

也有一些学者持相反的观点，认为机构投资者的大笔交易(Sias，1996)、投资基金的严重“羊群行为”(张羽、李黎，2005)可能加剧股票市场的波动，破坏股票市场的稳定性。施东晖(2001)通过研究发现，由于我国股票市场内在的制度缺陷，国内投资基金投资理念和投资行为呈现趋同化，这种严重的羊群效应会成为股价波动加剧的推动力量。Dennis和Strickland(2002)的研究也支持这一观点：当股票市场有大幅波动时，机构投资者的聚集行为和顺应市场动量的交易方式，至少在短期内会加剧股票市场波动。Chang和Sen(2005)基于1975—2003年日本上市公司的数据，证明了机构投资者持股行为与公司股价异常波动的正相关关系。Allen等(2006)的研究表明，机构投资者具有操纵市场价格的行为动机和市场力量，导致的市场困境往往会增加股票市场的波动性，并且会对其他资产产生不利的价格影响。Puckett和Yan(2008)的研究表明，机构投资者的“追涨杀跌”策略会加剧股票价格的波动。国内部分学者在研究该问题时得出了类似的结论。李广川等(2009)从理论上研究了投资者结构与股价波动的关系，发现二者的关系取决于市场上现有的投资者结构：散户主导的市场，散户比例提高将加剧股票价格波动；机构主导的市场，机构比例增加在特定条件下也会加剧股票价格波动。陈国进等(2010)从微观和宏观两个层面实证检验了机构投资者与股票市场大幅波动的关系，结果发现，机构投资者是股票市场发生暴涨、暴跌的推动力量。蔡庆丰和宋友勇(2010)从宏观和微观两个层面研究了我国基金业的发展对股票市场波动率的影响，实证结果表明，由于基金监管不力、基金投资者不成熟等综合因素，我国基金业的发展并没有起到稳定股票市场的作用，反而加剧了基金重仓股的波动。刘振彪和何天(2016)分别基于宏观和微观层面，研究了机构投资者对股票市场整体波动和上市公司股价波动的影响，获得了机构投资者会加剧股票市场整体波动的经验证据。姚禄仕和吴宁宁(2018)通过实证研究，进一步获得了支持该观点的经验证据，并采用 LSV 模型比较分析了机构投资者和个人投资者的行为差异与羊群效应，结果表明，机构投资者的发展并没有起到抑制股票市场波动的作用。吴晓晖等(2019)基于机构投资者内部交互行为视角的研究发现，机构投资者的抱团行为通过降低股价信息效率和减弱公司治理效应两种影响机制驱动公司股价泡沫形成，显著增加了公司股价崩盘风险。

此外，也有学者认为机构投资者对股票价格波动性的影响具有不确定性。何佳等(2007)研究发现，以证券投资基金为代表的机构投资者对股价波动的影响没有一致性的结论，可能随市场结构和环境的变化而变化。宋冬林等(2007)的实证研究表明，机构投资者持股对股票市场的影响因股市周期而异，在牛市和熊市期间会分别对股票市场波动性产生正向和负向影响。曹云波等(2013)对保险机构投资者的研究得出了不同结论：机构投资者持股在熊市对股票市场无显著影响，而在牛市则会增加股票市场的稳定性。史永东和王谨乐(2014)采用倾向得分匹配方法检验了证券投资基金对股票市场波动性的影响，发现在不同的市场时期，二者呈现不同的关系，机构投资者在市场上升和下降阶段分别提高和降低了股票价格波动性。朱相平和彭田田(2019)研究表明，合格境外机构投资者(QFII)采用负反馈交易策略对不同行情的股票市场具有不同的影响。

2.3.3 企业创新与股票价格波动性相关研究

国内外学者从不同角度探讨了企业创新与股票市场价格的关系。部分学者研究了创新策略与股票市场反应。杨建君和刘刃(2009)以中国大陆上市公司为样本，采用事件研究法研究了企业采取不同创新策略引起的股票市场反应，实证结果表明，经营绩效不同的企业在采取不同创新策略时，会引起股票价格的波动：托宾 Q 值大于(小于)1 的企业在采取外部(内部)创新策略时，会引起股票价格上涨；托宾 Q 值大于(小于)1 的企业在采取内部(外部)创新策略时，会引起股票价格下降。Ning(2018)采用 1992—2012 年美国公司的样本研究了企业创新策略与股价崩盘风险之间的关系，发现与开发导向型的企业相比，探索导向型的企业更容易出现股价崩盘风险。Meng 等(2015)以无形资产增量衡量创新指标，采用中国股票市场数据研究了创新投资的市场价值，发现由于对中小投资者的保护薄弱和对信息披露的监管宽松，在主板、中小板和创业板三个股票市场中，研发投入增加对企业市值的影响都不显著，无法反映研发投入的真实价值。但是，在行业层面，服务业和制造业的研发投资对企业的市场绩效都有积极的贡献。Zhou 和 Sadeghi(2019)为企业创新对首次公开募股(IPO)短期绩效的重要影响提供了来自中国股票市场的证据，研究表明，以专利衡量的企业创新通过“信号”效应，发挥了降低 IPO 抑价程度的积极作用。公开披露与创新相关的信息可以帮助发行人降低 IPO 成本。Hussinger 和 Pacher(2019)的研究表明，创新活动导致的企业资产未来价值的信息不确定性降低了企业的市场价值，但高质量专利在一定程度上减轻了不确定性的负面影响。张显峰(2012)以中国创业板上市公司为样本，在对企业创新能力进行细分的基础上，探讨了企业创新能力同企业经营绩效和股票价格波动性之间的关联，研究结果表明，自主创新能力，特别是专利权会对上市公司股票价格波动性产生显著的正向影响，但商标和研发支出不会对股票价格波动性产生显著影响。Yu 和 Hong(2016)采用专利数量和研发支出度量企业创新水平，通过对美国企业的研究发现，相对于研发支出，专利数量对公司股价变化具有更好的解释能力。张学勇和张叶青(2016)以专利授权数量度量企业创新能力，采用 2003—2012 年中国 A 股上市公司相关数据研究了获得风险投资支持的上市公司在 IPO 时点的创新能力同公司上市后股票市场表现之间的关系，发现风险投资会对公司创新能力产生显著的正向影响，风险投资驱动公司产生的创新能力反映在公司上市后的短期和长期市场表现中。周铭山等(2017)以 2009—2014 年中国创业板上市公司相关数据为样本，探讨了企业创新投入与上市公司股票市场表现之间的关系，研究结果表明，投资者对创新的关注使创新投入有助于降低上市公司股价崩盘的风险，增加投资者的超额收益。

2.3.4　外生风险冲击、企业微观特征与股票价格波动性的相关研究

除了集中探讨外生风险冲击与股票价格波动性、企业创新与股票价格波动性二者之间的关系外，还有部分国内外学者关注了外生风险冲击下公司治理水平、创新能力等企业微观特征对股票价格波动性的影响。在公司治理方面，Johnson 等(2000)基于管理层效用最大化静态模型和对 1997—1998 年亚洲金融危机期间新兴经济体的研究，提供了公司治理能减轻经济危机对资产价格冲击的证据。他们的研究结果表明，公司治理，特别是对中小股东权益的保护，对 1997 年股票市场下跌的程度具有重要影响。Mitton(2002)对印度尼西亚、韩国、马来西亚、菲律宾和泰国的 398 家公司样本进行了研究，发现 1997—1998 年亚洲金融危机期间公司治理水平对企业的股票市场表现产生了重要影响——信息披露质量更高、外部所有权结构更集中、组织结构更集中的上市公司会在股票市场上获得显著的正向收益，强调了在极端经济困境时期公司治理水平在抵御金融危机对股票价格冲击方面的重要作用。Baek 等(2004)对 1997 年韩国金融危机的研究表明，由非关联外国投资者持股的股权集中度较高的公司，以及拥有较高信息披露质量和其他外部融资来源的公司受到的影响较小，在金融危机期间股价跌幅很小。Leung 和 Horwitz(2010)评估了 1997—1998 年亚洲金融危机爆发后，管理层持股和公司治理水平对中国香港公司股票市场表现的影响，研究结果表明，在危机期间，管理层持股更集中的中国香港公司具有更好的资本市场表现，非执行董事持股较多及 CEO 和董事长由同一个人担任的公司股价下跌幅度较小。Huang 等(2011)在对

2004 年中国台湾地区领导人选举期间的股价波动进行研究后发现，2004 年中国台湾地区领导人选举显著提高了公司股票价格波动性，但公司治理和绩效较好的公司呈现出相对较小的价格波动。Lemmon 和 Lins(2003)采用由 8 个东亚国家 800 家企业构成的样本，研究了金融危机期间股权结构对企业价值的影响，发现危机时期，经理人拥有高度控制权，但将控制权与现金流所有权分开的公司，其股票回报率比其他公司低 10~20 个百分点。在其他企业微观特征方面，张学勇和薛志宏(2014)基于 2008 年国际金融危机和中国上市公司数据，研究了企业微观特征，特别是公司治理水平与金融危机中企业股票市场表现之间的关系，发现公司行业特征、偿债能力对公司股票市场收益具有显著影响，在金融危机前估值水平高、扩张速度快的企业更易受到金融危机的负面冲击。但是，他们的研究并没有获得公司治理水平对金融危机时期企业股票市场表现有显著影响的证据。在创新能力方面，Adcock 等(2014)以欧洲 27 个国家的股票市场指数为样本，采用事件研究法和 BEKK-GARCH 模型研究 2007—2012 年国际金融危机冲击下创新能力对股票市场的影响，结果表明，创新能力与金融危机冲击下的股票市场超额收益显著正相关，创新能力在保持经济稳定发展、增强投资者信心方面发挥了显著的正向作用。

2.4 文献述评

综上所述，现有文献主要存在以下四个方面的不足：

第一，没有将系统风险冲击、企业创新能力和股票价格波动性纳入同一研究框架。综合前文的文献梳理可以看出，相关文献在系统风险冲击与股票市场价格、机构投资者与股票价格波动性的关系方面进行了较多探讨，在创新能力对股票价格波动性影响方面的研究相对较少。在创新能力对股票价格波动性的影响方面，少量文献集中研究创新行为、创新策略、创新投资与企业绩效或者企业市场价值之间的关系。反映企业外部运营环境的系统风险冲击和反映企业核心竞争力的企业创新能力，都会对企业内在价值和投资者预期产生重要影响，进而成为研究股票价格波动性不可忽视的两个特定要素。

因此，将系统风险冲击、企业创新能力和股票价格波动性纳入同一研究框架，不仅有利于揭示系统风险冲击下不同企业股票价格呈现出不同波动性的原因，还能为我国提高股票市场的风险抵御能力、维护股票市场健康平稳发展提供新的视角，为我国借助股票市场加快实施创新驱动发展战略提供理论依据。

第二，已有研究大多围绕系统风险冲击或者企业创新能力与股票价格波动性的关系进行实证研究，没有从理论上揭示系统风险冲击、企业创新能力对股票价格波动性的联合影响机理。与本书主题较为接近的研究只有 Adcock 等(2014)发表在 *Journal of International Money & Finance* 上的一篇文献。该文献只是实证研究了 2008 年国际金融危机冲击下欧洲 27 个国家的创新能力与股票市场风险和超额收益之间的关系，并没有从理论上揭示系统风险冲击和企业创新能力对股票价格波动性的联合影响机理。基于此，从理论上解释系统风险冲击、企业创新能力和投资者结构对股票价格波动性的联合影响机理，并基于中国股票市场的样本数据进行实证检验，更具有理论价值和现实意义。

第三，现有对一般企业创新能力进行度量的方法存在一定的局限性，可进一步改进。现有文献对企业创新能力的度量大致可分为两类，一类是纯粹地构建创新能力评价指标体系，并未采用实际数据进行实证研究；另一类是采用单一指标或者构建复合指标对创新能力进行测度，并将其应用于实证研究。在构建复合指标进行实证研究的文献中，受到数据可获得性等因素的影响，构建的创新能力指标只适用于特定样本，不具有普遍适用性。

第四，关于信息交易者能否稳定股票市场价格的研究有待进一步深化，基于新的视角重新审视信息交易者在股票市场中的作用，考察不同条件下信息交易者对股票价格的影响方向和影响程度，更具有现实意义。根据传统金融市场理论，信息交易者能敏感地捕获到企业内在价值的准确信息，并通过交易行为推动股票价格向内在价值回归，缩小股票价格同其内在价值的偏离度，进而发挥稳定股价的作用。但是，在现有的理论和实证研究中，对于信息交易者能否稳定股票价格并没有得到一致性的结论。究其原因，可能是相关研究采取不同的样本和样本期，在市场有效性、制度背景和投资者素质等方面存在较大差异，而且传统金融市场理论的市场有效性和投资者完全理性的假设条件显然与实际股票市场存在偏差。因此，有必要从新的视角重新考察信息交易者影响股票价格的内在机理，并基于中国股票市场的特殊背景和上市公司样本进行实证检验，厘清不同条件下信息交易者持股比例对股票价格波动性的影响方向和影响程度，由此得出的结论也更具有现实意义和参考价值。

2.5 本章小结

本章阐述了本书的理论基础，梳理了国内外相关研究成果。本书借鉴的理论主要有企业创新理论、高阶梯队理论、资产定价理论和不完全信息理论。在早期的经济学研究框架中，创新被当作经济增长中的外生变量，后来随着熊彼特创新理论的提出及后续研究的不断深入，创新逐步被纳入经济学的分析框架，成为内生增长理论的核心要素。创新对经济增长和企业价值的积极作用在国内外学者的大量理论和实证研究中已被充分论证。近年来，在加速推进的全球竞争中，创新驱动发展已经成为各国提高核心竞争力和抢占制高点的重要发展战略，各国纷纷出台政策以加速创新能力的提升，提高国家经济增长潜力和核心竞争力。与此同时，我国也先后出台了一系列政策，旨在将创新打造成我国经济增长的新引擎。自早期的 CAPM 模型提出以后，国内外学者对资产定价理论进行了大量的拓展和补充，其主线是基于系统风险因子、行业因素和企业微观特征寻找更优的定价因子，并基于理论模型和现实差异进行改进，提高资产定价模型的解释能力。但是，综合来看，系统风险一直是建立资产定价模型首要考虑的定价因子。企业创新理论和资产定价理论为本书研究系统风险冲击与企业创新能力对股票价格波动性的影响奠定了重要的理论基础。

此外，传统的经济学理论将投资者看作完全理性人，认为投资者能获取市场上的完全信息并做出最优的投资决策。但是，在现实中，完全信息和理性人的假定是很难满足的。在这种背景下，不完全信息理论应运而生，并被广泛应用于经济管理领域的商品市场、劳动力市场及金融市场的研究中。不完全信息和有限理性的存在，使资本市场上不同类型投资者掌握的信息不对等，据此形成的企业内在价值的预期也会存在差异，进而通过不同类型投资者的交易行为对股票价格产生重要影响。因此，不完全信息理论为本书基于投资者异质性视角，考虑投资者结构因素，深入研究系统风险冲击、企业创新能力对股票价格波动性的影响奠定了理论基础。根据高阶梯队理论，高管团队的年龄、性别、教育背景、职业轨迹、经济基础等人口统计学特征决定了高管人员的认知水平、价值观和洞察力等，从而会影响高管人员对组织情境的诠释和反应，并通过企业战略决策对企业绩效等组织产出产生重要影响。相对于单个高管成员，高管团队整体的人口统计学特征能克服个体认知的局限性和价值取向导致的战略决策偏误，从而对组织产出具有更好的解释能力和预测能力。高阶梯队理论为本书在研究中考虑高管层的年龄和受教育背景对企业创新能力的影响奠定了理论基础。

第3章

Chapter 3

主要变量的度量

本章对国内外已有文献中系统风险冲击、企业创新能力、投资者结构和股票价格波动性的主要度量方法进行了梳理和评析，以对现有方法体系形成清晰的认识，辨析其适用条件及对本书的借鉴意义，进而结合本书的研究视角和研究目的提出对主要变量进行度量的思路与方法。

3.1 系统风险冲击的度量

3.1.1 系统风险的度量

现有文献对系统风险的度量主要集中于对一般企业、金融机构和金融体系系统风险的测度。

3.1.1.1 一般企业系统风险的度量

现有文献对一般企业系统风险的度量主要有两种思路：一是基于 CAPM 模型，将企业对应的股票市场风险分解为系统风险和非系统风险，对企业微观个体系统风险的测度就转变为对 β 系数的估计；二是从企业微观特征和行业因素探究企业系统风险的决定因素。

首先，基于 CAPM 的度量方法。Sharpe(1964)提出 CAPM 模型，将证券市场风险分为系统风险和非系统风险。根据其提出的模型，单只证券(投资组合)的均衡收益等于无风险收益率与该证券(投资组合)的风险溢价之和，其具

体形式为

$$E(R_i)=r_f+\beta_i[E(R_m)-r_f] \tag{3.1}$$

其中，$E(R_i)$和$E(R_m)$分别表示证券(投资组合)i的预期收益率和市场组合的预期收益率；r_f表示无风险收益率；β_i就是证券(投资组合)i的系统风险，表示单一证券或投资组合的预期收益率对市场收益率变化的敏感程度。

企业i对应股票的总体风险和系统风险可表示为

$$\sigma_i^2=\beta_i^2\sigma_m^2+\sigma_{\varepsilon i}^2 \tag{3.2}$$

$$\beta_i=\frac{Cov(R_i,\ R_m)}{Var(R_m)}=\frac{\rho\cdot\sigma_i\sigma_m}{\sigma_m^2} \tag{3.3}$$

其中，σ_i^2表示收益率的方差，代表企业发行股票i的总体风险；σ_m^2表示市场组合收益率的方差，衡量证券市场本身固有的市场风险；$\sigma_{\varepsilon i}^2$表示股票i的特质性风险；ρ表示企业发行股票i的股价收益率与市场组合收益率的相关系数。根据CAPM模型，个股的总体风险可分解为系统风险和企业特质性风险两部分。除了CAPM模型，在相关实证研究中，学者也经常采用市场模型(单指数模型)测度个股的系统风险。市场模型的具体形式为

$$E(R_i)=\alpha_i+\beta_iR_m \tag{3.4}$$

基于CAPM模型和市场模型，采用实际经济数据通过回归得到的β_i估计值，即对应股票i的系统风险水平。因此，β又被称为“系统风险因子”，反映未来时期由于宏观经济环境变化和系统性的外生事件产生的不确定性给企业收益造成损失的可能性。作为度量一般企业系统风险最常用的两个模型，CAPM模型和市场模型虽然形式相似，但是本质上存在明显区别：CAPM模型描述的是市场处于均衡状态时，证券i的期望收益率与其风险溢价之间的关系；而市场模型的假设条件较为宽松，描述的是证券i的期望收益率与市场平均收益率的关系，而且对β系数进行估计时，不需要r_f无风险收益率的数据。除了传统的CAPM模型，学者还考虑了企业系统风险的变化，对传统的CAPM模型进行了拓展，采用时变β系数捕捉和刻画企业系统风险的变化和动态特征。

还有部分文献用企业系统风险因子β的决定因素度量一般企业的系统风险。股票市场系统风险的影响因素不仅包括宏观经济因素，还包括行业因素

和企业微观特征。在宏观经济因素方面，经济周期性波动、政策冲击、自然灾害、政治冲突和国际金融危机的输入均通过影响企业外部运行环境成为企业系统风险的重要来源。已有研究表明，系统风险存在行业异质性，企业的财务会计信息和其他微观特征也是影响企业系统风险的重要因素。Mandelker等(1984)、Eldomiaty 等(2009)、吴武清等(2012)的研究表明，财务会计信息与公司的系统风险息息相关，可以作为预测企业系统风险的代理变量。此外，还有部分文献的研究表明，盈余管理程度和内部控制也是企业系统风险的决定因子。陈作华和金贞姬(2014)、方红星和陈作华(2015)基于中国 A 股上市公司数据，分别研究了盈余管理和内部控制对企业系统风险水平的影响。

3.1.1.2 金融机构和金融体系系统风险的度量

(1)综合指数法

综合指数法侧重对整个金融系统的风险进行测度。陶玲和朱迎(2016)考虑了金融系统的不同部门，从金融机构、股票市场、债券市场、外汇市场、货币市场、房地产市场、政府部门七个维度构建了系统金融风险综合指数。何青等(2018)考虑了金融机构个体风险、联动和传染效应、波动和不稳定性、流动性与信用等方面的风险，采用主成分分析分位数回归法构建了包含 15 个基础指标的中国系统风险指数。国际货币基金组织基于微观企业的财务会计指标编制了金融稳健指标测度金融系统的稳定性，该指标也是国际上衡量系统风险的代表性综合指数之一。

(2)条件在险价值法

Adrian 和 Brunnermeier(2008)首次将条件在险价值(CoVaR)法应用于系统风险的度量。该方法的基本思想是：首先，测度金融系统在某一给定金融机构处于极端事件和常态两种状态下对应的 $CoVar$；其次，计算金融系统在两种状态下 $CoVar$ 的差值 $\Delta CoVar$，该差值就衡量了给定金融机构的系统风险，表示当一金融机构遭受极端事件冲击时，引起的整个金融系统或者其他金融机构的最大可能风险或者损失。该指标实质上反映了单一金融机构对金融体系的系统风险贡献度。若将上述金融系统替换成金融系统内的其他金融机构，则 $\Delta CoVar$ 衡量了金融机构之间的风险溢出程度。该方法存在一定的局限性：

由于 $\Delta CoVar$ 不具有可加性，我们无法通过将各金融机构的 $\Delta CoVar$ 加总进行整体系统风险的测度。Wong 和 Fong(2010)通过估算亚太不同经济体银行部门信用违约掉期(CDS)的 CoVaR，考察了 11 个亚太经济体之间的关联。陆静和胡晓红(2014)采用该方法测度了中国上市银行的系统风险。Drakos 和 Kouretas (2015)选取了新兴市场拉丁美洲、中欧和东欧及东南亚等地区的部分国家，采用 CoVaR 法测度了其银行、保险和其他金融服务行业对系统性风险的贡献度。

(3)边际期望损失法

边际期望损失(MES)法采用整个金融系统遭受极端事件冲击而呈现收益率显著下跌时，系统内某一给定金融机构面临的最大可能损失衡量这一金融机构的系统风险。该指标反映了金融体系内单一金融机构对整个金融体系系统风险的贡献大小，金融机构的 *MES* 值越高，表示对整个金融体系系统风险的贡献度越大。与条件在险价值法相比，该方法获得的边际期望损失具有可加性，能通过加总进行整个金融体系的系统风险测度。范小云等(2011)、肖璞等(2012)分别采用该方法测度了我国金融机构及上市银行的系统风险贡献度。

(4)网络模型法

网络模型法是基于金融机构之间因业务往来而产生的关联特征，确定金融机构进行相互交易的网络和交易的中心点，主要利用网络分析法测度单个银行的系统风险，以及对整个银行体系的系统风险贡献度。采用该方法测度系统风险的优点在于，能描述金融系统风险的传染效应和演变进程，易于识别金融系统风险较为集中及风险传染性较强的节点。

(5)困境保险溢价法

困境保险溢价(DIP)法采用金融机构在金融体系发生困境时为了保证自己的投资组合不受影响所需保费的金额来测度金融体系的系统风险。该方法首先通过某一金融机构的交易历史数据和信用违约掉期(CDS)计算该金融机构的交易 CDS 价差，其次分别对金融机构的违约概率(PD)和金融机构间的资产收益率相关性这两个关键的违约风险因素进行估计。基于风险中性 PDs、相关性和负债权重这些关键信用风险参数，计算得出系统风险指标。Huang 等(2011)、Black 等(2013)将该方法用于银行和银行业系统风险的测度。

3.1.2 系统风险冲击的度量

梳理现有研究成果可以发现，虽然有少量文献涉及“系统风险冲击”这个概念，但是鲜有文献将系统风险冲击作为核心变量进行量化。在相关研究中，绝大多数文献以不同的外生冲击为系统风险冲击源，研究了系统风险冲击对资本市场的影响。根据冲击的来源，可将现有文献划分为国内系统风险冲击和国际系统风险冲击研究两大类。

国内系统风险冲击研究主要集中于财政政策和货币政策、自然灾害、政权更替和政治选举等风险事件。部分学者研究了地震自然灾害等外生冲击对股票价格的影响。刘庆富等（2011）运用事件研究法研究了汶川地震对中国股票市场各行业的冲击。赵静梅等（2014）研究了四川“5·12”地震、青海“4·14”地震等自然灾害对当地上市公司股票价格的负向影响。田金方和王文静（2018）研究了财政政策和货币政策冲击对股票市场波动的影响。此外，随着中国经济发展及股票市场重大突发事件的出现，基于时政热点事件研究负向的外生冲击对中国股票市场的影响，也是该研究领域的重要进展。李雅哲（2014）结合事件研究法和广义自回归条件异方差（GARCH）模型，研究了不同事件冲击下中国股指期货市场和股票市场波动性的变动。结果表明，光大事件这一负面冲击使股票市场整体波动性显著增大。其在研究中以重大事件发生的时间为节点，设置虚拟变量度量负面外生冲击。此外，政治冲击也是国内系统风险的重要来源。学者围绕政治冲击对股票市场的影响进行了较多探讨。Huang 等（2011）对 2004 年中国台湾地区领导人选举政治危机期间的股价波动进行了研究。Wagner 等（2018）研究了 2016 年特朗普总统选举冲击引起的企业股价反应。Wang（2019）利用 1995—1996 年中国台湾海峡危机的自然实验，检验了政治冲击对股票市场的影响。他们的研究结果一致表明，政治负面事件和政治危机对股票价格产生了较大的负面冲击，增大了企业的股票价格波动性。随着 2018 年和 2019 年中美贸易摩擦的爆发与升级，贸易摩擦成为两国经济发展和股票市场运行的重要风险来源，引起了学术界的关注。尹志超等（2020）基于中美贸易摩擦过程中的重要事件，通过事件研究法研究了正向和负向外生冲击对中国股票市场的影响。结果表明，从中美两国宣布加征关税到正式征税期间，外生冲击对股票市场的负向影响在逐渐减弱，而中美两国领导人会晤这一事件对中国股票市场产生了正向影响。

经济全球化的加速推进和各国经济联系的日益密切，使来自国际层面的风险事件成为股票市场系统风险冲击的重要来源。国内外文献对该领域的研究涵盖了国际金融危机、原油价格冲击、国外货币政策冲击、欧美主权信用评级下调事件等多个冲击源。其中，国际金融危机是最典型的国际层面系统风险冲击源，是该领域研究的重要分支。贾颖和杨天化(2011)、张涤新和冯萍(2013)研究了国际金融危机对股票市场产生的冲击。潘菲(2016)以欧美主权信用评级下调事件为外生冲击，研究了其对我国股票市场与债券市场的冲击效应，发现欧美主权信用评级下调事件对我国股票市场和债券市场造成了不同程度的冲击。唐旭茂(2015)、Bernhard 和 Ebner(2017)等研究了国外货币政策冲击对本国资本市场的影响。此外，原油市场基本面变化导致的原油价格冲击也是国际层面系统风险的重要来源，很多学者对此类系统风险冲击进行了探讨。

综合以上分析可知，关于系统风险的度量主要存在以下两个研究方向：第一，对一般企业的系统风险进行测度，通常采用系统风险因子 β 度量；第二，对以银行为代表的金融机构和金融系统的系统风险进行测度，对此国内外学者提出了多样化的经典度量方法。在系统风险冲击的度量方面，现有文献大多考察了特定类型外生冲击对资本市场的影响，但鲜有文献基于微观企业视角，对企业遭受的外部共同冲击进行实证研究，大多将其视为一次性的冲击事件，结合事件研究法和其他方法研究系统风险冲击产生的经济后果。

现有相关文献或者基于微观视角测度企业本身的系统风险大小，或者以特定类型金融机构、金融子系统为研究对象，测度其系统风险和传染效应。这与本书的研究视角显然是不同的。本书立足于微观企业，研究股票市场外生风险事件对上市公司造成的共同冲击。企业面临的股票市场系统风险冲击，可能源于国际金融危机的输入、国际重大突发事件，也可能源于国内宏观经济环境、政策冲击引起的风险事件，系统风险冲击的诱发因素更多样，影响范围更大，影响程度更深。但综合来看，不管是何种原因引起的系统风险冲击，都将通过股票市场整体的大幅下跌和剧烈波动直接呈现出来。作为反映股票市场整体运行状况的先行指标，股票市场指数对系统风险具有极大的灵敏度，能迅速而准确地反馈系统风险的演进和爆发状态（刘晓星、方琳，2014）。因此，股票市场指数的变动是国内外学者用来衡量系统风险状况的代表性指标。鉴于此，本书根据中国股票市场的实际情况，将沪深 300 指数在短期内下跌幅度达到或超过 18%定义为持续性暴跌，并以沪深 300 指数持续性暴跌作为中国 A 股上市公司遭受的系统风险冲击。本书根据样本期内系统风险冲击发生与否定义虚拟变量，若某一时期系统风险冲击发生，则系统风险冲击虚拟变量取值为 1；若该时期系统风险冲击没有发生，则系统风险冲击虚拟变量取值为 0。沪深 300 指数是由沪深市场流动性较高、流通市值较大的 300 只成分股构成，衡量了沪、深两个市场整体的运行状况，且成分股个股充分分散于股票市场的各行业，难以对市场整体产生决定性影响，因此不存在严重的内生性问题。

3.2 企业创新能力的度量

现有文献通过单一指标或综合指标对企业创新能力进行评价。就单一指标而言，现有文献大多用创新的投入或者产出来度量企业创新能力，并逐步由注重创新的数量向关注创新的质量转变。在基于创新投入角度的相关研究中，Leenders 和 Wierenga（2002）使用研发投入、企业研发资金预算、研究人员数、是否采用新技术等指标度量企业创新能力。此外，人力资源投入和 R&D 投入是广泛采用的创新投入指标。潘越等（2015）基于创新投入的角度，以 R&D 投入在销售收入中的占比作为研发强度指标，测度沪深 A 股高新技术行业上市公司的创新水平。徐维祥等（2015）采用企业技术开发支出额这一创新投入指标，对浙江省县域企业创新水平进行了测度。在创新产出方面，专利申请或者授权量（Lerner and Wulf，2007）、新产品销售收入（Cassiman and Veugelers，2006）等指标在相关研究中被广泛采用。亢梅玲等（2016）采用新产品产值与研发作为创新指标，检验了中国制造业企业的出口学习效应。谭洪涛等（2016）、朱磊等（2016）、刘博（2016）在相关实证研究中均以当年申请专利数作为中国上市公司企业创新能力的度量指标。余静文(2016)在研究汇率变动对企业创新的影响时，采用新产品产值及新产品产值占企业总产值比重两个指标衡量企业创新能力。李江雁等(2016)将创新能力细分为科技研发能力、创新资源管理能力和创新组织结构能力，基于专利数据研究了上述能力对企业价值的影响。

由于单一指标存在固有缺陷，难以对企业创新能力进行准确而全面的度量，基于不同的维度构建复合型指标度量企业创新能力成为主流发展趋势。梳理现有文献，可将构建企业创新能力综合指标的视角分为以下四个：第一，基于创新过程视角。Guan 和 Ma(2003)在考察企业创新能力与出口绩效的关系时，基于企业生产过程，从制造、营销、组织、学习、战略管理等多方面能力对企业创新能力进行度量。王立新(2006)基于创新的过程，结合 BP 神经网络评价模型构建了企业创新能力评价体系。何建洪等(2011)基于同样的视角，结合专家访谈和因子分析方法构建了创新型企业创新能力评价体系。此外，Boly 等(2014)、Hao 等(2015)、Sulistyo 和 Siyamtinah(2016)提出的创新能力评价指标体系本质上也是基于创新过程视角。第二，基于创新资源和要素构成视角。严鹏(2008)基于创新资本构成视角，提出了包含物质资本、人力资本、组织资本、社会资本等多维度的民营科技型企业的创新能力分析模型。第三，基于投入产出视角。Carayannis 和 Provance(2008)、刘微微和张铁男(2011)均基于投入产出视角，构建了企业创新能力评价指标体系。Gao 和 Zhang(2013)、张治河等(2016)构建的创新能力综合评价指标体系包含了人力、资本投入等创新投入指标，以及专利等创新产出指标。杜丹丽和曾小春(2016)采用同样的视角，分别基于突变级数法和创新奖惩特征视角对高新技术企业创新能力进行了评价。肖淑芳等(2020)在投入产出视角的基础上，加入可持续发展能力，构建中国上市公司创新能力评价体系，并结合层次分析和熵值赋权确定指标权重，得到中国 A 股上市公司创新能力指数。第四，基于创新能力影响因素视角。曹洪军等(2009)基于创新能力的五个主要影响因素，构建了包含 R&D 投入经费、企业融资能力、新产品市场成功率、创新成果收入和企业家创新欲望五个关键指标的企业创新能力评价体系。左文明等(2010)构建了反映企业创新实力与创新潜能的制造业企业创新能力的评价指标体系。

综上所述，创新能力的度量逐步由单一指标向综合指标转变。国内外学者基于创新过程、创新资源和要素构成、投入产出、创新能力影响因素等视角构建了创新能力综合指标，而采用综合指标法的重点和难点是评价指标体系中指标权重的确定。虽然主观赋权法形成了以层次分析法（AHP）、主成分分析法、专家打分法为代表的经典方法，但采用主观赋权法容易受到人为因素的影响且存在较大随意性。部分学者转向采用模糊聚类分析法、粗糙集、熵值法和 BP 神经网络等客观赋权法确定指标权重，但客观赋权法存在易受样本选择偏误影响的缺陷。为此，一些文献尝试采用主客观相结合的方法对企业创新能力进行综合评价。但是，综合来看，目前关于创新能力的最优度量方法仍未达成共识。受限于数据的可获得性、连续性和可比性，采用单一指标度量企业创新能力在相关实证研究中仍然较为普遍。

虽然全球创新指数（GII）和《国家创新指数报告》中的国家创新指数是以国家为评价对象，但是其在评价维度和指标权重的确定上为企业创新能力评价提供了重要借鉴。全球创新指数和《国家创新指数报告》中的国家创新指数是全球范围内具有广泛认可度的两种国家创新能力评价方法。其中，全球创新指数由欧洲工商管理学院（INSEAD）联合世界知识产权组织（WIPO）和美国康奈尔大学等机构共同发布，主要通过制度和政策、人力资本、技术熟练度、商业市场、资本五个投入指标，以及知识、竞争力、财富三个产出指标，结合杠杆分析法综合度量世界各主要经济体的创新能力。全球创新指数指标体系的特色是涵盖范围较广，指标较为全面，并纳入了新媒体和网络应用等反映创新发展新趋势的指标，目前已经成为全球范围内衡量经济体创新能力的基准工具。《国家创新指数报告》中的国家创新指数由中国科学技术发展战略研究院编制，2011 年发布了第一版，对全球 40 个代表性国家的创新指数进行了测算。该评价体系采用国际上广泛应用的杠杆分析评价方法，通过创新资源、知识创造、企业创新、创新绩效、创新环境五个一级指标构建综合指标评价国家创新能力，充分考虑了技术环境和制度环境对创新能力形成的重要性，评价体系中的指标均采用国际通用的权威指标。

本书在借鉴已有研究成果的基础上，综合考虑中国股票市场数据的可得性和样本的代表性，从创新投入、创新产出和创新环境三个维度，构建一般上市公司创新能力评价指标体系，并用企业的研发投入总额度量创新投入，用发明专利申请数衡量创新产出，用高管层的创新偏好度量创新环境。针对各维度的指标，借鉴全球创新指数和中国国家创新指数中采用的杠杆分析法对指标进行合成，得到最终的创新能力指标。

3.3 投资者结构的度量

现有文献基于不同视角将市场上的投资者划分为不同类型。Daniel 等(1998)、Zhang 等(2017)将市场上的投资者分为信息交易者(知情投资者)和非信息交易者(不知情投资者)。Hirshleifer 等(1994)、郭乃幸等(2014)将市场上的投资者分为知情交易者和噪声交易者。郭乃幸等(2014)认为，上市公司年报中公布的股东户数能够衡量投资者结构：股东户数越少，代表机构和大户投资者越多，知情交易者占比越高；股东户数越多，代表中小散户越多，噪声交易者越多。Bohl 和 Brzeszczzynski(2006)、Stoffman(2008)、贺炎林和刘晓棠(2010)均采用机构投资者和个人投资者的分类方法进行了研究。贺炎林和刘晓棠(2010)以机构投资者和个人投资者的账户数之比衡量投资者结构。基于不同市场和研究目的，有学者在相关研究中采用了其他分类方法。杨朝军等(2009)在研究中将市场上的投资者划分为个人投资者、基金投资者、券商投资者和其他机构投资者四种类型。王文虎等(2015)在商品期货市场的研究中，将市场上的投资者划分为个人投资者、投机者、套期保值者和机构投资者四种类型。岳梅梅(2018)按照是否拥有大类资产的配置决策权，将市场上的投资者划分为终极投资者和中介投资者，拥有最终投资需求和资产配置决策权的资金供给方为终极投资者，通过募集资金并代为持有投资标的进行专业化投资管理的各种金融机构为中介投资者。此外，还有大量文献关注了机构投资者内部的投资者结构问题。李争光等(2015)、黄启新(2017)等将机构投资者划分为稳定型机构投资者和交易型机构投资者，分别研究了投资者异质性对企业会计的稳健性和资本配置效率的影响。就中国股票市场而言，机构投资者又可分为券商、保险公司、社保基金、合格境外机构投资者(QFII)、银行等多种类型，部分学者基于上述机构投资者的分类，研究了投资者结构对资本市场的影响。

梳理已有文献可知，将市场上的投资者划分为机构投资者和个人投资者、知情交易者和噪声交易者是现有文献普遍的做法，通常用不同类型投资者的持股数量或交易额度量投资者结构。事实上，上述两种分类方法在本质上具有相似性。在相关研究中，大量学者认为，机构投资者等同于理性的知情交易者，而个人投资者等同于非理性的噪声交易者。在实证研究中，通常将机构投资者和个人投资者分别作为知情交易者和噪声交易者的代理变量。结合现有研究成果和本书的研究目的，本书将股票市场投资者划分为信息交易者和非信息交易者，并采用不同类型投资者持有的上市公司股票市值占比衡量个股的投资者结构。

3.4 股票价格波动性的度量

股票价格波动性一直是学者研究的热点，对股票价格波动性的度量方法主要有六种。

3.4.1 极差

极差是指股票价格或者股票市场指数的最高值与最低值之间的差额。该指标反映了在一定时间范围内股票价格的最大波动范围和振荡程度。但该指标忽略了不同股票价格在量纲上的差异，在统计分析中不便用于个体之间的横向比较。

3.4.2 振幅

振幅是指一段时间内股票价格或者股票市场指数最高价与最低价之间的差额和上一个交易日收盘价的百分比，具体形式为

$$Index_t = \frac{P_{H,t} - P_{L,t}}{P_{close,t-1}} \times 100\% \tag{3.5}$$

其中，$P_{H,t}$和$P_{L,t}$分别表示个股或者股票市场指数在第t期的最高价和最低价；$P_{close,t-1}$表示在第$t-1$期的收盘价，该指标消除了不同股票价格在量纲上

的差异，具有横向可比性，在相关研究中经常被采用。李志生等(2015)、王国臣等(2017)在实证研究中均采用了该方法度量股票价格波动性。

3.4.3　涨跌幅

涨跌幅是指相比上一个交易日的收盘价，当日股票收盘价下跌或上涨的百分比，具体形式为

$$Index_t = \left| \frac{P_{close,t} - P_{close,t-1}}{P_{close,t-1}} \right| \times 100\% \tag{3.6}$$

其中，$P_{close,t}$和$P_{close,t-1}$分别表示个股或者股票市场指数在第t个交易日和第$t-1$个交易日的收盘价。

3.4.4　收益率的标准差（方差）

收益率的标准差(方差)是指一段时间内股价收益率与其平均值的偏离度，反映了股票价格的变异程度。谭松涛等(2014)、辛清泉等(2014)、王国臣等(2017)在相关研究中均采用了该方法度量股票价格波动性。

3.4.5　GARCH 族模型

由于外生冲击会对股票价格产生持续性影响，时间序列的股票价格收益存在“波动聚集”和“尖峰厚尾”的典型特征，GARCH 模型是对此类带有典型特征的股票价格波动性进行测度和预测的经典方法之一。基础 GARCH(p, q)模型的一般形式为

$$R_t = \alpha + \sum_{i=1}^{m} \theta_i R_{t-i} + \sum_{j=1}^{n} \eta_j \varepsilon_{t-j} + \varepsilon_t \tag{3.7}$$

$$\sigma_t^2 = \beta + \sum_{i=1}^{p} \varphi_i \varepsilon_{t-i}^2 + \sum_{j=1}^{q} \gamma_j \sigma_{t-j}^2 \tag{3.8}$$

其中，式(3.7)为股票价格收益率的均值方程，式(3.8)为方差方程。通过历史数据估计出相应的参数，可以得到测度股票价格波动性的条件方差。针对股票价格波动性的非对称等特征，学者对基础 GARCH 模型进行了丰富的拓展，形成了多样化的 GARCH 族模型。在学术研究和金融实务中，GARCH 族模型在测度和预测股票价格波动性方面得到了广泛应用。

3.4.6 股价跳跃风险

股价跳跃风险是指当市场发生激烈变化时，股票价格出现暴涨或暴跌的概率，通常用在单位时间内发生价格跳跃的频率度量。具体计算方法如下：首先，设定一个跳跃风险的门槛概率（通常取 1%或者 0.1%），该门槛概率对应的标准正态分布 99%和 1%分位数分别为 2.33 和−2.33；其次，计算出股票 i 在整个样本期内的平均收益率 $\overline{R}_{it}$ 和收益率标准差 σ；最后，股票 i 在第 t 期的异常收益率为 R_{it}，若 $R_{it} \geqslant \overline{R}_{it}+2.33\sigma$ 或 $R_{it} \leqslant \overline{R}_{it}-2.33\sigma$，则表示发生了股价跳跃事件，股票价格在第 t 期发生股价跳跃事件的频率可以衡量股票价格波动性。在相关实证研究中，常见的做法是根据股价跳跃事件发生与否定义虚拟变量作为股票价格波动性的度量指标，而不直接使用股价跳跃事件发生的频率。Hutton 等（2009）、李志生等（2015）、王国臣等（2017）在相关研究中均采用了股价跳跃风险度量股票价格波动性。

综上所述，股票价格波动性一直是资本市场研究的热点问题，对股票价格波动性的度量已形成较为成熟的方法体系。振幅和涨跌幅是对股票价格波动性最直观的度量方法；收益率的标准差（方差）和股价跳跃风险在相关实证研究中也较为普遍；GARCH 模型适用于时间序列数据度量和预测股票市场的波动性。本书以微观企业为研究对象，采用股票价格的振幅和调整后的收益率标准差衡量一般上市公司的股票价格波动性，这也是微观金融领域研究中使用最广泛的两种度量方法。

3.5 本章小结

本章对系统风险冲击、企业创新能力、投资者结构和股票价格波动性等主要变量的度量方法进行了梳理和评析。企业创新能力和股票价格波动性的度量方法有很多，方法体系渐趋成熟。纳入多个维度构建创新能力综合指标已经成为企业创新能力评价的主流趋势；对股票价格波动性的度量又分为宏观市场层面和微观企业层面，学者通常采用 GARCH 模型及其拓展模型研究宏观市场层面的股票价格波动，而采用多个单一指标测度微观企业层面的股价波动；基于不同的研究视角和研究对象，形成了不同的投资者分类和投资者结构的度量方法，在理论和实证研究中，通常采用不同类型投资者的持股比例、交易额和账户数衡量投资者结构；国内外文献虽然形成了丰富的系统风险测度方法，但绝大多数集中于对企业的系统风险及金融机构的系统风险贡献度和传染效应进行度量，虽然研究了不同系统风险冲击源的外生冲击对股票市场产生的影响，但大多将其作为一次事件，采用事件研究法进行实证研究而没有对系统风险冲击变量进行量化。

综上所述，与很多文献立足于一般企业或者金融机构测度其系统风险的研究视角不同，本书立足于股票市场外生风险事件对上市公司股票价格造成的共同冲击进行分析。本章简要阐述了对上述主要变量进行度量的思路和方法，为后文的实证研究奠定了基础。

第4章 Chapter 4

系统风险冲击与企业创新能力对股票价格波动性的影响：理论模型与机理分析

防范系统风险、维护股票市场平稳发展一直是监管层、投资者和学术界关注的重要问题。从中国股票市场的发展实践可以看出，中国股票市场带有典型的“牛短熊长”“暴涨暴跌”特征，在系统风险冲击下呈现出较大的脆弱性和不稳定性，保持股票市场平稳发展是我国经济发展中的一项长期任务。基于该现实背景，考察影响股票价格波动性的特定因素，探寻提高股票市场系统风险抵御能力、维护股票市场平稳健康发展的路径具有重要的理论意义和现实紧迫性。本章基于微观企业视角，构建理论模型研究系统风险冲击与企业创新能力对股票价格波动性的影响机理。首先，将系统风险冲击和企业创新能力嵌入股票价值构建基础理论模型，揭示投资者同质性条件下系统风险冲击与企业创新能力对股票价格波动性的影响机理；其次，放松投资者同质性的假设条件，将基础模型拓展到投资者异质性条件下的理论模型进行深入研究，揭示在股票市场同时存在信息交易者和非信息交易者的条件下，系统风险冲击、企业创新能力与投资者结构对股票价格波动性的联合影响机理；最后，针对投资者异质性条件下的理论模型进行仿真分析。

4.1　投资者同质性条件下系统风险冲击与企业创新能力对股票价格波动性的影响机理

4.1.1　假设条件和过程描述

为了便于建模和描述，做出如下合理假设。

第一，假设某只股票 A 在期初 t 时刻的价格为 P_t，在期末 $t+1$ 时刻的价值为$\widetilde{V}$。显然，从 t 时刻来看，$\widetilde{V}$是一个随机变量。不失一般性，假设其服从正态分布，即$\widetilde{V} \sim N(\mu, \sigma^2)$，其中，$\mu$ 和 σ^2 分别为股票 A 期末价值的均值和方差。由于未来预期价值小于等于 0 的股票是不可能受到投资者关注和投资的，假设$\mu>0$。另外，由于宏观经济波动将通过影响上市公司经营绩效对股票内在价值产生系统性的重要影响，宏观经济波动性越大，σ^2 就越大，反映股票内在价值波动性的指标 σ^2 可以用于度量宏观经济的非预期变化程度。

第二，具有不同创新能力公司发行的股票内在价值是不同的，一般来说，企业创新能力越强，其未来的成长性越好、增长率越高，企业内在价值就越高，受到宏观经济波动的影响也就越小。基于此，可将创新能力因素嵌入股票 A 的期末价值中，假设其在 $t+1$ 时刻的价值$\widetilde{V}_k$ 服从如下正态分布：$\widetilde{V}_k \sim N(k\mu, \frac{1}{k}\sigma^2)$。其中，$k>0$ 用于度量发行股票 A 的上市公司的创新能力。显然，企业创新能力越强，其股票未来预期价值越大，防范宏观经济波动风险的能力越强，其股票未来价值受宏观经济风险影响而产生的波动性也就越小。具体来说，$k>1$ 表示发行股票 A 的是创新能力较强的企业，$k=1$ 表示发行股票 A 的是创新能力一般的企业，$0<k<1$ 表示发行股票 A 的是创新能力较弱的企业。当公司创新能力无限强，即 $k \to +\infty$ 时，股票 A 在 $t+1$ 时刻的预期价值将无限高，波动性将接近于零；当公司创新能力非常小，即 $k \to 0$ 时，股票 A 在 $t+1$ 时刻的预期价值将接近于零，波动性将无限大。

第三，在期初 t 时，根据现有能力水平，投资者观测到股票 A 的期末价值信号$\widetilde{S}_t=\widetilde{V}_k+\widetilde{e}_t$。其中，$\widetilde{e}_t$ 是一个服从正态分布的随机变量，衡量投资者观测到的噪声信息，即$\widetilde{e}_t \sim N(0,\ \sigma_e^2)$，$\widetilde{V}_k$ 和$\widetilde{e}_t$ 相互独立。σ_e^2 衡量在现有能力水平上投资者能观测到的股票 A 市场价值信号的精度。σ_e^2 越小，表示投资者的能力越强；$\sigma_e^2=0$，表示投资者的能力无限强，说明投资者接收到的信号与股票 A 的期末价值完全一致。但是，在现实世界中，任何一个投资者的能力都不可能达到无限强的程度，因此 σ_e^2 是不可能等于零的。

第四，假设在期初 t 时，股票市场受到了系统风险冲击 I_t。该系统风险冲击一方面通过影响企业经营环境而对股票 A 的基本面和内在价值产生负面影响，导致股票 A 的预期价值减小，不确定性增加；另一方面通过影响投资者情绪使投资者对观测到的股票 A 期末价值信号$\widetilde{S}_t$ 进行修正。不失一般性，可将系统风险冲击下股票 A 在期末 $t+1$ 时的内在价值$\widetilde{V}_k$ 表示为$\widetilde{V}_k \sim N\left(k\mu(1-\theta),\ \dfrac{1}{k(1-\theta)}\sigma^2\right)$，将投资者观测到的股票 A 期末价值的噪声信号$\widetilde{e}_t$ 表示为$\widetilde{e}_t \sim N(0,\ (1-\theta)\sigma_e^2)$。其中，$0\leqslant\theta\leqslant1$，用于度量系统风险冲击力度，$\theta$ 越大，表示系统风险冲击力度越大，股票 A 未来预期价值的下降幅度和不确定性越大，投资者也将因获得了更多信息（包括系统风险冲击产生的负面信息）而高估其观测到的股票 A 未来价值信号的精度。特别地，当 $\theta=0$ 时，表示没有系统风险冲击或系统风险冲击力度很小，股票 A 的内在价值及投资者观测到的股票 A 价值信号保持不变；当 $\theta=1$ 时，表示系统风险冲击极端强烈，股票 A 的预期价值下降为零，不确定性变得无限大，投资者观测到股票 A 的内在价值信号就是经极端系统风险冲击后的股票 A 的内在价值。

第五，假设股票市场上的投资者是同质性的，且相对于整个股票市场而言，个体需求量很小。这意味着市场上的投资者都是价格接受者，个体需求不会对整个股票市场价格产生决定性影响，但所有投资者的交易决策行为将会推动股票市场价格发生波动。

第六，假设在期初 t 时，股票市场的供给量为一个外生变量 Q，这不同于 Diamond 和 Verrechia（1981）、Hellwig（1980）研究中的假设。在 Diamond 和

Verrechia(1981)、Hellwig(1980)的研究中，他们根据西方发达国家和地区股票市场的实际情况，假设股票供给总量为一个带有噪声的随机变量，但这与中国股票市场的实际情况显然不符。中国股票市场在股票 IPO 上市、增发上市和配股上均实行严格的核准制，加上缺乏完善的股票退市机制，股票供给量始终处于相对稳定的水平，不会像实行上市注册制与退出机制比较完善的西方发达国家和地区的股票市场，股票供给量是与市场供求密切相关的随机变量。

第七，假设在期初 t 时，投资者持有的无风险资产和股票(股票组合)的初始数量分别为 FA_0 和 RA_0，他们根据自己持有的资产数量和掌握的股票未来市场价值信息，按照预期效用最大化原则做出股票交易决策。假设投资者根据上述决策原则在期初 t 时将其持有的无风险资产和股票数量分别变换为 FA_t 和 RA_t，然后将该资产组合持有到期末 $t+1$ 时；同时，假设无风险资产收益率为零。在期初 t 时和期末 $t+1$ 时，投资者拥有的财富总价值 W_t 和 W_{t+1} 可分别表示为

$$W_t = FA_0 + P_t \cdot RA_0 = FA_t + P_t \cdot RA_t,\ W_{t+1} = FA_t + V\tilde{e}_k \cdot RA_t \tag{4.1}$$

其中，P_t 为股票在期初 t 时的市场价格。

第八，假设投资者是风险厌恶的，其绝对风险厌恶系数为 $\rho(\rho>0)$，说明其风险厌恶程度不随其情绪变化而变化。

4.1.2　模型推导和构建

借鉴 Holmstrom 和 Milgrom(1987)、张维迎(2004)使用的效用度量方法，可将投资者的效用水平表示为

$$U_i(W_{t+1} \mid \tilde{S}_t) = E_i(W_{t+1} \mid \tilde{S}_t) - RC_i(W_{t+1} \mid \tilde{S}_t) \tag{4.2}$$

其中，$U_i(W_{t+1} \mid \tilde{S}_t)$ 和 $E_i(W_{t+1} \mid \tilde{S}_t)$ 分别为投资者在系统风险冲击下的条件预期效用与预期收益，$RC_i(W_{t+1} \mid \tilde{S}_t)$ 为投资者在系统风险冲击下希望获得的风险补偿，可表示为

$$RC_i(W_{t+1} \mid \tilde{S}_t) = \frac{1}{2}\rho Var_i(W_{t+1} \mid \tilde{S}_t) \tag{4.3}$$

基于上述假设条件，投资者在期初 t 时的股票交易决策可表示为如下最优化问题：

$$\max_{RA_t} U_i(W_{t+1} \mid \widetilde{S}_t) = E_i(W_{t+1} \mid \widetilde{S}_t) - RC_i(W_{t+1} \mid \widetilde{S}_t) \tag{4.4}$$

s. t.
$$P_t \cdot RA_t + FA_t = P_t \times RA_0 + FA_0 \tag{4.5}$$

$$W_{t+1} = FA_t + \widetilde{V}_k \times RA_t \tag{4.6}$$

其中，式(4.5)表示投资者的资金约束，等式右边表示期初 t 时投资者可用的资金数量；式(4.6)为期末 $t+1$ 时投资者的财富总价值。下面，求解上述随机最优化问题。

$$\begin{aligned} E_i(W_{t+1} \mid \widetilde{S}_t) &= E_i(FA_t + \widetilde{V}_k \times RA_t \mid \widetilde{S}_t) \\ &= E_i((FA_0 + P_t \times RA_0 - P_t \times RA_t) + \widetilde{V}_k \times RA_t \mid \widetilde{S}_t) \\ &= (FA_0 + P_t \times RA_0 - P_t \times RA_t) + RA_t \times E_i(\widetilde{V}_k \mid \widetilde{S}_t) \end{aligned}$$

$$\begin{aligned} Var_i(W_{t+1} \mid \widetilde{S}_t) &= Var_i(FA_t + \widetilde{V}_k \times RA_t \mid \widetilde{S}_t) \\ &= Var_i((FA_0 + P_t \times RA_0 - P_t \times RA_t) + \widetilde{V}_k \times RA_t \mid \widetilde{S}_t) \\ &= RA_t^2 Var_i(\widetilde{V}_k \mid \widetilde{S}_t) \end{aligned}$$

$$\begin{aligned} U_i(W_{t+1} \mid \widetilde{S}_t) &= (FA_0 + P_t \times RA_0 - P_t \times RA_t) + RA_t \times E_i(\widetilde{V}_k \mid \widetilde{S}_t) - \\ &\quad \frac{1}{2}\rho \times Var_i(W_{t+1} \mid \widetilde{S}_t) \\ &= (FA_0 + P_t \times RA_0 - P_t \times RA_t) + RA_t \times E_i(\widetilde{V}_k \mid \widetilde{S}_t) - \\ &\quad \frac{1}{2}\rho \times RA_t^2 Var_i(\widetilde{V}_k \mid \widetilde{S}_t) \end{aligned}$$

由一阶最优化条件 $\frac{\partial U_i(W_{t+1} \mid \widetilde{S}_t)}{\partial RA_t} = 0$，有

$$\frac{\partial U_i(W_{t+1} \mid \widetilde{S}_t)}{\partial RA_t} = -P_t + E_i(\widetilde{V}_k \mid \widetilde{S}_t) - \rho \times RA_t \times Var_i(\widetilde{V}_k \mid \widetilde{S}_t) = 0$$

进而可以得到

$$RA_t = \frac{E_i(\widetilde{V}_k \mid \widetilde{S}_t) - P_t}{\rho \times Var_i(\widetilde{V}_k \mid \widetilde{S}_t)} \tag{4.7}$$

根据联合正态分布的投影定理(Gervais and Odean，2001)和 4. 1. 1 节的假设条件，有

$$\begin{aligned}
E_i(\widetilde{V}_k \mid \widetilde{S}_t) &= E_i(\widetilde{V}_k) + COV_i(\widetilde{V}_k,\ \widetilde{S}_t)^T COV_i(\widetilde{S}_t,\ \widetilde{S}_t)^{-1}\{\widetilde{S}_t - E_i(\widetilde{S}_t)\} \\
&= k\mu(1-\theta) + COV_i(\widetilde{V}_k,\ \widetilde{V}_k + \widetilde{e}_t)^T COV_i(\widetilde{V}_k + \widetilde{e}_t,\ \widetilde{V}_k + \widetilde{e}_t)^{-1} \\
&\quad [\widetilde{V}_k + \widetilde{e}_t - E_i(\widetilde{V}_k + \widetilde{e}_t)] \\
&= k\mu(1-\theta) + \frac{1}{k(1-\theta)}\sigma^2 \times \frac{1}{\frac{1}{k(1-\theta)}\sigma^2 + (1-\theta)\sigma_e^2}[\widetilde{V}_k + \widetilde{e}_t - k\mu(1-\theta)] \\
&= \frac{k^2\mu(1-\theta)^3\sigma_e^2}{\sigma^2 + k(1-\theta)^2\sigma_e^2} + \frac{\sigma^2}{\sigma^2 + k(1-\theta)^2\sigma_e^2}(\widetilde{V}_k + \widetilde{e}_t)
\end{aligned}$$

$$\begin{aligned}
Var_i(\widetilde{V}_k \mid \widetilde{S}_t) &= Var_i(\widetilde{V}_k) - COV_i(\widetilde{V}_k,\ \widetilde{S}_t)^T COV_i(\widetilde{S}_t,\ \widetilde{S}_t)^{-1} \\
&\quad COV_i(\widetilde{V}_k,\ \widetilde{S}_t) \\
&= \frac{1}{k(1-\theta)}\sigma^2 - COV_i(\widetilde{V}_k,\ \widetilde{V}_k + \widetilde{e}_t)^T COV_i(\widetilde{V}_k + \widetilde{e}_t,\ \widetilde{V}_k + \widetilde{e}_t)^{-1} \\
&\quad COV_i(\widetilde{V}_k,\ \widetilde{V}_k + \widetilde{e}_t) \\
&= \frac{1}{k(1-\theta)}\sigma^2 - \frac{1}{k(1-\theta)}\sigma^2 \times \frac{1}{\frac{1}{k(1-\theta)}\sigma^2 + (1-\theta)\sigma_e^2} \times \frac{1}{k(1-\theta)}\sigma^2 \\
&= \frac{(1-\theta)\sigma^2\sigma_e^2}{\sigma^2 + k(1-\theta)^2\sigma_e^2}
\end{aligned}$$

由此可以得到

$$RA_t=\frac{\dfrac{k^2\mu(1-\theta)^3\sigma_e^2}{\sigma^2+k(1-\theta)^2\sigma_e^2}+\dfrac{\sigma^2}{\sigma^2+k(1-\theta)^2\sigma_e^2}(\widetilde{V}_k+\widetilde{e}_t)-P_t}{\rho\times\dfrac{(1-\theta)\sigma^2\sigma_e^2}{\sigma^2+k(1-\theta)^2\sigma_e^2}}$$

$$=\frac{k^2\mu(1-\theta)^3\sigma_e^2+\sigma^2(\widetilde{V}_k+\widetilde{e}_t)-[\sigma^2+k(1-\theta)^2\sigma_e^2]P_t}{\rho(1-\theta)\sigma^2\sigma_e^2}$$

另外，在市场处于均衡状态时，股票市场供给等于股票市场需求，即$RA_t=Q$，因此有

$$\frac{k^2\mu(1-\theta)^3\sigma_e^2+\sigma^2(\widetilde{V}_k+\widetilde{e}_t)-[\sigma^2+k(1-\theta)^2\sigma_e^2]P_t}{\rho(1-\theta)\sigma^2\sigma_e^2}=Q$$

$$k^2\mu(1-\theta)^3\sigma_e^2+\sigma^2(\widetilde{V}_k+\widetilde{e}_t)-(\sigma^2+k(1-\theta)^2\sigma_e^2)P_t=\rho(1-\theta)\sigma^2\sigma_e^2Q$$

$$P_t=\frac{k^2\mu(1-\theta)^3\sigma_e^2-\rho(1-\theta)\sigma^2\sigma_e^2Q}{\sigma^2+k(1-\theta)^2\sigma_e^2}+\frac{\sigma^2}{\sigma^2+k(1-\theta)^2\sigma_e^2}(\widetilde{V}_k+\widetilde{e}_t) \tag{4.8}$$

由于系统风险冲击会影响企业基本面和内在价值，在计算股票未来价格实际波动性时，应该使用系统风险冲击条件下的股票未来价值信息。由式(4.8)可以得到股票价格实际波动性，表示为

$$Var(P_t)=Var\left[\frac{k^2\mu(1-\theta)^3\sigma_e^2-\rho(1-\theta)\sigma^2\sigma_e^2Q}{\sigma^2+k(1-\theta)^2\sigma_e^2}+\frac{\sigma^2}{\sigma^2+k(1-\theta)^2\sigma_e^2}(\widetilde{V}_k+\widetilde{e}_t)\right]$$

$$=\frac{\sigma^4}{[\sigma^2+k(1-\theta)^2\sigma_e^2]^2}\left[\frac{1}{k(1-\theta)}\sigma^2+(1-\theta)\sigma_e^2\right]$$

$$=\frac{\sigma^4}{k(1-\theta)[\sigma^2+k(1-\theta)^2\sigma_e^2]} \tag{4.9}$$

4.1.3 模型经济意义分析

由式(4.9)可得

$$\frac{\partial Var(P_t)}{\partial k}=-\frac{\sigma^4}{1-\theta}\times\frac{1}{[k\sigma^2+k^2(1-\theta)^2\sigma_e^2]^2}\times[\sigma^2+2k(1-\theta)^2\sigma_e^2]$$

$$=-\frac{\sigma^4}{1-\theta}\times\frac{\sigma^2+2k(1-\theta)^2\sigma_e^2}{[k\sigma^2+k^2(1-\theta)^2\sigma_e^2]^2}<0 \tag{4.10}$$

$$\frac{\partial Var(P_t)}{\partial \theta}=-\frac{\sigma^4}{k}\times\frac{1}{[\sigma^2(1-\theta)+k\sigma_e^2(1-\theta)^3]^2}\times[-\sigma^2-3k\sigma_e^2(1-\theta)^2]$$
$$=\frac{\sigma^4}{k}\times\frac{\sigma^2+3k(1-\theta)^2\sigma_e^2}{[(1-\theta)\sigma^2+k(1-\theta)^3\sigma_e^2]^2}>0 \tag{4.11}$$

由此可以得出如下结论。

结论 4.1　股票市场价格波动性随着发行股票上市公司创新能力的增强而降低，随着系统风险冲击力度的增大而增大；上市公司创新能力的增强将弱化系统风险冲击对股票价格波动性的正向影响，进而增强股票价格稳定性。

该结论的合理性和经济意义在于：在系统风险冲击下，股票市场所有上市公司的经营绩效和内在价值都可能因外部经营环境恶化而降低，投资者也可能因对股票市场看跌而离市观望，甚至卖出(卖空)股票，进而推动股票价格短期的剧烈下跌，引起股票市场的剧烈波动，但下跌的深度和波动程度可能因公司创新能力不同而有差异。创新能力强的上市公司在遭受系统风险冲击后，可能凭借其强大的创新能力迅速开发出具有市场竞争力的新产品投入市场，从而在短时间内恢复其原有的市场份额，还可能蚕食竞争对手的市场份额，进而使生产能力和经营业绩快速恢复，甚至超过系统风险冲击前的水平。这不仅会阻止公司股票价格进一步下跌，还可能促使公司股票价格逆转上涨。可见，作为度量企业市场竞争力和发展潜力重要指标的创新能力，可能降低上市公司在遭受系统风险冲击后的下跌幅度，提升公司在系统风险冲击后的恢复强度，进而降低股票价格波动性。创新能力可能减弱，甚至抵消系统风险冲击对公司股票价格波动的推动作用。不同上市公司在系统风险冲击下的不同表现正是公司创新能力与系统风险冲击对公司股票价格共同作用的结果。

4.2　投资者异质性条件下系统风险冲击与企业创新能力对股票价格波动性的影响机理

本节在上一节的基础上，将投资者同质性条件下的基础模型拓展到投资者异质性条件下的理论模型，研究股票市场同时存在信息交易者和非信息交易者的条件下，系统风险冲击、企业创新能力与投资者结构对股票价格波动性的联合影响机理。

4.2.1 假设条件和投资者行为描述

第一，假设股票 A 在期初 t 时的价格为 P_t，在期末 $t+1$ 时的价值为$\widetilde{V}$。不失一般性，可将外部宏观环境和内部经营要素等众多因素综合影响下的股票期末价值表示为一个均值为 μ、方差为 σ^2 的正态分布随机变量，即$\widetilde{V} \sim N(\mu, \sigma^2)$。其中，$\sigma^2$ 可以度量股票期末价值的不确定程度。由于期末预期价值小于等于零的股票是不可能受到交易者关注和投资的，本书假设 $\mu>0$。

第二，假设具有不同创新能力的公司发行的股票有不同的期末价值。一般来说，公司创新能力越强，其市场竞争力和盈利能力越强，成长性和发展前景越好，股票期末价值的期望值越大，不确定性越小。虽然总资产收益率和专利授权量等其他公司指标与股票期末价值之间可能存在类似关系，但比较而言，企业创新能力具有全面、可持续、对企业未来发展有持续影响力、在系统风险冲击下有自适应力等特征，更能对股票期末价值及其服从的正态分布产生系统性影响。基于此，可针对企业创新能力将股票 A 期末价值服从的正态分布调整为$\widetilde{V}_k \sim N(k\mu, \frac{1}{k}\sigma^2)$。其中，$k>0$ 表示发行股票 A 的上市公司的创新能力，$k>1$、$0<k<1$ 和 $k=1$ 分别表示公司创新能力较强、较弱和处于一般水平。在公司创新能力无限强(弱)，即 $k\to+\infty$ ($k\to0$)的极端情况下，股票期末预期价值将无限高(接近于0)，波动性将接近于0(无限大)。这个极端条件下的设定看似与现实情况有所不同，但它不会改变企业创新能力与股票期末价值之间的关系，也不会对模型结果产生实质性影响。

第三，假设股票市场在 t 时受到一个系统风险冲击 θ，可能通过改变企业经营基本面对股票期末价值产生影响。显然，系统风险冲击力度越大，股票期末预期价值越小，不确定性越大。不失一般性，可针对该系统风险冲击将股票 A 期末价值进一步调整为$\widetilde{V}_{k\theta} \sim N\left[k\mu(1-\theta), \frac{1}{k(1-\theta)}\sigma^2\right]$，其中，$0\leq\theta<1$，

表示系统风险冲击力度。特别地，当 $\theta=0$ 时，股票期末价值退化为无系统风险冲击时的情况；当 $\theta\to1$ 时，表示系统风险冲击极端强烈，股票期末价值的期望值接近于零，波动性接近于无限大。

第四，假设股票市场上有两类不同交易者——信息交易者和非信息交易者，他们在期初 t 时持有的股票 A 市值比例分别为 λ 和 $1-\lambda$，$0\leqslant\lambda\leqslant1$，并根据观测到的股票 A 期末价值信号、按照效用最大化原则对股票 A 进行交易决策。一般来说，交易者观测到的股票期末价值信号包含基本面价值信息和噪声信号两部分。信息交易者能利用自身拥有的专业知识和能力测算系统风险冲击与企业创新能力对股票期末价值的影响，其观测到的股票期末价值信号中的基本面价值信息为$\widetilde{V}_{k\theta}$；非信息交易者不能获取企业创新能力信息，只能感知系统风险冲击，他们观测到的股票期末价值信号中的基本面价值信息可表示为$\widetilde{V}_{\theta}\sim N\left[\mu(1-\theta),\ \frac{1}{1-\theta}\sigma^2\right]$。创新能力作为企业长期经营中形成的客观综合指标，主要通过影响企业市场竞争力、盈利能力和未来发展前景对股票期末基本面价值产生影响，一般不会使交易者观测到的噪声信号发生变化。同时，信息交易者因已将企业创新能力反映到股票期末基本面价值信息中，不会针对企业创新能力调整其观测到的股票期末价值信号精度；非信息交易者因观测不到企业创新能力信息，更不可能针对企业创新能力对其观测到的股票期末价值信号精度进行调整。不同于企业创新能力，系统风险冲击不仅会通过影响企业未来经营绩效对股票期末基本面价值产生影响，还可能通过强化交易者对股票期末价值及其波动性变化的认知影响交易者观测到的噪声信号。在系统风险冲击下，股票期末预期价值将降低，波动性将增大；系统风险冲击力度越大，交易者心目中对股票期末预期价值下降和波动性上升的认知就越确定，其心目中的股票期末价值信号精度就越高，噪声信号就越小。基于上述分析，可将信息交易者和非信息交易者在 t 时观测到的股票 A 期末价值信号分别设定为$\widetilde{S}_{1t}=\widetilde{V}_{k\theta}+\widetilde{e}_t$ 和$\widetilde{S}_{2t}=\widetilde{V}_{\theta}+\widetilde{e}_t$。其中，$\widetilde{e}_t$ 为噪声信号，表现为一个正态分布随机变量，即$\widetilde{e}_t\sim N(0,\ (1-\theta)\sigma_e^2)$；$\sigma_e^2$ 表示交易者在没有系统风险冲击时所能观测到的股票 A 期末价值信号的精度；$(1-\theta)\sigma_e^2$ 表示交易者在系统风险冲击下对其所观测信号精度的调整。$\tilde{e}_t$ 与 $\tilde{V}_\theta$、$\tilde{V}_{k\theta}$ 相互独立。

第五，Diamond 和 Verrechia(1981)、Hellwig(1990)根据西方发达国家和地区股票市场的实际情况，将股票供给量设定为带有噪声的随机变量，但这不符合中国股票市场的实际情况。由于中国股票市场在股票 IPO 和增发等方面都实行比较严格的核准制，而且退市制度不完善，中国股票市场上的股票供给量始终处于相对稳定水平。不失一般性，假设股票 A 在期初 t 时的供给量 Q 是不随时间变化的外生变量。

第六，在期初 t 时，信息交易者和非信息交易者持有的无风险资产与股票 A 的初始数量分别为 FA_{10}、RA_{10} 及 FA_{20}、RA_{20}，他们根据各自持有的资产数量和掌握的股票期末价值信息，按照预期效用最大化原则进行股票交易决策。假设信息交易者和非信息交易者根据上述决策原则在期初 t 时将其持有的无风险资产与股票数量分别变换为 FA_{1t}、RA_{1t} 及 FA_{2t}、RA_{2t}，然后将该资产组合持有至期末 $t+1$ 时刻；同时，假设无风险资产收益率为零。此时，信息交易者和非信息交易者在期初 t 时与期末 $t+1$ 时拥有的财富总价值 W_{1t}、$W_{1,t+1}$ 及 W_{2t}、$W_{2,t+1}$ 可分别表示为

$$W_{1t}=FA_{10}+P_t\times RA_{10}=FA_{1t}+P_t\times RA_{1t}\text{，}\ W_{1,t+1}=FA_{1t}+\tilde{V}_{k\theta}\times RA_{1t} \qquad (4.12)$$

$$W_{2t}=FA_{20}+P_t\times RA_{20}=FA_{2t}+P_t\times RA_{2t}\text{，}\ W_{2,t+1}=FA_{2t}+\tilde{V}_{\theta}\times RA_{2t} \qquad (4.13)$$

其中，P_t 为股票在期初 t 时的市场价格。

第七，假设信息交易者和非信息交易者都是风险厌恶的，他们的绝对风险厌恶系数都为 ρ，$\rho>0$。

4.2.2 模型推导和构建

4.2.2.1 信息交易者对股票 *A* 的最优持有量

由 4.1.2 节的推导过程，可得到信息交易者在系统风险冲击下对股票 A 的最优持有量：

$$RA_{1t}=\frac{k^2\mu(1-\theta)^3\sigma_e^2+\sigma^2(\tilde{V}_{k\theta}+\tilde{e}_t)-[\sigma^2+k(1-\theta)^2\sigma_e^2]P_t}{\rho(1-\theta)\sigma^2\sigma_e^2} \qquad (4.14)$$

4.2.2.2　非信息交易者对股票 *A* 的最优持有量

借鉴 Holmstrom 和 Milgrom（1987）、张维迎（2004）的效用度量方法，非信息交易者的效用水平可表示为

$$U_2(W_{2,t+1} \mid \widetilde{S}_{2t}) = E_2(W_{2,t+1} \mid \widetilde{S}_{2t}) - RC_2(W_{2,t+1} \mid \widetilde{S}_{2t}) \tag{4.15}$$

其中，$U_2(W_{2,t+1} \mid \widetilde{S}_{2t})$ 和 $E_2(W_{2,t+1} \mid \widetilde{S}_{2t})$ 分别表示非信息交易者在系统风险冲击下的条件预期效用和预期收益；$RC_2(W_{2,t+1}\widetilde{S}_{2t})$ 表示非信息交易者在系统风险冲击下希望获得的风险补偿。

$$RC_2(W_{2,t+1} \mid \widetilde{S}_{2t}) = \frac{1}{2}\rho Var_2(W_{2,t+1} \mid \widetilde{S}_{2t}) \tag{4.16}$$

在上述假设条件下，投资者在期初 t 时的股票交易决策可表示为如下最优化问题：

$$\max_{RA_{2t}} U_2(W_{2,t+1} \mid \widetilde{S}_{2t}) = E_2(W_{2,t+1} \mid \widetilde{S}_{2t}) - RC_2(W_{2,t+1} \mid \widetilde{S}_{2t}) \tag{4.17}$$

s. t.
$$P_t \times RA_{2t} + FA_{2t} = P_t \times RA_{20} + FA_{20} \tag{4.18}$$

$$W_{2,t+1} = FA_{2t} + V\tilde{e}_\theta \times RA_{2t} \tag{4.19}$$

其中，式（4.18）为投资者的资金约束，等式右边表示在期初 t 时非信息交易者的可用资金数量；式（4.19）为期末 $t+1$ 时非信息交易者的财富总价值。下面，求解上述随机最优化问题：

$$\begin{aligned} E_2(W_{2,t+1} \mid \widetilde{S}_{2t}) &= E_2(FA_{2t} + \widetilde{V}_\theta \times RA_{2t} \mid \widetilde{S}_{2t}) \\ &= E_2[(FA_{20} + P_t \times RA_{20} - P_t \times RA_{2t}) + \widetilde{V}_\theta \times RA_{2t} \mid \widetilde{S}_{2t}] \\ &= (FA_{20} + P_t \times RA_{20} - P_t \times RA_{2t}) + RA_{2t} \times E_2(\widetilde{V}_\theta \mid \widetilde{S}_{2t}) \end{aligned}$$

$$\begin{aligned} Var_2(W_{2,t+1} \mid \widetilde{S}_{2t}) &= Var_2(FA_{2t} + \widetilde{V}_\theta \times RA_{2t} \mid \widetilde{S}_{2t}) \\ &= Var_2((FA_{20} + P_t \times RA_{20} - P_t \times RA_{2t}) + \widetilde{V}_\theta \times RA_{2t} \mid \widetilde{S}_{2t}) \\ &= RA_{2t}^2 Var_2(\widetilde{V}_\theta \mid \widetilde{S}_{2t}) \end{aligned}$$

$$U_2(W_{2,t+1} \mid \tilde{S}_{2t}) = (FA_{20}+P_t\times RA_{20}-P_t\times RA_{2t})+RA_{2t}\times E_2(\tilde{V}_\theta \mid \tilde{S}_{2t})-\frac{1}{2}\rho Var_2(W_{2,t+1} \mid \tilde{S}_{2t})$$

$$= (FA_{20}+P_t\times RA_{20}-P_t\times RA_{2t})+RA_{2t}\times E_2(\tilde{V}_\theta \mid \tilde{S}_{2t})-\frac{1}{2}\rho RA_{2t}^2 Var_2(\tilde{V}_\theta \mid \tilde{S}_{2t})$$

由一阶最优化条件$\frac{\partial U_2(W_{2,t+1} \mid \tilde{S}_{2t})}{\partial RA_{2t}}=0$，有

$$\frac{\partial U_2(W_{2,t+1} \mid \tilde{S}_{2t})}{\partial RA_{2t}}=-P_t+E_2(\tilde{V}_\theta \mid \tilde{S}_{2t})-\rho\times RA_{2t}\times Var_2(\tilde{V}_\theta \mid \tilde{S}_{2t})=0$$

进而可以得到

$$RA_{2t}=\frac{E_2(\tilde{V}_\theta \mid \tilde{S}_{2t})-P_t}{\rho\times Var_2(\tilde{V}_\theta \mid \tilde{S}_{2t})} \tag{4.20}$$

根据联合正态分布的投影定理和4.2.1节的假设条件，有

$$E_2(\tilde{V}_\theta \mid \tilde{S}_{2t})=E_2(\tilde{V}_\theta)+COV_2(\tilde{V}_\theta,\ \tilde{S}_{2t})^T COV_2(\tilde{S}_{2t},\ \tilde{S}_{2t})^{-1}[\tilde{S}_{2t}-E_2(\tilde{S}_{2t})]$$

$$=\mu(1-\theta)+COV_2(\tilde{V}_\theta,\ \tilde{V}_\theta+\tilde{e}_t)^T COV_2(\tilde{V}_\theta+\tilde{e}_t,\ \tilde{V}_\theta+\tilde{e}_t)^{-1}[\tilde{V}_\theta+\tilde{e}_t-E_2(\tilde{V}_\theta+\tilde{e}_t)]$$

$$=\mu(1-\theta)+\frac{1}{(1-\theta)}\sigma^2\times\frac{1}{\frac{1}{(1-\theta)}\sigma^2+(1-\theta)\sigma_e^2}[\tilde{V}_\theta+\tilde{e}_t-\mu(1-\theta)]$$

$$=\frac{\mu(1-\theta)^3\sigma_e^2}{\sigma^2+(1-\theta)^2\sigma_e^2}+\frac{\sigma^2}{\sigma^2+(1-\theta)^2\sigma_e^2}(\tilde{V}_\theta+\tilde{e}_t)$$

$$Var_2(\tilde{V}_\theta \mid \tilde{S}_{2t})=Var_2(\tilde{V}_\theta)-COV_2(\tilde{V}_\theta,\ \tilde{S}_{2t})^T COV_2(\tilde{S}_{2t},\ \tilde{S}_{2t})^{-1} COV_2(\tilde{V}_\theta,\ \tilde{S}_{2t})$$

$$=\frac{1}{1-\theta}\sigma^2-COV_2(\tilde{V}_\theta,\ \tilde{V}_\theta+\tilde{e}_t)^T COV_2(\tilde{V}_\theta+\tilde{e}_t,\ \tilde{V}_\theta+\tilde{e}_t)^{-1}$$

$$COV_2(\widetilde{V}_\theta,\ \widetilde{V}_\theta+\widetilde{e}_t)$$

$$=\frac{1}{1-\theta}\sigma^2-\frac{1}{1-\theta}\sigma^2\times\frac{1}{\frac{1}{1-\theta}\sigma^2+(1-\theta)\sigma_e^2}\times\frac{1}{1-\theta}\sigma^2$$

$$=\frac{(1-\theta)\sigma^2\sigma_e^2}{[\sigma^2+(1-\theta)^2\sigma_e^2]}$$

由此可以得到，非信息交易者在系统风险冲击下对股票 A 的最优持有量为

$$RA_{2t}=\frac{\frac{\mu(1-\theta)^3\sigma_e^2}{\sigma^2+(1-\theta)^2\sigma_e^2}+\frac{\sigma^2}{\sigma^2+(1-\theta)^2\sigma_e^2}(\widetilde{V}_\theta+\widetilde{e}_t)-P_t}{\rho\times\frac{(1-\theta)\sigma^2\sigma_e^2}{\sigma^2+(1-\theta)^2\sigma_e^2}}$$

$$=\frac{\mu(1-\theta)^3\sigma_e^2+\sigma^2(\widetilde{V}_\theta+\widetilde{e}_t)-[\sigma^2+(1-\theta)^2\sigma_e^2]P_t}{\rho(1-\theta)\sigma^2\sigma_e^2} \tag{4.21}$$

4.2.2.3　股票 A 在 t 时的市场均衡价格

由式(4.14)和式(4.21)可以得到，在市场均衡状态下，信息交易者和非信息交易者在 t 时持有的股票 A 总量应该等于市场总供给量 Q，即

$$\lambda\times RA_{1t}+(1-\lambda)\times RA_{2t}=Q$$

$$\lambda\times\frac{k^2\mu(1-\theta)^3\sigma_e^2+\sigma^2(\widetilde{V}_{k\theta}+\widetilde{e}_t)-[\sigma^2+k(1-\theta)^2\sigma_e^2]P_t}{\rho(1-\theta)\sigma^2\sigma_e^2}+$$

$$(1-\lambda)\times\frac{\mu(1-\theta)^3\sigma_e^2+\sigma^2(\widetilde{V}_\theta+\widetilde{e}_t)-[\sigma^2+(1-\theta)^2\sigma_e^2]P_t}{\rho(1-\theta)\sigma^2\sigma_e^2}=Q$$

$$\lambda\{k^2\mu(1-\theta)^3\sigma_e^2+\sigma^2(\widetilde{V}_{k\theta}+\widetilde{e}_t)-[\sigma^2+k(1-\theta)^2\sigma_e^2]P_t\}+$$

$$(1-\lambda)\{\mu(1-\theta)^3\sigma_e^2+\sigma^2(\widetilde{V}_\theta+\widetilde{e}_t)-[\sigma^2+(1-\theta)^2\sigma_e^2]P_t\}=\rho(1-\theta)\sigma^2\sigma_e^2Q$$

$$P_t=\frac{[\lambda k^2+(1-\lambda)]\mu(1-\theta)^3\sigma_e^2+\lambda\sigma^2(\widetilde{V}_{k\theta}+\widetilde{e}_t)+(1-\lambda)\sigma^2(\widetilde{V}_\theta+\widetilde{e}_t)-\rho(1-\theta)\sigma^2\sigma_e^2Q}{\sigma^2+[\lambda k+(1-\lambda)](1-\theta)^2\sigma_e^2} \tag{4.22}$$

信息交易者和非信息交易者都根据自身获得的股票内在价值信号，按照效用最大化原则进行交易决策，但无论交易者是否观测或感知到系统风险冲击和企业创新能力对股票内在价值的影响，系统风险冲击和企业创新能力对股票内在价值的影响都是客观事实，都会影响企业长期基本面，进而对股票内在价值和市场价格产生影响。因此，在计算股票价格实际期望值和波动性时，应该使用存在系统风险冲击和企业创新能力条件下的股票未来价值信息。根据式(4.22)，股票市场价格实际波动性可表示为

$$Var(P_t)=Var\left\{\frac{[\lambda k^2+(1-\lambda)]\mu(1-\theta)^3\sigma_e^2+\lambda\sigma^2(\widetilde{V}_{k\theta}+\widetilde{e}_t)+(1-\lambda)\sigma^2(\widetilde{V}_\theta+\widetilde{e}_t)-\rho(1-\theta)\sigma^2\sigma_e^2 Q}{\sigma^2+[\lambda k+(1-\lambda)](1-\theta)^2\sigma_e^2}\right\}$$

$$=Var\left\{\frac{\lambda\sigma^2(\widetilde{V}_{k\theta}+\widetilde{e}_t)+(1-\lambda)\sigma^2(\widetilde{V}_\theta+\widetilde{e}_t)}{\sigma^2+[\lambda k+(1-\lambda)](1-\theta)^2\sigma_e^2}\right\}$$

$$=\frac{\lambda^2\sigma^4\left[\frac{1}{k(1-\theta)}\sigma^2+(1-\theta)\sigma_e^2\right]+(1-\lambda)^2\sigma^4\left[\frac{1}{k(1-\theta)}\sigma^2+(1-\theta)\sigma_e^2\right]}{\{\sigma^2+[\lambda k+(1-\lambda)](1-\theta)^2\sigma_e^2\}^2}$$

$$=\frac{\sigma^4[\lambda^2+(1-\lambda)^2][\sigma^2+k(1-\theta)^2\sigma_e^2]}{k(1-\theta)\{\sigma^2+[\lambda k+(1-\lambda)](1-\theta)^2\sigma_e^2\}^2} \tag{4.23}$$

4.2.3 模型经济意义分析

4.2.3.1 企业创新能力对股票价格波动性的影响

$$\frac{\partial Var(P_t)}{\partial k}=\frac{\sigma^4[\lambda^2+(1-\lambda)^2]}{1-\theta}\times\frac{k(1-\theta)^2\sigma_e^2\{\sigma^2+[\lambda k+(1-\lambda)](1-\theta)^2\sigma_e^2\}^2-[\sigma^2+k(1-\theta)^2\sigma_e^2]\times\left\{\begin{array}{l}\{\sigma^2+[\lambda k+(1-\lambda)](1-\theta)^2\sigma_e^2\}^2+\\2k\{\sigma^2+[\lambda k+(1-\lambda)](1-\theta)^2\sigma_e^2\}\times\\\lambda(1-\theta)^2\sigma_e^2\end{array}\right\}}{k^2\{\sigma^2+[\lambda k+(1-\lambda)](1-\theta)^2\sigma_e^2\}^4}$$

$$
\begin{aligned}
&= \frac{\sigma^4[\lambda^2+(1-\lambda)^2]}{1-\theta} \times \frac{\begin{array}{c} k(1-\theta)^2\sigma_e^2\{\sigma^2+[\lambda k+(1-\lambda)](1-\theta)^2\sigma_e^2\} - \\ [\sigma^2+k(1-\theta)^2\sigma_e^2] \times \\ \left\{\begin{array}{c}\{\sigma^2+[\lambda k+(1-\lambda)](1-\theta)^2\sigma_e^2\}+ \\ 2k\lambda(1-\theta)^2\sigma_e^2\end{array}\right\} \end{array}}{k^2\{\sigma^2+[\lambda k+(1-\lambda)](1-\theta)^2\sigma_e^2\}^3} \\
&= -\frac{\sigma^4[\lambda^2+(1-\lambda)^2]}{1-\theta} \times \frac{\begin{array}{c}\sigma^4+[3k\lambda+(1-\lambda)](1-\theta)^2\sigma^2\sigma_e^2+ \\ 2k^2\lambda(1-\theta)^4\sigma_e^4\end{array}}{k^2\{\sigma^2+[\lambda k+(1-\lambda)](1-\theta)^2\sigma_e^2\}^3} < 0 \quad (4.24)
\end{aligned}
$$

由此可以得出以下结论：

结论 4.2　在投资者结构和系统风险冲击强度一定的条件下，股票价格波动性将随着企业创新能力的提高而降低。

该结论的合理性和经济意义在于，创新能力综合反映了一个企业的创新产出效率和增长潜力，是企业长期增长潜力和核心竞争力的重要来源，将通过影响企业经营绩效和投资者行为两个方面对上市公司股票价格及其走势产生重要影响。在遭遇系统风险冲击时，企业可能因外部环境和经营条件的恶化而出现经营业绩下滑和盈利能力下降，并通过投资者交易行为造成股票价格下跌。但是，创新能力能提高企业应对外部条件变化的灵活性和反应速度。当系统风险冲击引起市场环境恶化时，高创新能力企业能通过研发推出新产品或者采取新的目标定位（Picard and Rimmer，1999；张伟 等，2018）、提高产品质量和品牌效应等策略来应对外部冲击。创新能力能提高企业预期的盈利能力和生产率，继而提高企业的整体效率，降低企业投资成本（Hsu，2009）和创新资金配置风险（王玉冬 等，2018），进而能在外部条件恶化时采取低价策略（Chou and Chen，2004）保持企业的盈利能力。另外，创新能力将通过“信号显示”机制影响投资者的心理预期，起到稳定股票价格的作用。创新能力能提升投资者信心，在外部经济条件恶化时，增强投资者应对经济困境的信心，从而使上市公司较少受到负面冲击的影响（Adcock et al.，2014）。因此，创新能力强的企业具有更强的风险抵御能力和自愈能力，在遭遇系统风险冲击时受到的伤害更小，在系统风险冲击后具有更强的恢复能力，股票市场表现更加稳定，股票价格波动性更小。该结论为我国实施创新驱动发展战略的重要性提供了佐证，为提高上市公司系统风险抵御能力、维护我国股票市场平稳健康发展提供了新的视角和思路。

4.2.3.2 系统风险冲击对股票价格波动性的影响

由式(4.24)可得

$$\frac{\partial Var(P_t)}{\partial\theta}=\frac{\sigma^4[\lambda^2+(1-\lambda)^2]}{k}\times\frac{\begin{array}{c}-2k(1-\theta)\sigma_e^2\times(1-\theta)\{\sigma^2+[k\lambda+(1-\lambda)](1-\theta)^2\sigma_e^2\}^2-[\sigma^2+k(1-\theta)^2\sigma_e^2]\times\\ \left\{\begin{array}{l}-\{\sigma^2+[k\lambda+(1-\lambda)](1-\theta)^2\sigma_e^2\}^2-\\2(1-\theta)\{\sigma^2+[k\lambda+(1-\lambda)](1-\theta)^2\sigma_e^2\}\times\\2[k\lambda+(1-\lambda)](1-\theta)\sigma_e^2\end{array}\right\}\end{array}}{(1-\theta)^2\{\sigma^2+[k\lambda+(1-\lambda)](1-\theta)^2\sigma_e^2\}^4}$$

$$=\frac{\sigma^4[\lambda^2+(1-\lambda)^2]}{k}\times\frac{\begin{array}{c}2k(1-\theta)^2\sigma^2\sigma_e^2-2k(1-\theta)^4[k\lambda+(1-\lambda)]\sigma_e^4+\\ \sigma^2\{\sigma^2+5(1-\theta)^2[k\lambda+(1-\lambda)]\sigma_e^2\}+\\ k(1-\theta)^2\sigma_e^2\{\sigma^2+5(1-\theta)^2[k\lambda+(1-\lambda)]\sigma_e^2\}\end{array}}{(1-\theta)^2\{\sigma^2+[k\lambda+(1-\lambda)](1-\theta)^2\sigma_e^2\}^3}$$

$$=\frac{\sigma^4[\lambda^2+(1-\lambda)^2]}{k(1-\theta)^2}\times\frac{\begin{array}{c}\sigma^4+3k[k\lambda+(1-\lambda)](1-\theta)^4\sigma_e^4+\\ [(5\lambda-1)k+5(1-\lambda)](1-\theta)^2\sigma^2\sigma_e^2\end{array}}{\{\sigma^2+[k\lambda+(1-\lambda)](1-\theta)^2\sigma_e^2\}^3}\tag{4.25}$$

记 $A=\sigma^4+3k[k\lambda+(1-\lambda)](1-\theta)^4\sigma_e^4+[(5\lambda-1)k+5(1-\lambda)](1-\theta)^2\sigma^2\sigma_e^2$，则

$$\frac{\partial A}{\partial\lambda}=3k(1-\theta)^4\sigma_e^4(k-1)+5(1-\theta)^2\sigma^2\sigma_e^2(k-1)$$

$$=(1-\theta)^2\sigma_e^2[3k(1-\theta)^2\sigma_e^2+5\sigma^2](k-1)$$

$$A|_{\lambda=0}=\sigma^4+3k(1-\theta)^4\sigma_e^4+(5-k)(1-\theta)^2\sigma^2\sigma_e^2$$

$$A|_{\lambda=1}=\sigma^4+3k^2(1-\theta)^4\sigma_e^4+4k(1-\theta)^2\sigma^2\sigma_e^2>0$$

当 $k<1$ 时，$\frac{\partial A}{\partial\lambda}<0$，$A>0$，$\frac{\partial Var(P_t)}{\partial\theta}>0$。

当 $1<k<5$ 时，$\frac{\partial A}{\partial\lambda}>0$，$A|_{\lambda=0}>0$，$A>0$，$\frac{\partial Var(P_t)}{\partial\theta}>0$。

当 $k>5$ 时，$\frac{\partial A}{\partial \lambda}>0$。

$$
\begin{aligned}
A|_{\lambda=0} &= \sigma^4+3k(1-\theta)^4\sigma_e^4+(5-k)(1-\theta)^2\sigma^2\sigma_e^2 \\
&= \sigma^4+3k(1-\theta)^4\sigma_e^4-k(1-\theta)^2\sigma^2\sigma_e^2+5(1-\theta)^2\sigma^2\sigma_e^2 \\
&= k(1-\theta)^2\sigma_e^2[3(1-\theta)^2\sigma_e^2-\sigma^2]+\sigma^4+5(1-\theta)^2\sigma^2\sigma_e^2
\end{aligned}
$$

若 $3(1-\theta)^2\sigma_e^2>\sigma^2$，则 $A|_{\lambda=0}>0$，$A>0$，$\frac{\partial Var(P_t)}{\partial \theta}>0$。

若 $3(1-\theta)^2\sigma_e^2<\sigma^2$，则 $A|_{\lambda=0}>0$，即

$$
k(1-\theta)^2\sigma_e^2[3(1-\theta)^2\sigma_e^2-\sigma^2]+\sigma^4+5(1-\theta)^2\sigma^2\sigma_e^2>0
$$

可得

$$
k<\frac{\sigma^4+5(1-\theta)^2\sigma^2\sigma_e^2}{(1-\theta)^2\sigma_e^2[\sigma^2-3(1-\theta)^2\sigma_e^2]}
$$

而

$$
\frac{\sigma^4+5(1-\theta)^2\sigma^2\sigma_e^2}{(1-\theta)^2\sigma_e^2[\sigma^2-3(1-\theta)^2\sigma_e^2]}>\frac{5(1-\theta)^2\sigma^2\sigma_e^2}{(1-\theta)^2\sigma^2\sigma_e^2}=5
$$

进而可知，在 $5<k<\frac{\sigma^4+5(1-\theta)^2\sigma^2\sigma_e^2}{(1-\theta)^2\sigma_e^2[\sigma^2-3(1-\theta)^2\sigma_e^2]}$ 的条件下，有 $A|_{\lambda=0}>0$，$A>0$，$\frac{\partial Var(P_t)}{\partial \theta}>0$。

在 $k>\frac{\sigma^4+5(1-\theta)^2\sigma^2\sigma_e^2}{(1-\theta)^2\sigma_e^2[\sigma^2-3(1-\theta)^2\sigma_e^2]}$ 的条件下，有 $A|_{\lambda=0}<0$。由 $A>0$，即

$$
\sigma^4+3k(1-\theta)^4\sigma_e^4[k\lambda+(1-\lambda)]+(1-\theta)^2\sigma^2\sigma_e^2[(5\lambda-1)k+5(1-\lambda)]>0
$$

可得

$$
\sigma^4+3k(1-\theta)^4\sigma_e^4[\lambda(k-1)+1]+(1-\theta)^2\sigma^2\sigma_e^2[5\lambda(k-1)-k+5]>0
$$

$$
\lambda>\frac{-\sigma^4-3k(1-\theta)^4\sigma_e^4+(k-5)(1-\theta)^2\sigma^2\sigma_e^2}{[3k(1-\theta)^4\sigma_e^4+5(1-\theta)^2\sigma^2\sigma_e^2](k-1)}\overset{\text{记为}}{\Rightarrow}\lambda^*
$$

则

$$\lambda^* = \frac{-\sigma^4 - 3k(1-\theta)^4\sigma_e^4 + (k-5)(1-\theta)^2\sigma^2\sigma_e^2}{[3k(1-\theta)^4\sigma_e^4 + 5(1-\theta)^2\sigma^2\sigma_e^2](k-1)}$$

$$= \frac{(1-\theta)^2\sigma_e^2[\sigma^2 - 3(1-\theta)^2\sigma_e^2]\left\{k - \frac{\sigma^4 + 5(1-\theta)^2\sigma^2\sigma_e^2}{(1-\theta)^2\sigma_e^2[\sigma^2 - 3(1-\theta)^2\sigma_e^2]}\right\}}{[3k(1-\theta)^4\sigma_e^4 + 5(1-\theta)^2\sigma^2\sigma_e^2](k-1)} > 0$$

另外，

$$\lambda^* = \frac{-\sigma^4 - 3k(1-\theta)^4\sigma_e^4 + (k-5)(1-\theta)^2\sigma^2\sigma_e^2}{[3k(1-\theta)^4\sigma_e^4 + 5(1-\theta)^2\sigma^2\sigma_e^2](k-1)} <$$

$$\frac{-\sigma^4 - 3\frac{\sigma^4 + 5(1-\theta)^2\sigma^2\sigma_e^2}{(1-\theta)^2\sigma_e^2[\sigma^2 - 3(1-\theta)^2\sigma_e^2]}(1-\theta)^4\sigma_e^4 + (k-5)(1-\theta)^2\sigma^2\sigma_e^2}{\left\{3\frac{\sigma^4 + 5(1-\theta)^2\sigma^2\sigma_e^2}{(1-\theta)^2\sigma_e^2[\sigma^2 - 3(1-\theta)^2\sigma_e^2]}(1-\theta)^4\sigma_e^4 + 5(1-\theta)^2\sigma^2\sigma_e^2\right\}(k-1)}$$

$$= \frac{-\sigma^6 + k(1-\theta)^2\sigma^4\sigma_e^2 - 5(1-\theta)^2\sigma^4\sigma_e^2 - 3k(1-\theta)^4\sigma^2\sigma_e^4}{8(1-\theta)^2\sigma^4\sigma_e^2(k-1)} <$$

$$\frac{k(1-\theta)^2\sigma^4\sigma_e^2 - (1-\theta)^2\sigma^4\sigma_e^2}{8(1-\theta)^2\sigma^4\sigma_e^2(k-1)}$$

$$= \frac{(k-1)(1-\theta)^2\sigma^4\sigma_e^2}{8(k-1)(1-\theta)^2\sigma^4\sigma_e^2}$$

$$= \frac{1}{8}$$

也即 $0<\lambda^*<\frac{1}{8}$。可见，在 $3(1-\theta)^2\sigma_e^2<\sigma^2$ 且 $k>\frac{\sigma^4+5(1-\theta)^2\sigma^2\sigma_e^2}{(1-\theta)^2\sigma_e^2[\sigma^2-3(1-\theta)^2\sigma_e^2]}$（大于5）的条件下，如果 $\lambda>\lambda^*$，则有 $A>0$，$\frac{\partial Var(P_t)}{\partial\theta}>0$；如果 $\lambda<\lambda^*$，则有 $A<0$，$\frac{\partial Var(P_t)}{\partial\theta}<0$。综上所述，系统风险冲击与股票价格波动性的关系如图 4.1 所示。

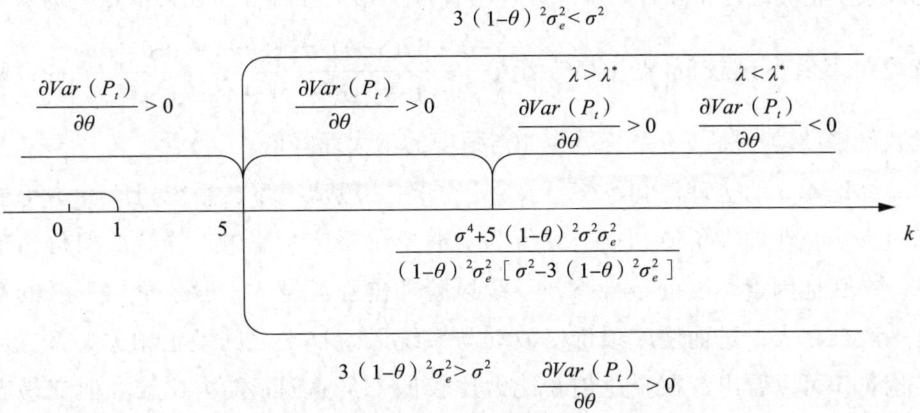

图 4.1　系统风险冲击与股票价格波动性的关系

综合上述分析，可以得出以下结论：

结论 4.3　股票价格波动性与系统风险冲击之间的关系随企业创新能力、交易者在系统风险冲击下观测到的股票价值信号精度和投资者结构不同而呈现出不同特征。具体表现如下：

当企业创新能力比较弱($k<5$)时，股票价格波动性将随系统风险冲击强度的增大而提高。

当企业创新能力比较强($k>5$)但交易者在系统风险冲击下观测到的股票价值信号精度比较低[$3(1-\theta)^2\sigma_e^2>\sigma^2$]时，股票价格波动性将随系统风险冲击强度的增大而提高。

当企业创新能力比较强($k>5$)且交易者在系统风险冲击下观测到的股票价值信号精度也比较高[$3(1-\theta)^2\sigma_e^2<\sigma^2$]时，股票价格波动性与系统风险冲击之间的关系随企业创新能力和投资者结构不同而不同。具体如下：

a. 在企业创新能力较强但不是太强($5<k<\dfrac{\sigma^4+5(1-\theta)^2\sigma^2\sigma_e^2}{(1-\theta)^2\sigma_e^2[\sigma^2-3(1-\theta)^2\sigma_e^2]}$)的情况下，股票价格波动性将随着系统风险冲击强度的增大而提高。

b. 在企业创新能力特别强$\left(k>\dfrac{\sigma^4+5(1-\theta)^2\sigma^2\sigma_e^2}{(1-\theta)^2\sigma_e^2[\sigma^2-3(1-\theta)^2\sigma_e^2]}\right)$的情况下，如果信息交易者所持股票市值占比较高$\left(\text{高于某门槛值}\dfrac{-\sigma^4-3k(1-\theta)^4\sigma_e^4+(k-5)(1-\theta)^2\sigma^2\sigma_e^2}{[3k(1-\theta)^4\sigma_e^4+5(1-\theta)^2\sigma^2\sigma_e^2](k-1)}\right)$，

则股票价格波动性将随着系统风险冲击强度的增大而提高；如果信息交易者所持股票市值占比较低$\left(\text{低于某门槛值}\frac{-\sigma^4-3k(1-\theta)^4\sigma_e^4+(k-5)(1-\theta)^2\sigma^2\sigma_e^2}{[3k(1-\theta)^4\sigma_e^4+5(1-\theta)^2\sigma^2\sigma_e^2](k-1)}\right)$，则股票价格波动性将随着系统风险冲击强度的增大而降低。

结论 4.3 的合理性和经济意义在于：在一般情况下，系统风险冲击可能通过影响企业内在价值和投资者行为对股票价格产生影响，导致股票价格下跌。在其他因素不变的条件下，系统风险冲击强度越大，股票价格下跌的幅度一般会越大，进而使股票价格波动与系统风险冲击之间呈正相关关系。从结论 4.3 可以看出，在企业创新能力比较低、企业创新能力比较高但交易者在系统风险冲击下观测到的股票价值信号精度比较低、企业创新能力较强但不是太强且交易者在系统风险冲击下观测到的股票价值信号精度比较高、企业创新能力特别强且信息交易者持股比例和交易者在系统风险冲击下观测到的股票价值信号精度都比较高等多种情况下，股票价格波动与系统风险冲击之间的关系都符合传统金融市场理论的逻辑。但是，在企业创新能力特别强、交易者在系统风险冲击下观测到的股票价值信号精度比较高但信息交易者持股比例比较低的情况下，特别强的创新能力可能抵消企业内在价值产生的正面影响，甚至掩盖系统风险冲击对企业内在价值产生的负面影响，进而使企业内在价值在总体上呈现出不受系统风险冲击影响的稳定状态。信息交易者能感知企业创新能力对股票内在价值的影响，进而将企业创新能力和系统风险冲击对股票内在价值的影响分离；非信息交易者没有这种能力，不能感知企业创新能力及其对股票内在价值的影响，观测到的信号是企业总体内在价值加上噪声信号。在这种情况下，当信息交易者持股比例比较高时，信息交易者的交易决策能分离出系统风险冲击对股票价格波动性的影响，进而使股票价格波动性与系统风险冲击之间的关系符合传统金融市场理论的逻辑。当信息交易者持股比例足够低(或非信息交易者持股比例足够高)时，大量不能感知企业创新能力及其对股票内在价值影响的非信息交易者将根据他们观测到的掩盖了系统风险冲击影响、处于相对稳定状态的股票内在价值信号进行交易决策，其结果必然使股票价格处于不受系统风险冲击影响的相对稳定状态。显然，随着系统风险冲击强度的增大，非信息交易者会认为其观测到的企业内在价值信号越精确，其交易决策行为产生的股票价格波动越小，进而使股票价格波动与系统风险冲击之间呈现出不同于传统金融市场理论的负相关关系。结论 4.3 进一步证明了企业创新能力在抵御系统风险冲击和保障股票市场稳定发展中的重要作用。

4.2.3.3　投资者结构对股票价格波动性的影响

$$\frac{\partial Var(P_t)}{\partial\lambda}=\frac{\sigma^4[\sigma^2+k(1-\theta)^2\sigma_e^2]}{k(1-\theta)}\times\frac{\begin{array}{c}(4\lambda-2)\{\sigma^2+[k\lambda+(1-\lambda)](1-\theta)^2\sigma_e^2\}^2-\\ [\lambda^2+(1-\lambda)^2]\times2\{\sigma^2+[k\lambda+(1-\lambda)]\\ (1-\theta)^2\sigma_e^2\}(k-1)(1-\theta)^2\sigma_e^2\end{array}}{\{\sigma^2+[k\lambda+(1-\lambda)](1-\theta)^2\sigma_e^2\}^4}$$

$$=\frac{2\sigma^4[\sigma^2+k(1-\theta)^2\sigma_e^2]}{k(1-\theta)}\times\frac{[2\sigma^2+(k+1)(1-\theta)^2\sigma_e^2]\lambda-[\sigma^2+k(1-\theta)^2\sigma_e^2]}{\{\sigma^2+[k\lambda+(1-\lambda)](1-\theta)^2\sigma_e^2\}^3} \tag{4.26}$$

记

$$\begin{aligned}B&=[2\sigma^2+(k+1)(1-\theta)^2\sigma_e^2]\lambda-[\sigma^2+k(1-\theta)^2\sigma_e^2]\\&=2\sigma^2\lambda+(k\lambda+\lambda)(1-\theta)^2\sigma_e^2-\sigma^2-k(1-\theta)^2\sigma_e^2\\&=-k(1-\lambda)(1-\theta)^2\sigma_e^2+(2\lambda-1)\sigma^2+\lambda(1-\theta)^2\sigma_e^2\end{aligned}$$

由 $B<0$ 可得

$$-k(1-\lambda)(1-\theta)^2\sigma_e^2+(2\lambda-1)\sigma^2+\lambda(1-\theta)^2\sigma_e^2<0$$

$$k>\frac{(2\lambda-1)\sigma^2+\lambda(1-\theta)^2\sigma_e^2}{(1-\lambda)(1-\theta)^2\sigma_e^2}$$

由 $(2\lambda-1)\sigma^2+\lambda(1-\theta)^2\sigma_e^2>0$ 可得

$$2\lambda\sigma^2-\sigma^2+\lambda(1-\theta)^2\sigma_e^2>0$$

$$\lambda>\frac{\sigma^2}{2\sigma^2+(1-\theta)^2\sigma_e^2}$$

显然，$0<\frac{\sigma^2}{2\sigma^2+(1-\theta)^2\sigma_e^2}<\frac{1}{2}$。也即在 $\lambda<\frac{\sigma^2}{2\sigma^2+(1-\theta)^2\sigma_e^2}$ 的条件下，$\frac{(2\lambda-1)\sigma^2+\lambda(1-\theta)^2\sigma_e^2}{(1-\lambda)(1-\theta)^2\sigma_e^2}<0$，$k>\frac{(2\lambda-1)\sigma^2+\lambda(1-\theta)^2\sigma_e^2}{(1-\lambda)(1-\theta)^2\sigma_e^2}$ 恒成立，此时有 $B<0$，$\frac{\partial Var(P_t)}{\partial\lambda}<0$。在 $\lambda>\frac{\sigma^2}{2\sigma^2+(1-\theta)^2\sigma_e^2}$ 的条件下，$\frac{(2\lambda-1)\sigma^2+\lambda(1-\theta)^2\sigma_e^2}{(1-\lambda)(1-\theta)^2\sigma_e^2}>0$。如果 $k>$

$\frac{(2\lambda-1)\sigma^2+\lambda(1-\theta)^2\sigma_e^2}{(1-\lambda)(1-\theta)^2\sigma_e^2}$，则有 $B<0$，$\frac{\partial Var(P_t)}{\partial\lambda}<0$；如果 $k<\frac{(2\lambda-1)\sigma^2+\lambda(1-\theta)^2\sigma_e^2}{(1-\lambda)(1-\theta)^2\sigma_e^2}$，则有 $B>0$，$\frac{\partial Var(P_t)}{\partial\lambda}>0$。综上所述，投资者结构与股票价格波动性的关系如图 4.2 所示。

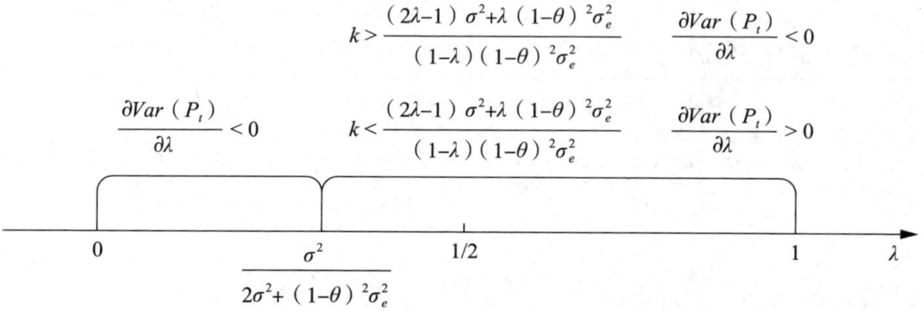

图 4.2　投资者结构与股票价格波动性的关系

由此可以得出以下结论：

结论 4.4　股票价格波动性与投资者结构之间的关系随企业创新能力不同而呈现出不同特征。具体描述如下：

第一，在信息交易者所持股票市值占比较低（低于非信息交易者所持股票市值比例，且低于门槛值 $\frac{\sigma^2}{2\sigma^2+(1-\theta)^2\sigma_e^2}$）的情况下，无论企业创新能力如何，股票价格波动性都将随信息交易者所持股票市值占比的增加而降低。

第二，在信息交易者所持股票 A 市值比例较高（高于门槛值 $\frac{\sigma^2}{2\sigma^2+(1-\theta)^2\sigma_e^2}$）的情况下，当企业创新能力比较强（高于某门槛值 $\frac{(2\lambda-1)\sigma^2+\lambda(1-\theta)^2\sigma_e^2}{(1-\lambda)(1-\theta)^2\sigma_e^2}$）时，股票价格波动性将随信息交易者持股比例的增加而减少；当企业创新能力较弱（低于某门槛值 $\frac{(2\lambda-1)\sigma^2+\lambda(1-\theta)^2\sigma_e^2}{(1-\lambda)(1-\theta)^2\sigma_e^2}$）时，股票价格波动性将随着信息交易者持股比例的增加而提高。

结论 4.4 的合理性和经济意义在于：根据传统金融市场理论，信息交易者具有市场“稳定器”作用，当股票市场价格在系统风险冲击下持续下跌且低于其内在价值时，信息交易者将利用其信息优势通过买入股票遏制股票价格的持续下跌。显然，信息交易者持股比例提高，有助于及时纠正股票价格与其内在价值之间的偏离度，进而使股票价格围绕其内在价值波动的幅度变小。因此，在其他条件不变的情况下，股票价格波动性与信息交易者持股比例之间一般呈负相关关系。但是，当信息交易者持股比例较高且企业创新能力较低时，低创新能力企业在系统风险冲击下的内在价值将变得较低，众多信息交易者在测算到企业较低的内在价值后，可能会进一步卖出或卖空股票，加剧股票价格在系统风险冲击下的下跌态势。显然，信息交易者持股比例越高，对创新能力弱和系统风险冲击叠加产生的企业低内在价值的认知越强，推动股票价格下跌的力量越大，股票价格在系统风险冲击下的下跌幅度也越大，进而使股票价格波动性与信息交易者持股比例之间呈正相关关系。该结论表明，信息交易者持股比例在不同条件下将会对股票价格波动性产生不同影响，这在一定程度上说明“信息交易者越多，股票价格越稳定”的传统理论观点并不是普遍成立的，特别是在信息交易者持股比例较高的股票市场上，低创新能力企业发行的股票在系统风险冲击下将会剧烈下跌，甚至被市场淘汰（退市），从而在客观上形成了“优胜劣汰”的市场选择机制。因此，大力培育信息交易者群体是优化股票市场选择机制、完善股票市场功能的重要途径，不断提升企业创新能力是确保企业不被市场淘汰、实现可持续发展的重要手段。

此外，中西方股票市场在企业创新能力、投资者结构、信息披露环境和退市制度等方面存在明显差异。西方成熟资本市场高度透明的信息环境、完善的上市公司退市制度、信息交易者的市场主导地位，为发挥信息交易者的市场稳定器作用和实现股票市场的“优胜劣汰”提供了充分条件，美国若干低创新能力上市公司在 2008 年次贷危机冲击下纷纷退市和破产为该结果提供了佐证。相比而言，中国股票市场的有效性较弱（黄稚渊 等，2018；廖理 等，2018），信息披露环境透明度较低，交易者的信息获取成本较高，上市公司的退市制度也不够完善。根据 WIPO 的统计数据，中国企业创新能力普遍偏低。在这种情况下，信息交易者难以发挥股票市场“稳定器”作用，也难以通过股票市场“优胜劣汰”的选择机制保持股票市场的流动性和充足活力。

4.3 投资者异质性条件下系统风险冲击与企业创新能力对股票价格波动性影响的仿真分析

4.3.1 参数设置和临界值计算

4.3.1.1 参数设置

为了更清晰地阐明交易者异质性条件下系统风险冲击、企业创新能力和投资者结构对股票价格波动性的联合影响机理，本节在对相关模型中参数股票内在价值波动性 σ、交易者在没有系统风险冲击时能观测到的股票未来价值信号精度 σ_e 进行设定的条件下，利用 Matlab 软件编程进行仿真分析。基于对中国股票市场股票内在价值和交易者能力水平的考察，可将参数 σ 和 σ_e 设定为 $\sigma=2$，$\sigma_e=1.5$。事实上，当参数 σ 和 σ_e 设定不同数值时，仿真图形可能发生变化，但仿真结果不会产生实质性差异。

4.3.1.2 临界值计算

针对 4.2.3 节系统风险冲击、企业创新能力和投资者结构对股票价格波动性影响机理的研究结论，以下基于设定的初始参数对相应临界值进行计算。

企业创新能力 k 的临界值记为 $H=\dfrac{\sigma^4+5(1-\theta)^2\sigma^2\sigma_e^2}{(1-\theta)^2\sigma_e^2[\sigma^2-3(1-\theta)^2\sigma_e^2]}$，则

$$\frac{\partial H}{\partial(1-\theta)^2}=\frac{\begin{array}{c}5\sigma^2\sigma_e^2(1-\theta)^2\sigma_e^2[\sigma^2-3(1-\theta)^2\sigma_e^2]-[\sigma^4+5(1-\theta)^2\sigma^2\sigma_e^2]\times\\ \{\sigma_e^2[\sigma^2-3(1-\theta)^2\sigma_e^2]+(1-\theta)^2\sigma_e^2(-3)\sigma_e^2\}\end{array}}{(1-\theta)^4\sigma_e^4[\sigma^2-3(1-\theta)^2\sigma_e^2]^2}$$

$$=\frac{6\sigma^4\sigma_e^2(1-\theta)^2+15(1-\theta)^4\sigma^2\sigma_e^4-\sigma^6}{(1-\theta)^4\sigma_e^2[\sigma^2-3(1-\theta)^2\sigma_e^2]^2}$$

由 $\dfrac{\partial H}{\partial(1-\theta)^2}<0$，可得

$$15\sigma^2\sigma_e^4(1-\theta)^4+6\sigma^4\sigma_e^2(1-\theta)^2-\sigma^6<0$$

$$\frac{-6\sigma^4\sigma_e^2-\sqrt{36\sigma^8\sigma_e^4+4\times15\sigma^2\sigma_e^4\times\sigma^6}}{2\times15\sigma^2\sigma_e^4}<(1-\theta)^2<\frac{-6\sigma^4\sigma_e^2+\sqrt{36\sigma^8\sigma_e^4+4\times15\sigma^2\sigma_e^4\times\sigma^6}}{2\times15\sigma^2\sigma_e^4}$$

取参数 $\sigma=2$，$\sigma_e=1.5$，当 $k=30$ 时，由 $\frac{\partial H}{\partial(1-\theta)^2}<0$ 可得

$$\frac{-216-\sqrt{216^2+4\times303.75\times64}}{2\times303.75}<(1-\theta)^2<\frac{-216+\sqrt{216^2+4\times303.75\times64}}{2\times303.75}$$

$$-0.9362<(1-\theta)^2<0.2250$$

当 $0\leqslant(1-\theta)^2<0.2250$ 时，$\frac{\partial H}{\partial(1-\theta)^2}<0$，$H$ 随 $(1-\theta)^2$ 的增加而减少；当 $0.2250<(1-\theta)^2\leqslant1$ 时，$\frac{\partial H}{\partial(1-\theta)^2}<0$，$H$ 随 $(1-\theta)^2$ 的增加而增加；当 $(1-\theta)^2=0.2250$ 时，$\frac{\partial H}{\partial(1-\theta)^2}=0$，$H$ 取得最小值 20.7980。

当 $\theta>0.2302$ 时，满足条件 $3(1-\theta)^2\sigma_e^2<\sigma^2$，此时，$0<1-\theta<0.7698$，$0<(1-\theta)^2<0.5926$。因此，$H$ 始终取得最小值 20.7980。

记

$$M=\frac{-\sigma^4-3k(1-\theta)^4\sigma_e^4+(k-5)(1-\theta)^2\sigma^2\sigma_e^2}{[3k(1-\theta)^4\sigma_e^4+5(1-\theta)^2\sigma^2\sigma_e^2](k-1)}$$

$$\frac{\partial M}{\partial(1-\theta)^2}=\frac{[-6k\sigma_e^4(1-\theta)^2+(k-5)\sigma^2\sigma_e^2][3k(1-\theta)^4\sigma_e^4+5(1-\theta)^2\sigma^2\sigma_e^2](k-1)-[-\sigma^4-3k(1-\theta)^4\sigma_e^4+(k-5)(1-\theta)^2\sigma^2\sigma_e^2]\times(k-1)[6k(1-\theta)^2\sigma_e^4+5\sigma^2\sigma_e^2]}{(k-1)^2[3k(1-\theta)^4\sigma_e^4+5(1-\theta)^2\sigma^2\sigma_e^2]^2}$$

$$=\frac{[-6k\sigma_e^4(1-\theta)^2+(k-5)\sigma^2\sigma_e^2][3k(1-\theta)^4\sigma_e^4+5(1-\theta)^2\sigma^2\sigma_e^2]-[-\sigma^4-3k(1-\theta)^4\sigma_e^4+(k-5)(1-\theta)^2\sigma^2\sigma_e^2][6k(1-\theta)^2\sigma_e^4+5\sigma^2\sigma_e^2]}{(k-1)[3k(1-\theta)^4\sigma_e^4+5(1-\theta)^2\sigma^2\sigma_e^2]^2}$$

$$=\frac{[-15k-3k(k-5)](1-\theta)^4\sigma^2\sigma_e^6+6k(1-\theta)^2\sigma^4\sigma_e^4+5\sigma^6\sigma_e^2}{(k-1)[3k(1-\theta)^4\sigma_e^4+5(1-\theta)^2\sigma^2\sigma_e^2]^2}$$

由 $\frac{\partial M}{\partial(1-\theta)^2}>0$ 可得

$$[-15k-3k(k-5)](1-\theta)^4\sigma^2\sigma_e^6+6k(1-\theta)^2\sigma^4\sigma_e^4+5\sigma^6\sigma_e^2>0$$

$$\frac{6k\sigma^4\sigma_e^4-\sqrt{36k^2\sigma^8\sigma_e^8+4[15k+3k(k-5)]\sigma^2\sigma_e^6\times5\sigma^6\sigma_e^2}}{2[15k+3k(k-5)]\sigma^2\sigma_e^6}<(1-\theta)^2<$$

$$\frac{6k\sigma^4\sigma_e^4+\sqrt{36k^2\sigma^8\sigma_e^8+4[15k+3k(k-5)]\sigma^2\sigma_e^6\times5\sigma^6\sigma_e^2}}{2[15k+3k(k-5)]\sigma^2\sigma_e^6}$$

$$\frac{6k\sigma^4\sigma_e^4-\sqrt{36k^2\sigma^8\sigma_e^8+20[15k+3k(k-5)]\sigma^8\sigma_e^8}}{2[15k+3k(k-5)]\sigma^2\sigma_e^6}<(1-\theta)^2<$$

$$\frac{6k\sigma^4\sigma_e^4+\sqrt{36k^2\sigma^8\sigma_e^8+20[15k+3k(k-5)]\sigma^8\sigma_e^8}}{2[15k+3k(k-5)]\sigma^2\sigma_e^6}$$

取参数 $\sigma=2$，$\sigma_e=1.5$，当 $k=30$ 时，由 $\frac{\partial M}{\partial(1-\theta)^2}>0$ 可得

$$\frac{14580-\sqrt{14580^2+4\times123018.75\times720}}{2\times123018.75}<(1-\theta)^2<$$

$$\frac{14580+\sqrt{14580^2+4\times123018.75\times720}}{2\times123018.75}$$

$$-0.0375<(1-\theta)^2<0.1560$$

$$0<(1-\theta)^2<0.1560$$

当 $0\leqslant(1-\theta)^2<0.1560$ 时，$\frac{\partial M}{\partial(1-\theta)^2}>0$，$M$ 随 $(1-\theta)^2$ 的增加而增加；当 $0.1560<(1-\theta)^2\leqslant1$ 时，$\frac{\partial M}{\partial(1-\theta)^2}<0$，$M$ 随 $(1-\theta)^2$ 的增加而减少；当 $(1-\theta)^2=0.1560$ 时，$\frac{\partial M}{\partial(1-\theta)^2}=0$，$M$ 取得最大值 0.0153。

当 $\theta>0.2302$ 时，满足条件 $3(1-\theta)^2\sigma_e^2<\sigma^2$，此时，$0<1-\theta<0.7698$，$0<(1-\theta)^2\leqslant0.5926$。因此，$M$ 始终取得最大值 0.0153。

根据投资者异质性条件下的理论模型中关于投资者结构对股票价格波动性影响的研究结论，由 $k>\frac{(2\lambda-1)\sigma^2+\lambda(1-\theta)^2\sigma_e^2}{(1-\lambda)(1-\theta)^2\sigma_e^2}$ 可得

$$k(1-\theta)^2\sigma_e^2(1-\lambda)>(2\lambda-1)\sigma^2+\lambda(1-\theta)^2\sigma_e^2$$

$$\lambda<\frac{\sigma^2+k(1-\theta)^2\sigma_e^2}{2\sigma^2+(k+1)(1-\theta)^2\sigma_e^2}$$

当 $\lambda<\frac{\sigma^2}{2\sigma^2+(1-\theta)^2\sigma_e^2}$ 时，股票价格波动性始终随信息交易者持股比例的增

加而降低；当$\frac{\sigma^2}{2\sigma^2+(1-\theta)^2\sigma_e^2}<\lambda<\frac{\sigma^2+k(1-\theta)^2\sigma_e^2}{2\sigma^2+(k+1)(1-\theta)^2\sigma_e^2}$时，股票价格波动性随信息交易者持股比例的增加而降低；当$\frac{\sigma^2+k(1-\theta)^2\sigma_e^2}{2\sigma^2+(k+1)(1-\theta)^2\sigma_e^2}<\lambda<1$时，股票价格波动性随信息交易者持股比例的增加而提高。

具体地，在$\theta=0$，$k=0.1$的情况下，由$0.1>\frac{4(2\lambda-1)+2.25\lambda}{2.25(1-\lambda)}$可得

$$0.225(1-\lambda)>4(2\lambda-1)+2.25\lambda$$

$$\lambda<0.4033$$

即当$0.3902<\lambda<0.4033$时，$k>\frac{(2\lambda-1)\sigma^2+\lambda(1-\theta)^2\sigma_e^2}{(1-\lambda)(1-\theta)^2\sigma_e^2}$，股票价格波动性与信息交易者所持股票市值占比负相关；当$0.4033<\lambda<1$时，$k<\frac{(2\lambda-1)\sigma^2+\lambda(1-\theta)^2\sigma_e^2}{(1-\lambda)(1-\theta)^2\sigma_e^2}$，股票价格波动性与信息交易者持股比例正相关。

当$\frac{\sigma^2}{2\sigma^2+(1-\theta)^2\sigma_e^2}<\lambda$时，对应参数$\theta$和$k$的不同取值，信息交易者持股比例同股票价格波动性的关系见表 4.1。

表 4.1　信息交易者持股比例与股票价格波动性的关系

θ	k			
	$k=0.1$	$k=1$	$k=5$	$k=10$
0	$0.390<\lambda<0.403$，负相关	$0.390<\lambda<0.500$，负相关	$0.390<\lambda<0.709$，负相关	$0.390<\lambda<0.809$，负相关
	$0.403<\lambda<1$，正相关	$0.500<\lambda<1$，正相关	$0.709<\lambda<1$，正相关	$0.809<\lambda<1$，正相关
0.2	$0.424<\lambda<0.432$，负相关	$0.424<\lambda<0.500$，负相关	$0.424<\lambda<0.673$，负相关	$0.424<\lambda<0.772$，负相关
	$0.432<\lambda<1$，正相关	$0.500<\lambda<1$，正相关	$0.673<\lambda<1$，正相关	$0.772<\lambda<1$，正相关
0.4	$0.454<\lambda<0.459$，负相关	$0.454<\lambda<0.500$，负相关	$0.454<\lambda<0.626$，负相关	$0.454<\lambda<0.716$，负相关
	$0.459<\lambda<1$，正相关	$0.500<\lambda<1$，正相关	$0.626<\lambda<1$，正相关	$0.716<\lambda<1$，正相关
0.6	$0.478<\lambda<0.481$，负相关	$0.478<\lambda<0.500$，负相关	$0.478<\lambda<0.571$，负相关	$0.478<\lambda<0.635$，负相关
	$0.481<\lambda<1$，正相关	$0.500<\lambda<1$，正相关	$0.571<\lambda<1$，正相关	$0.635<\lambda<1$，正相关
0.8	$0.494<\lambda<0.495$，负相关	$0.494<\lambda<0.500$，负相关	$0.494<\lambda<0.521$，负相关	$0.494<\lambda<0.545$，负相关
	$0.495<\lambda<1$ 正相关	$0.500<\lambda<1$，正相关	$0.521<\lambda<1$，正相关	$0.545<\lambda<1$，正相关

续表

θ	k			
	k=30	k=50	k=70	k=100
0	0. 390<λ<0. 920，负相关	0. 390<λ<0. 949，负相关	0. 390<λ<0. 963，负相关	0. 390<λ<0. 973，负相关
	0. 920<λ<1，正相关	0. 949<λ<1，正相关	0. 963<λ<1，正相关	0. 973<λ<1，正相关
0. 2	0. 424<λ<0. 897，负相关	0. 424<λ<0. 933，负相关	0. 424<λ<0. 951，负相关	0. 424<λ<0. 965，负相关
	0. 897<λ<1，正相关	0. 933<λ<1，正相关	0. 951<λ<1，正相关	0. 965<λ<1，正相关
0. 4	0. 454<λ<0. 855，负相关	0. 454<λ<0. 902，负相关	0. 454<λ<0. 927，负相关	0. 454<λ<0. 946，负相关
	0. 855<λ<1，正相关	0. 902<λ<1，正相关	0. 927<λ<1，正相关	0. 946<λ<1，正相关
0. 6	0. 478<λ<0. 772，负相关	0. 478<λ<0. 835，负相关	0. 478<λ<0. 870，负相关	0. 478<λ<0. 902，负相关
	0. 772<λ<1，正相关	0. 835<λ<1，正相关	0. 870<λ<1，正相关	0. 902<λ<1，正相关
0. 8	0. 494<λ<0. 621，负相关	0. 494<λ<0. 675，负相关	0. 494<λ<0. 716，负相关	0. 494<λ<0. 761，负相关
	0. 621<λ<1，正相关	0. 675<λ<1，正相关	0. 716<λ<1，正相关	0. 761<λ<1，正相关

4. 3. 2　仿真结果分析

4. 3. 2. 1　企业创新能力对股票价格波动性的影响

图 4. 3 展示了在不同系统风险冲击力度和投资者结构下，股票价格波动性与企业创新能力之间的关系。其中，参数系统风险冲击 θ 以 0. 1 为间隔，从 0 取到 0. 9，信息交易者持股比例 λ 分别取 0、0. 2、0. 4、0. 6、0. 8、1. 0。可以看到，无论系统风险冲击力度和投资者结构如何变化，股票价格波动性都将随着企业创新能力的提高而减小。

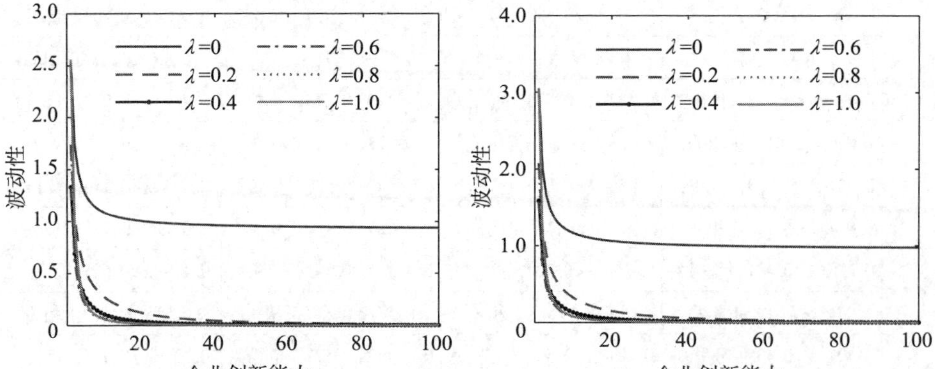

（a）$\theta=0$的情况　　（b）$\theta=0.1$的情况

图 4. 3　不同系统风险冲击力度和投资者结构下企业创新能力对股票价格波动性的影响

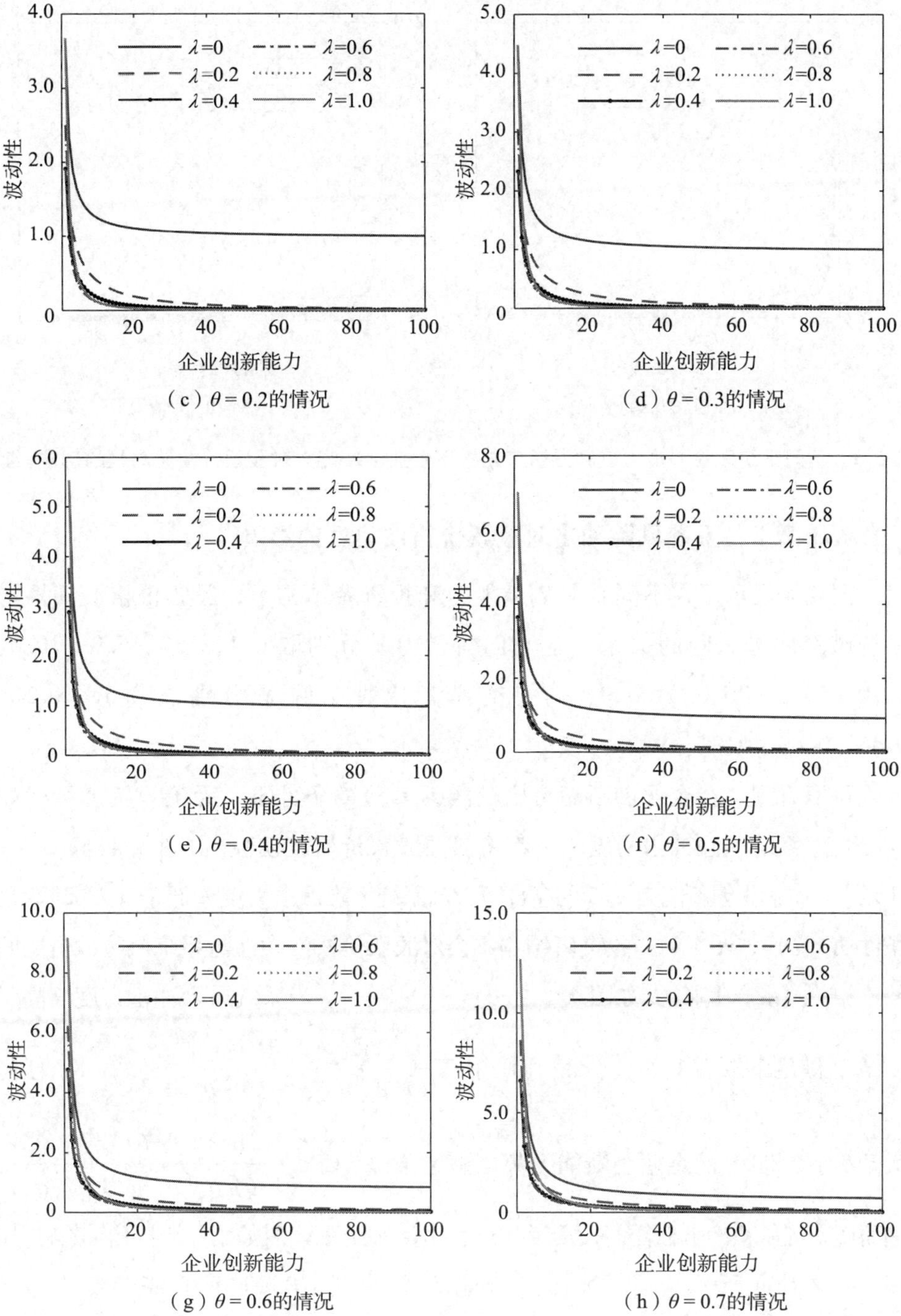

图 4.3　不同系统风险冲击力度和投资者结构下企业创新能力对股票价格波动性的影响（续）

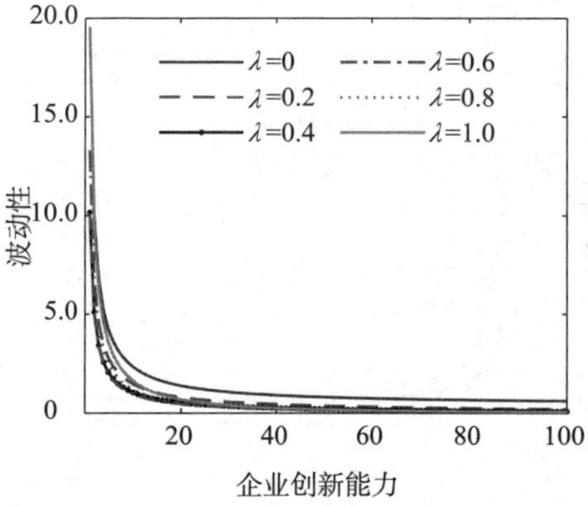

(i) $\theta=0.8$的情况

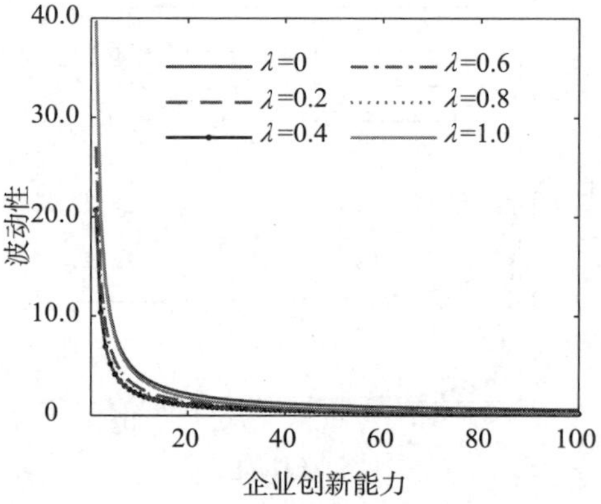

(j) $\theta=0.9$的情况

图 4.3 不同系统风险冲击力度和投资者结构下企业创新能力对股票价格波动性的影响(续)

4.3.2.2 系统风险冲击对股票价格波动性的影响

图 4.4 展示了在不同企业创新能力和投资者结构下，股票价格波动性与系统风险冲击之间的关系。企业创新能力 k 分别取 0.1、1.0、5.0、10.0、30.0、50.0、70.0、100.0，信息交易者持股比例 λ 分别取 0.01、0.20、0.40、0.60、0.80、1.00。

可以看到，在企业创新能力比较低($k\leqslant5$)的条件下，无论投资者结构如何变化，系统风险冲击力度增大都将提高股票价格波动性[如图 4.4(a)~(c)所示]。在企业创新能力 $k>5$ 的条件下，当系统风险冲击力度 θ 低于 0.2302[满足条件 $3(1-\theta)^2\sigma_e^2>\sigma^2$]时，投资者结构不会对股票价格波动性与系统风险冲击之间的正相关关系产生影响[如图 4.4 中(d)~(h)所示]。当系统风险冲击力度 θ 高于 0.2302[满足条件 $3(1-\theta)^2\sigma_e^2<\sigma^2$]时，由于 $\frac{\sigma^4+5(1-\theta)^2\sigma^2\sigma_e^2}{(1-\theta)^2\sigma_e^2[\sigma^2-3(1-\theta)^2\sigma_e^2]}>20.8$，任何大于 5 小于 20.8 的企业创新能力都恒满足条件 $5<k<\frac{\sigma^4+5(1-\theta)^2\sigma^2\sigma_e^2}{(1-\theta)^2\sigma_e^2[\sigma^2-3(1-\theta)^2\sigma_e^2]}$，进而使系统风险冲击在任何投资者结构下都会对股票价格波动性产生正向影响[如图4.4 中(d)所示]。在企业创新能力 k 大于 20.8(不恒满足条件 $k>\frac{\sigma^4+5(1-\theta)^2\sigma^2\sigma_e^2}{(1-\theta)^2\sigma_e^2[\sigma^2-3(1-\theta)^2\sigma_e^2]}$)的情况下，系统风险冲击在不同投资者结构下会

对股票价格波动性产生不同影响[如图 4.4(e)~(h)所示]。例如，在企业创新能力 $k=30$ 时，如果信息交易者所持股票市值占比 $\lambda>0.0153$(恒满足条件 $\lambda>\frac{-\sigma^4-3k(1-\theta)^4\sigma_e^4+(k-5)(1-\theta)^2\sigma^2\sigma_e^2}{[3k(1-\theta)^4\sigma_e^4+5(1-\theta)^2\sigma^2\sigma_e^2](k-1)}$)，则股票价格波动性与系统风险冲击正相关[图 4.4(e)中 λ 取值 0.20、0.40、0.60、0.80 和 1.0 的情况]。如果信息交易者所持股票市值占比为 0.01($\lambda<0.0153$，不恒满足条件 $\lambda>\frac{-\sigma^4-3k(1-\theta)^4\sigma_e^4+(k-5)(1-\theta)^2\sigma^2\sigma_e^2}{[3k(1-\theta)^4\sigma_e^4+5(1-\theta)^2\sigma^2\sigma_e^2](k-1)}$)，则当系统风险冲击强度介于 0.4970 和 0.6720 之间时，满足条件 $\lambda<\frac{-\sigma^4-3k(1-\theta)^4\sigma_e^4+(k-5)(1-\theta)^2\sigma^2\sigma_e^2}{[3k(1-\theta)^4\sigma_e^4+5(1-\theta)^2\sigma^2\sigma_e^2](k-1)}$，股票价格波动性与系统风险冲击负相关；当系统风险冲击强度高于 0.6720 或介于 0.2302 与 0.4970 之间时，满足条件 $\lambda>\frac{-\sigma^4-3k(1-\theta)^4\sigma_e^4+(k-5)(1-\theta)^2\sigma^2\sigma_e^2}{[3k(1-\theta)^4\sigma_e^4+5(1-\theta)^2\sigma^2\sigma_e^2](k-1)}$，股票价格波动性与系统风险冲击正相关[图 4.4(e)中 $\lambda=0.01$ 的情况]。企业创新能力 k 为 50.0、70.0、100.0 时的情况与 k 为 30.0 时的情况基本相同，只是正负相关性所处的区间略有差异，此处不再赘述。

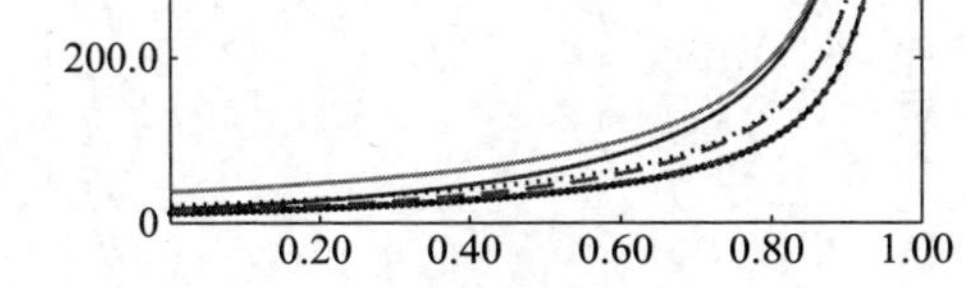

(a) $k=0.1$的情况

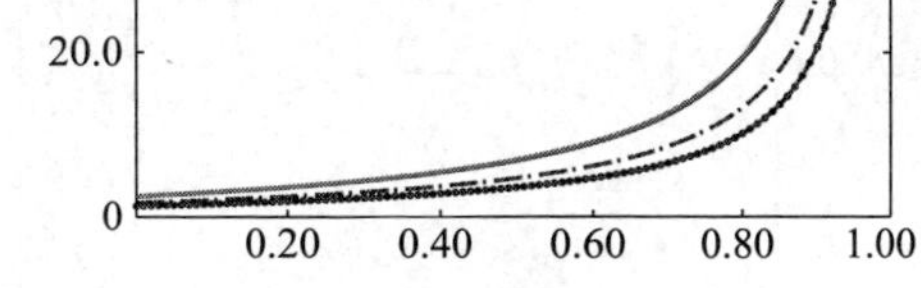

(b) $k=1.0$的情况

图 4.4　不同企业创新能力和投资者结构下系统风险冲击对股票价格波动性的影响

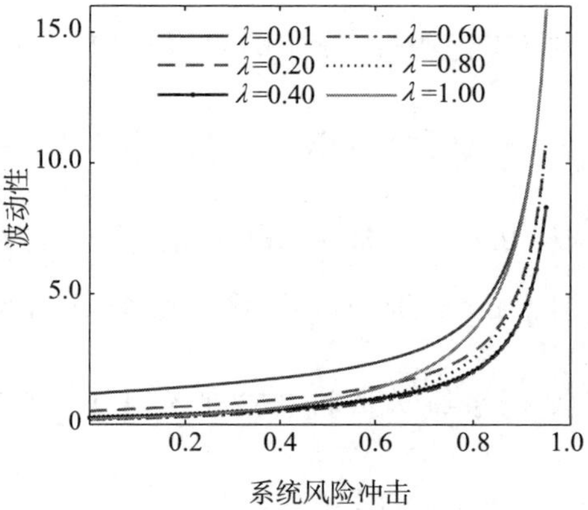

（c）k=5.0的情况

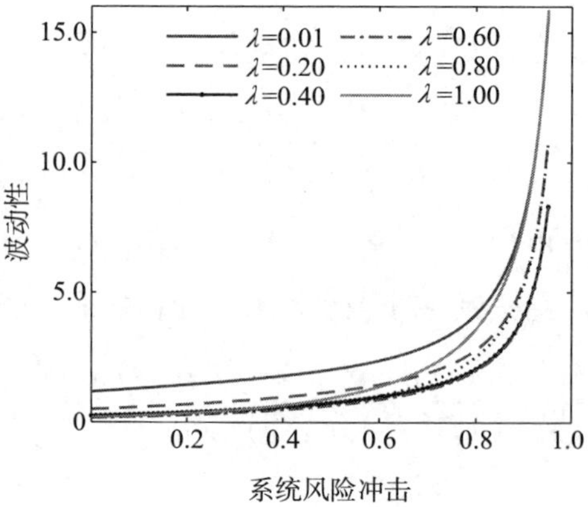

（d）k=10.0的情况

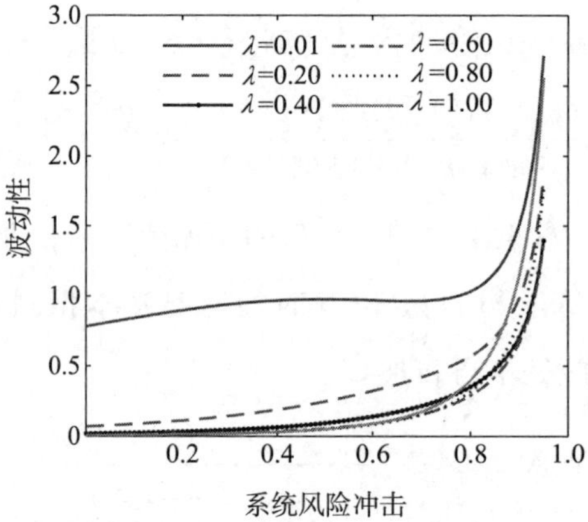

（e）k=30.0的情况

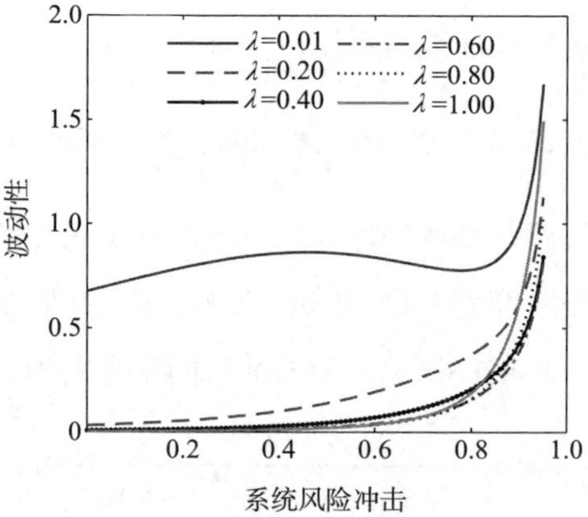

（f）k=50.0的情况

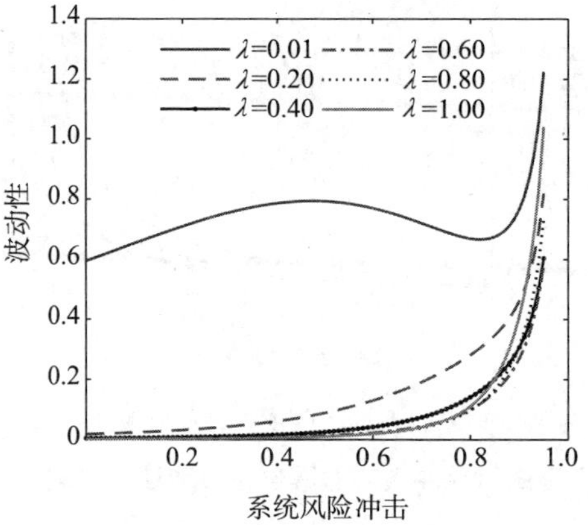

（g）k=70.0的情况

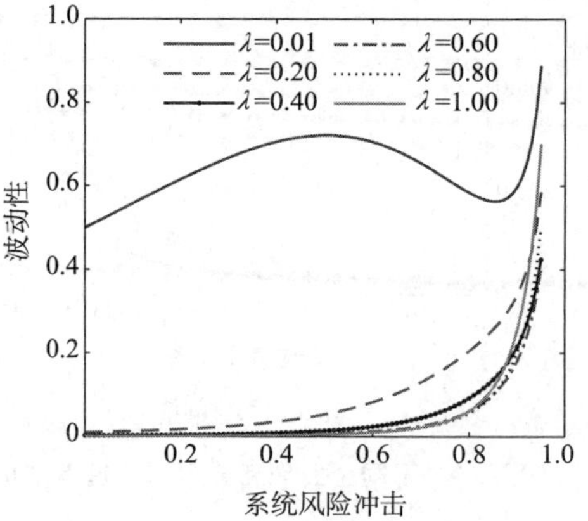

（h）k=100.0的情况

图 4. 4　不同企业创新能力和投资者结构下系统风险冲击对股票价格波动性的影响（续）

4.3.2.3　投资者结构对股票价格波动性的影响

图 4.5 展示了在不同企业创新能力和系统风险冲击下，股票价格波动性与投资者结构的关系。其中，参数企业创新能力 k 分别取 0.1、1.0、5.0、10.0、30.0、50.0、70.0、100.0，参数系统风险冲击 θ 分别取 0、0.2、0.4、0.6、0.8。

可以看到，在系统风险冲击力度 θ 分别取 0、0.2、0.4、0.6、0.8 的条件下，当信息交易者所持股票市值占比分别低于 0.3902、0.4237、0.4540、0.4785 和 0.4944$\left(满足条件\ \lambda<\dfrac{\sigma^2}{2\sigma^2+(1-\theta)^2\sigma_e^2}\right)$时，无论企业创新能力 k 如何变化，信息交易者持股比例增加都将减小股票价格波动性[如图 4.5(a)～(h)所示]；当信息交易者所持股票市值占比分别高于 0.3902、0.4237、0.4540、0.4785 和 0.4944$\left(满足条件\ \lambda>\dfrac{\sigma^2}{2\sigma^2+(1-\theta)^2\sigma_e^2}\right)$时，信息交易者持股比例在不同企业创新能力条件下将会对股票价格波动性产生不同影响。例如，在 $k=0.1$、$\theta=0.8$ 的条件下，当 λ 介于 0.4944 与 0.4950 之间时，满足条件$k>\dfrac{(2\lambda-1)\sigma^2+\lambda(1-\theta)^2\sigma_e^2}{(1-\lambda)(1-\theta)^2\sigma_e^2}$，股票价格波动性将随着信息交易者所持股票市值占比的增加而降低；当 λ 高于 0.4950 时，满足条件 $k<\dfrac{(2\lambda-1)\sigma^2+\lambda(1-\theta)^2\sigma_e^2}{(1-\lambda)(1-\theta)^2\sigma_e^2}$，股票价格波动性将随信息交易者所持股票市值占比的增加而提高[图 4.5 中(a)对应的 $\theta=0.8$ 的情况]。在企业创新能力 k 为 0.1、1.0、5.0、10.0、30.0、50.0、70.0、100.0 及系统风险冲击 θ 为 0、0.2、0.4、0.6、0.8 的其他情况下，股票价格波动性与信息交易者持股比例之间的相关关系类似于 $k=0.1$、$\theta=0.8$ 的情况，只是正负相关性所处的区间略有差异[如图 4.5(a)～(h)所示]，此处不再赘述。

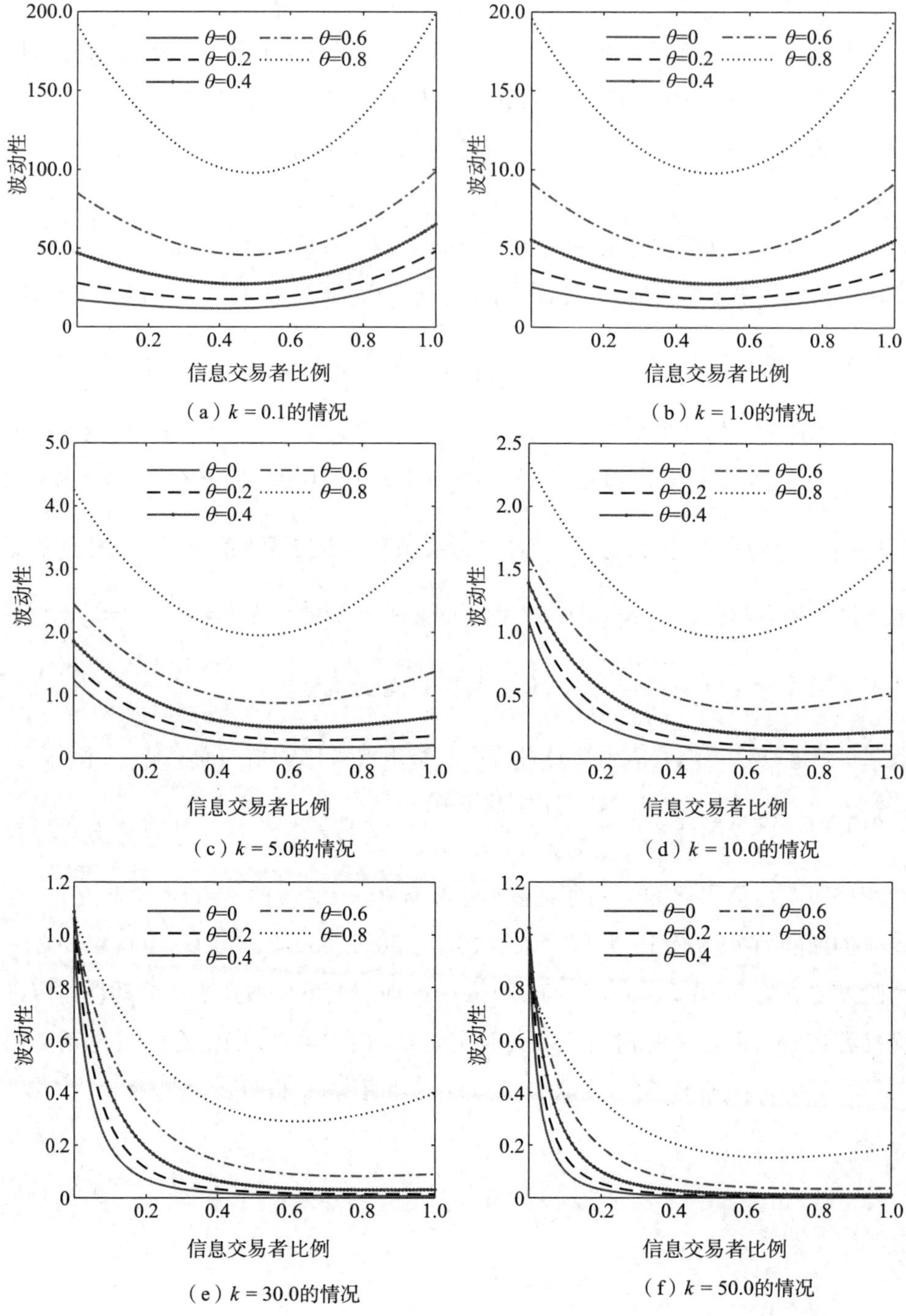

图 4.5　不同企业创新能力和系统风险冲击下投资者结构对股票价格波动性的影响

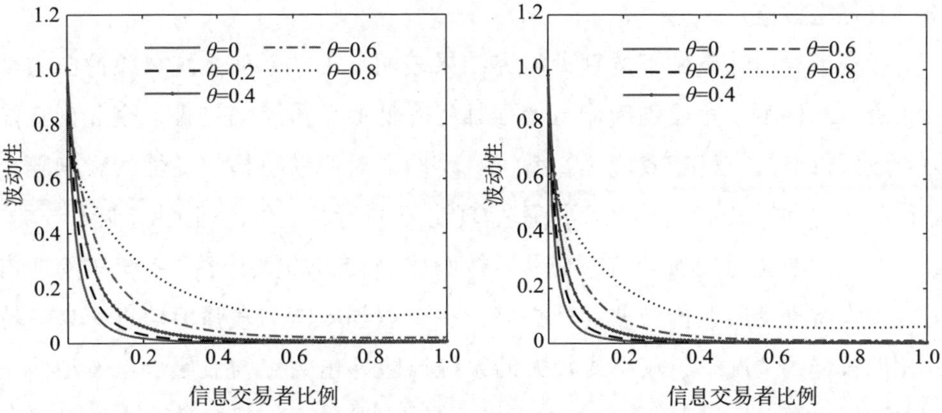

（g）k = 70.0的情况　　（h）k = 100.0的情况

图 4.5　不同企业创新能力和系统风险冲击下投资者结构对股票价格波动性的影响（续）

4.4　本章小结

本章基于微观企业的视角，通过构建数学模型研究了系统风险冲击、企业创新能力对股票价格波动性的影响机理。首先，构建了理论模型，揭示了投资者同质性条件下系统风险冲击与企业创新能力对股票价格波动性的影响机理。由于现实股票市场中信息不对称、信息搜集成本及投资者能力差异的存在，不同类型投资者掌握的股票价格相关信息往往存在差异，据此形成的预期和交易决策也会有所不同，投资者结构将会对股票价格波动性产生重要影响。纳入投资者结构因素，对系统风险冲击、企业创新能力与投资者结构对股票价格波动性的影响进行更加深入系统的研究，具有重要的理论价值和实践意义。本章在投资者同质性条件下的理论模型中，放松了研究假设条件，将基础模型扩展到投资者异质性的理论模型，并利用 Matlab 编程对投资者异质性条件下的理论模型进行了仿真分析。

投资者同质性条件下的理论研究结果表明，股票价格波动性会随着系统风险冲击力度的增大而提高，随着发行股票的上市公司创新能力的增强而降低，企业创新能力能弱化系统风险对股票价格波动性的影响，进而对股票价格具有稳定效应。

投资者异质性条件下的理论研究结果表明：①在任何系统风险冲击力度和投资者结构下，企业创新能力增强都将降低股票价格波动性，企业创新能力对股票价格具有稳定效应。②系统风险冲击对股票价格波动性的影响随企业创新能力和投资者结构的不同而呈现出不同特征。在企业创新能力较弱，或者企业创新能力较强且信息交易者持股比例较高的情况下，系统风险冲击力度增大将推动股票价格波动性提高；在企业创新能力较强但信息交易者持股比例较低的情况下，较小或较大的系统风险冲击力度与股票价格波动性正相关，处于某一区间(既不是太大，也不是太小)的系统风险冲击力度与股票价格波动性负相关。③投资者结构在不同系统风险冲击力度和企业创新能力下会对股票价格波动性产生不同影响，当信息交易者持股比例较低时，股票价格波动性与信息交易者持股比例负相关；当信息交易者持股比例较高时，创新能力强(弱)的企业的股票价格波动性随信息交易者持股比例增加而降低(提高)，这说明信息交易者持股比例对创新能力弱的企业的股票价格波动性的影响存在门槛效应，信息交易者持股比例较高的股票市场更具有“优胜劣汰”的市场选择机制。

本章的边际贡献主要体现在以下三个方面：第一，将系统风险冲击、企业创新能力与股票价格波动性置于同一研究框架，基于微观企业视角建立数学模型，揭示了系统风险冲击下企业创新能力和投资者结构对股票价格波动性的联合影响机理；第二，通过理论研究，证明了系统风险冲击、企业创新能力和投资者结构对股票价格波动性的影响条件和影响方向，有助于更加全面地认识信息交易者在我国股票市场发挥的作用；第三，研究结果丰富了资产定价相关研究，以及企业创新能力得到资本市场反馈的经验证据，为我国加快实施创新驱动发展战略、优化投资者结构、维护股票市场健康平稳发展提供了理论借鉴和决策依据。

第5章
Chapter 5

系统风险冲击与企业创新能力对股票价格波动性影响的实证研究

本章基于中国A股上市公司的样本对投资者同质性条件下的理论模型进行检验。首先，以2013—2017年中国沪深300指数跌幅超过18%的持续性下跌为系统风险冲击源，从创新投入、创新产出和创新环境三个维度构建企业创新能力指标，采用面板模型和层次回归分析实证研究系统风险冲击与企业创新能力对股票价格波动性的影响；其次，按照产权性质、行业和上市板块对样本进行分类，对不同子样本进行实证研究，考察系统风险冲击和企业创新能力对股票价格波动性的影响在不同股权性质、行业和上市板块企业可能存在的差异。

5.1 研究设计

5.1.1 样本选取和数据来源

本章以中国A股上市公司为样本对投资者同质性条件下的理论模型进行实证检验。由于从2012年以后才能获得中国A股上市公司较为丰富和连续的研发与专利等创新能力相关数据，对应可获得的2012年至2016年的创新能力数据，本章的研究期间设定为2013年至2017年，研究中采用季度数据，即完整的样本期为2013年第一季度至2017年第四季度，共20期。筛选和处理步骤如下：第一，剔除了金融行业类上市公司，这类公司在经营业绩指标的计算、资产结构和财务报表的编制等方面具有特殊性；第二，剔除了样本期内 ST、* ST 类上市公司，这类公司经营状态出现了异常，会造成数据具有极端性和特殊性；第三，剔除了创新能力指标和控制变量缺失的个体；第四，剔除了 2012 年及以后上市的上市公司个体，这类公司刚上市或上市不足一年，新股业绩会呈现较大的不稳定性；第五，对在一个季度内连续或累计停牌超过 20 个交易日的样本，当作缺失值处理。最终得到由中国 A 股 583 家上市公司非平衡面板数据构成的 10758 个观测值。根据国泰安数据库(CSMAR)对产权性质的分类，样本主要集中于非国有企业，约占总样本的 70%；根据 2012 年证监会行业分类标准(一级代码)，样本大部分为制造业企业，约占总样本的 80%；同时，样本中包含了主板、中小板和创业板的上市公司，具有充分的代表性。本章使用的数据主要来源于 Wind、CSMAR 和 CCER 数据库，部分缺失的指标和数据根据上市公司年报、国家知识产权局和权威财经网站相关信息计算整理。

5.1.2 变量设计

5.1.2.1 股票价格波动性

本章采用以下两个指标衡量股票价格波动性(*VOL*)：一是股票价格日收益率的标准差(*DEVI*)，二是股票价格的波动幅度(*RANG*)。具体计算方法如下：

$$DEVI_{i,t} = \frac{\sum_{k=1}^{3} \sigma_{i,t,k} \times N_{i,t,k}}{3} \tag{5.1}$$

$$RANG_{i,t} = \frac{\sum_{k=1}^{3} \frac{High_{i,t,k} - Low_{i,t,k}}{Close_{i,t,(k-1)}}}{3} \tag{5.2}$$

式(5.1)中，$\sigma_{i,t,k}$表示上市公司 i 在 t 期的第 k 个月股价日收益率的月内标准差，$k=1, 2, 3$；$N_{i,t,k}$表示上市公司 i 在 t 期的第 k 个月的股票交易天数。由于各上市公司的股票在每月的交易天数不同，可通过以上加权平均的方式获得各上市公司股票价格的波动性指标 $DEVI_{i,t}$。式(5.2)中，$High_{i,t,k}$、$Low_{i,t,k}$ 和 $Close_{i,t,(k-1)}$ 分别表示上市公司 i 的股票在 t 期的第 k 个月的最高价、最低价和第 $k-1$ 个月的收盘价。当 $k=1$ 时，$Close_{i,t,0}$ 表示上市公司 i 在前一期 $t-1$ 期最后一个月的收盘价。通过式(5.2)对 t 期一个季度内各月波动幅度进行加权平均，可获得衡量股票价格波动性的第二个指标 $RANG_{i,t}$。

5.1.2.2　创新能力(*INNO*)

现有文献采用单一指标或综合指标对企业创新能力进行评价。就单一指标而言，国内外学者大多用创新的投入或产出度量企业创新能力，并逐步由注重创新的数量向关注创新的质量转变。由于单一指标难以对创新能力进行准确而全面的度量，构建多维度的综合指标对企业创新能力进行度量成为创新能力相关实证研究的主流发展趋势。GII 和《国家创新指数报告》中的国家创新指数是全球范围内较为权威的国家创新能力评价方法，为构建企业创新能力综合指数提供了重要的借鉴。全球创新指数是由 INSEAD 联合 WIPO 和美国康奈尔大学等机构共同发布的，目前已经成为全球范围内综合衡量经济体创新能力的基准工具。中国国家创新指数由中国科学技术发展战略研究院编制发布，同样具有权威性和代表性。两种创新能力评价指标体系均采用国际上广泛应用的杠杆分析评价方法合成综合指标。本书构建的创新能力指标体系也采用杠杆分析评价方法合成企业创新能力综合指标。

在借鉴已有研究的基础上，从三个维度构建创新能力指标，以对中国上市公司的创新能力进行度量：一是创新的投入，用上市公司的研发投入总额度量，该指标在一定程度上衡量了企业对创新投入的资源；二是创新的产出，用发明专利的申请数衡量，该指标衡量了创新的质量；三是创新的环境，用高管层的创新偏好度量。根据高阶梯队理论，高管团队的整体特征对组织内部创新活动具有重要影响，高管的年龄、受教育程度、工作经验等个体特征与高管的认知基础和价值观有密切联系(Hambrick and Mason，1984)，从而会影响企业的决策、战略选择及应对市场变化的反应速度，进而对企业的创新活动和创新能力产生重要影响。已有研究表明，高管越年轻，对风险承受能力越强，对新事物的接受和创新意识越强；高管的受教育程度越高，对信息的识别能力、整合能力越强，对市场时机的敏感度越高，进而会提升高管人员对创新活动的积极态度（李卫宁、张祎宁，2014）。本章借鉴 Yim（2013）、曾德明等（2016）的研究成果，对高管层创新偏好的赋值方法如下：根据高管的年龄，60 岁以上赋值为 1，51～60 岁赋值为 2，41～50 岁赋值为 3，31～40 岁赋值为 4，30 岁及以下赋值为 5。根据高管的学历，高中（中专）及以下赋值为 1，大专赋值为 2，本科赋值为 3，硕士赋值为 4，博士赋值为 5。用年龄赋值和学历赋值的乘积作为上市公司每位高管的创新偏好，然后对高管团队所有成员的创新偏好值进行加权平均，获得上市公司高管层的创新偏好值。

基于以上三个维度，先对各维度的指标进行直线型无量纲化处理，再进行等权重加权，获得上市公司创新能力指标 *INNO*。经过以上转化处理后，创新能力指标的值介于 0 和 1 之间。

5.1.2.3 系统风险冲击（*SHOCK*）

本书以沪深 300 指数的持续性暴跌定义中国 A 股上市公司面临的系统风险冲击。图 5.1 呈现了 2013—2017 年沪深 300 指数走势。可以看出，2013—2017 年，中国股票市场经历了两个阶段的典型持续性暴跌。第一个阶段是 2013 年 6 月，沪深 300 指数从 2013 年 5 月 28 日的高位 2644.36 点，在 28 个交易日内持续性下跌，最大跌幅超过 18%。第二个阶段开始于 2015 年 6 月，具体又分为三个区间：2015 年 6 月 12 日至 2015 年 7 月 8 日，沪深 300 指数在 18 个交易日内持续暴跌，跌幅达到 31.3%；2015 年 8 月 10 日至 2015 年 8 月 26 日，沪深 300 指数从最高点跌至谷底，在 13 个交易日内最大跌幅近 26%；2015 年 12 月 22 日至 2016 年 1 月 28 日，沪深 300 指数在 27 个交易日内持续性暴跌，跌幅达 26.4%。

基于以上分析，对系统风险冲击虚拟变量 *SHOCK* 的定义见表 5.1。本章将样本期定为 2013 年第一季度至 2017 年第四季度，共 20 期，上述两个阶段对应的期，*SHOCK*＝1，其他期，*SHOCK*＝0。

图 5.1　2013—2017 年沪深 300 指数走势

表 5.1　系统风险冲击变量定义

时间区间	交易日天数(天)	最大跌幅(%)	对应样本期(*T*)	*SHOCK* 赋值
2013 年 5 月 28 日至 2013 年 7 月 9 日	28	18.3	2、3	1
2015 年 6 月 12 日至 2015 年 7 月 8 日	18	31.3	10、11	1
2015 年 8 月 10 日至 2015 年 8 月 26 日	13	25.9	11	1
2015 年 12 月 22 日至 2016 年 1 月 28 日	27	26.4	13	1

5.1.2.4　控制变量

借鉴相关研究成果，在回归分析中对可能影响上市公司股票价格波动性的其他因素进行控制：公司规模(*SCAL*)，用总资产的自然对数表示；财务杠杆比率(*LEV*)，用资产负债率衡量；股权集中度(*CR*)，用上市公司前十大股东的持股比例衡量；公司年龄(*AGE*)，用当年年份减去上市公司成立年份的值表示，单位为年；产权性质(*NATU*)，根据 CSMAR 对产权性质的分类设置虚拟变量，国有企业取值为 1，民营、外资和其他性质企业取值为 0；行业虚拟变量，根据 2012 年证监会行业分类标准(一级代码)设置 13 个虚拟变量

$INDU1 \sim INDU13$。

5.1.3 变量描述性统计

主要变量的描述性统计见表5.2。上市公司对应收益率的标准差平均值为0.5590，最大值为9.4431，最小值仅为0.1110；样本内股价波动幅度的范围在1.7735和0.0398之间，平均值为0.2129。可见，不管是从标准差还是波动幅度来看，各上市公司的股票价格波动在样本期都存在较大差异。创新能力的样本均值为0.1693，创新能力最高达到0.6293，最低的仅为0.0019，表明样本内上市公司的创新能力也存在较大差异。

表5.2 主要变量的描述性统计

变量	观测值	均值	中位数	最大值	最小值	标准差
DEVI	10758	0.5590	0.4851	9.4431	0.1110	0.3547
RANG	10758	0.2129	0.1808	1.7735	0.0398	0.1114
INNO	10758	0.1693	0.1671	0.6293	0.0019	0.0654
SCAL	10758	21.9900	21.7000	27.9600	19.5700	1.2795
LEV	10758	0.3812	0.3700	0.9637	0.0080	0.1914
CR	10758	0.5864	0.5973	0.9525	0.1272	0.1404
AGE	10758	14	14	66	2	5.7464

5.1.4 模型设定

本章基于非平衡面板数据分两个层次展开实证研究。

首先，检验系统风险冲击和企业创新能力对股票市场波动性影响的主效应，具体模型如下：

$$VOL_{i,t}=\alpha_0+\beta_1 SHOCK_t+\beta_2 INNO_{i,t}+\lambda Control_{i,t}+\varepsilon_{i,t} \tag{5.3}$$

其中，$VOL_{i,t}$表示t时期上市公司i的股票价格波动性，包括收益率的标准差$DEVI$和波动幅度$RANG$两个指标；$SHOCK_t$表示t时期上市公司面临的系统风险冲击虚拟变量；$INNO_{i,t}$表示t时期上市公司i的创新能力；$Control_{i,t}$表示t时期上市公司i对应的控制变量；$\varepsilon_{i,t}$表示随机误差项。变量$VOL_{i,t}$和

$SHOCK_t$ 均采用当期所在年份的季度值，变量 $INNO_{i,t}$ 和 $Control_{i,t}$ 均采用当期前一年的年度值。

然后，在模型(5.3)的基础上，引入系统风险冲击和企业创新能力的交互项，考察企业创新能力在系统风险冲击与股票价格波动性之间关系中的调节效应。为了避免多重共线性的问题，在引入交互项时，对系统风险冲击和创新能力指标进行了中心化处理，模型设定如下：

$$VOL_{i,t}=\alpha_0+\beta_1 SHOCK_t+\beta_2 INNO_{i,t}+\beta_3 SHOCK_t\times INNO_{i,t}+\lambda Control_{i,t}+\varepsilon_{i,t} \quad (5.4)$$

5.2　实证结果与分析

首先，基于模型(5.3)检验系统风险冲击和企业创新能力对股票价格波动性的影响；然后，加入系统风险冲击和创新能力的交互项，基于模型(5.4)检验企业创新能力对系统风险冲击与股票价格波动性之间关系的调节效应。对于采用的非平衡面板模型，异方差和序列相关的检验表明，存在显著的异方差与序列相关的问题，因此，在回归中采用聚类稳健标准误进行估计。通过 *F* 检验、*LM* 似然比检验和稳健的 Hausman 检验最终确定采用固定效应模型，实证结果见表 5.3。

表 5.3　系统风险冲击与企业创新能力对股票价格波动性的影响

变量	*DEVI*		*RANG*		*DEVI*		*RANG*	
	(1)	(2)	(3)	(4)	(5)	(6)	(7)	(8)
CONS	0.558*** (31.58)	2.079*** (9.03)	0.220*** (27.56)	0.937*** (9.81)	0.558*** (31.35)	2.089*** (9.08)	0.220*** (27.26)	0.941*** (9.88)
SHOCK	0.329*** (39.73)	0.335*** (46.02)	0.140*** (70.33)	0.143*** (69.69)	0.329*** (39.50)	0.335*** (45.75)	0.140*** (69.62)	0.143*** (69.54)
INNO	−0.562*** (−5.41)	−0.436*** (−4.39)	−0.284*** (−6.02)	−0.225*** (−5.00)	−0.557*** (−5.35)	−0.431*** (−4.32)	−0.282*** (−5.95)	−0.223*** (−4.92)
SHOCK×*INNO*					−0.447*** (−4.61)	−0.450*** (−4.59)	−0.185*** (−5.60)	−0.186*** (−5.66)
SCAL		−0.089*** (−7.99)		−0.043*** (−8.67)		−0.090*** (−8.07)		−0.043*** (−8.74)

续表

变量	DEVI		RANG		DEVI		RANG	
	(1)	(2)	(3)	(4)	(5)	(6)	(7)	(8)
LEV		0.154*** (3.60)		0.090*** (5.03)		0.152*** (3.58)		0.089*** (5.02)
CR		0.084 (1.40)		0.052** (2.57)		0.084 (1.40)		0.052*** (2.57)
AGE		0.022*** (8.31)		0.011*** (11.26)		0.022*** (8.37)		0.011*** (11.32)
NATU		控制		控制		控制		控制
INDU		控制		控制		控制		控制
R^2	0.2829	0.2899	0.3635	0.3755	0.2851	0.2922	0.3661	0.3783
F	796.84	670.52	2477.02	730.22	759.45	606.41	1646.15	640.47
N	10758	10758	10758	10758	10758	10758	10758	10758

注：***、**分别表示1%、5%的显著性水平，括号内为稳健标准误对应的 *t* 值。

在回归结果中，系统风险冲击对波动性指标 *DEVI* 和 *RANG* 的回归系数均在1%的水平上显著为正，表明系统风险冲击对上市公司股票价格波动性产生了正向影响。在控制了公司规模、财务杠杆比率、股权集中度、产权性质、行业等因素后，系统风险冲击变量依然显著，当遭遇系统风险冲击时，上市公司股票价格的波动性显著增大，其中，收益率标准差增加0.335个单位，波动幅度增加0.143个单位；创新能力对波动性指标 *DEVI* 和 *RANG* 的回归系数在1%的水平上显著为负，表明上市公司股票价格的波动性随着公司创新能力的增强而降低。第(5)列至第(8)列引入系统风险冲击与企业创新能力的交互项后，系统风险冲击与股票价格波动性指标 *DEVI* 和 *RANG* 依然呈正相关关系，创新能力与波动性指标 *DEVI* 和 *RANG* 显著负相关。系统风险冲击与企业创新能力的交互项对波动性 *DEVI* 和 *RANG* 的系数均在1%的水平上显著为负，表明企业创新能力在系统风险冲击与股票价格波动性的关系中具有负向调节效应，系统风险冲击推动了股票价格波动性的增大，创新能力弱化了系统风险冲击对上市公司股票价格波动性的影响，进而对股票价格具有稳定效应。该实证结果进一步印证了投资者同质性条件下理论研究结论。

从控制变量来看，公司规模与股票价格波动性显著负相关，说明公司规模的扩大有助于减小股票价格的波动性；财务杠杆比率和公司年龄均与股票价格波动性显著正相关，说明公司的财务杠杆越高、存续时间越长，其股票价格波动性越大。

5.3　进一步分析：基于分类样本的实证

5.3.1　基于产权性质分类的实证结果与分析

为进一步考察系统风险冲击和企业创新能力与股票价格波动性的关系在不同产权性质、所属行业和上市板块企业可能存在的差异，本节进一步对不同分类的子样本进行实证研究。首先，根据产权性质，将样本分为国有企业和非国有企业，分别针对两组子样本进行研究。

国有企业的回归结果见表 5.4。在控制了相关因素后，不管是从波动性变量 *DEVI* 还是 *RANG* 来看，系统风险冲击都与股票价格波动性显著正相关，企业创新能力与股票价格波动性显著负相关。在加入系统风险冲击和企业创新能力的交互项后，系统风险冲击对股票价格波动性的回归系数依然显著为正，企业创新能力与股票波动性依然显著负相关，交互项的系数在 1%的水平上显著为负。上述结果说明，国有企业的股票价格波动性与系统风险冲击显著正相关，与企业创新能力显著负相关，企业创新能力对系统风险冲击与股票价格波动性之间关系具有显著的调节效应，上市公司创新能力的提高将弱化系统风险冲击对股票价格波动性的正向影响。这一结论与全样本具有一致性。

表 5.4　系统风险冲击与企业创新能力对股票价格波动性的影响（国有企业）

变量	*DEVI*		*RANG*		*DEVI*		*RANG*	
	(1)	(2)	(3)	(4)	(5)	(6)	(7)	(8)
CONS	0.604*** (16.46)	1.921* (1.75)	0.217*** (15.51)	0.519*** (2.88)	0.595*** (15.89)	2.002* (1.79)	0.215*** (15.14)	0.541*** (2.97)
SHOCK	0.340*** (13.98)	0.349*** (16.54)	0.125*** (35.96)	0.129*** (36.34)	0.340*** (13.93)	0.350*** (16.43)	0.125*** (35.80)	0.129*** (36.49)

续表

变量	DEVI		RANG		DEVI		RANG	
	(1)	(2)	(3)	(4)	(5)	(6)	(7)	(8)
INNO	-0.877*** (-4.26)	-0.730*** (-3.58)	-0.326*** (-4.15)	-0.263*** (-3.66)	-0.825*** (-4.02)	-0.674*** (-3.39)	-0.313*** (-3.95)	-0.248*** (-3.42)
SHOCK×*INNO*					-0.760*** (-2.98)	-0.780*** (-3.00)	-0.199*** (-4.82)	-0.206*** (-5.06)
SCAL		-0.076* (-2.42)		-0.022** (-1.74)		-0.080* (-1.68)		-0.023** (-2.53)
LEV		0.048 (0.36)		0.078** (2.26)		0.055 (0.42)		0.080** (2.33)
CR		0.061 (0.50)		0.035 (0.87)		0.055 (0.45)		0.033 (0.85)
AGE		0.020*** (4.81)		0.008*** (5.53)		0.021*** (5.04)		0.008*** (5.67)
INDU		控制		控制		控制		控制
R^2	0.1976	0.2014	0.3663	0.3749	0.2023	0.2063	0.3707	0.3796
F	101.41	216.20	646.75	227.90	245.06	211.66	435.26	199.63
N	3430	3430	3430	3430	3430	3430	3430	3430

注：***、**、*分别表示1%、5%、10%的显著性水平，括号内为稳健标准误对应的*t*值。

非国有企业的回归结果见表5.5。在控制了相关因素后，非国有企业的股票价格波动性与系统风险冲击显著正相关，与创新能力显著负相关，系统风险冲击与企业创新能力的交互项在1%的水平上显著为负，表明企业创新能力对系统风险冲击与股票价格波动性之间的关系仍然具有显著的调节效应。可见，无论是对国有企业还是非国有企业而言，系统风险冲击和企业创新能力对股票价格波动性的影响都显著存在，不会因企业的产权性质不同发生改变。

表5.5　系统风险冲击与企业创新能力对股票价格波动性的影响（非国有企业）

变量	DEVI		RANG		DEVI		RANG	
	(1)	(2)	(3)	(4)	(5)	(6)	(7)	(8)
CONS	0.531*** (24.96)	2.183*** (9.87)	0.219*** (21.56)	1.025*** (9.51)	0.532*** (24.78)	2.186*** (9.90)	0.220*** (21.43)	1.027*** (9.54)
SHOCK	0.324*** (74.65)	0.329*** (76.21)	0.147*** (62.59)	0.150*** (61.44)	0.324*** (72.36)	0.329*** (74.26)	0.147*** (61.63)	0.150*** (60.94)

续表

变量	DEVI		RANG		DEVI		RANG	
	(1)	(2)	(3)	(4)	(5)	(6)	(7)	(8)
INNO	−0.365*** (−2.83)	−0.251** (−1.96)	−0.248*** (−4.02)	−0.188*** (−3.10)	−0.373*** (−2.87)	−0.258** (−2.01)	−0.252*** (−4.06)	−0.192*** (−3.14)
SHOCK×INNO					−0.279*** (−2.95)	−0.278*** (−2.91)	−0.152*** (−3.39)	−0.152*** (−3.40)
SCAL		−0.098*** (−8.03)		−0.049*** (−8.31)		−0.098*** (−8.06)		−0.049*** (−8.35)
LEV		0.184*** (4.08)		0.094*** (4.41)		0.182*** (4.05)		0.093*** (4.38)
CR		0.104* (1.85)		0.066** (2.42)		0.107* (1.91)		0.068** (2.49)
AGE		0.024*** (8.00)		0.013*** (8.99)		0.024*** (8.04)		0.013*** (9.04)
INDU		控制		控制		控制		控制
R^2	0.3658	0.3766	0.3646	0.3783	0.3669	0.3776	0.3661	0.3798
F	2788.00	1006.11	1959.67	667.19	1800.8	851.46	1295.65	569.44
N	7328	7328	7328	7328	7328	7328	7328	7328

注：***、**、* 分别表示 1%、5%、10%的显著性水平，括号内为稳健标准误对应的 t 值。

5.3.2　基于行业分类的实证结果与分析

依据证监会 2012 年发布的行业分类标准(一级代码)，将样本划分为制造业企业和非制造业企业，分别对两组子样本进行回归分析。表 5.6 和表 5.7 报告了相应结果。制造业企业的回归结果(见表 5.6)显示，系统风险冲击的系数在 1%的水平上显著为正，企业创新能力的系数在 1%的水平上显著为负。系统风险冲击与企业创新能力交互项的回归系数在 1%的水平上显著为负，表明企业创新能力对系统风险冲击与股票价格波动性的关系具有显著的调节效应，即系统风险冲击对上市公司股票价格波动性的正向影响将随着上市公司创新能力的提高而减弱，这与全样本的结论一致。

表 5.6 系统风险冲击与企业创新能力对股票价格波动性的影响(制造业企业)

变量	DEVI		RANG		DEVI		RANG	
	(1)	(2)	(3)	(4)	(5)	(6)	(7)	(8)
CONS	0.565*** (28.55)	2.032*** (7.48)	0.222*** (24.95)	0.866*** (8.28)	0.866*** (28.23)	2.041*** (7.53)	0.222*** (24.59)	0.870*** (8.34)
SHOCK	0.330*** (33.69)	0.336*** (39.26)	0.140*** (65.55)	0.144*** (64.55)	0.330*** (33.48)	0.336*** (38.99)	0.140*** (64.92)	0.144*** (64.43)
INNO	−0.605*** (−5.16)	−0.491*** (−4.40)	−0.304*** (−5.72)	−0.249*** (−4.94)	−0.598*** (−5.09)	−0.484*** (−4.31)	−0.301*** (−5.63)	−0.245*** (−4.83)
SHOCK× *INNO*					−0.524*** (−4.61)	−0.526*** (−4.56)	−0.219*** (−6.01)	−0.219*** (−5.98)
SCAL		−0.085*** (−6.54)		−0.039*** (−7.11)		−0.085*** (−6.61)		−0.039*** (−7.18)
LEV		0.143*** (3.03)		0.085*** (4.29)		0.140*** (2.96)		0.084*** (4.25)
CR		0.056 (0.81)		0.038* (1.79)		0.055 (0.80)		0.038* (1.79)
AGE		0.020*** (6.57)		0.010*** (9.50)		0.021*** (6.64)		0.010*** (9.57)
NATU		控制		控制		控制		控制
R^2	0.2716	0.2775	0.3674	0.3777	0.2745	0.2804	0.3711	0.3815
F	572.64	555.32	2148.78	627.72	549.01	500.00	1430.73	554.74
N	8922	8922	8922	8922	8922	8922	8922	8922

注：***、*分别表示1%、10%的显著性水平，括号内为稳健标准误对应的*t*值。

相比制造业企业，非制造业企业的回归结果(见表5.7)发生了明显变化：在控制了相关因素以后，系统风险冲击与股票价格波动性仍显著正相关。企业创新能力对股票价格波动性 *DEVI* 和 *RANG* 的回归系数虽然为负，但并不显著。同时，系统风险冲击和企业创新能力交互项的回归系数也为负，且不显著。这说明在非制造业企业，系统风险冲击将推动公司股票价格波动性显著增大，但企业创新能力对公司股票价格波动性没有产生显著的影响；同时，企业创新能力对于系统风险冲击对股票价格波动性的影响也不存在显著的调节效应。对比制造业企业组和非制造业企业组的实证结果可知，相比非制造业企业，企业创新能力对股票价格波动性的主效应，以及在弱化系统风险冲击对股票价格波动性影响方面的调节效应在制造业企业更加显著，在遭遇系统风险冲击时，制造业企业的创新能力对股票价格的稳定效应更加突出。

表 5.7　系统风险冲击与企业创新能力对股票价格波动性的影响(非制造业企业)

变量	*DEVI*		*RANG*		*DEVI*		*RANG*	
	(1)	(2)	(3)	(4)	(5)	(6)	(7)	(8)
CONS	0.523*** (12.64)	2.305*** (6.16)	0.208*** (10.80)	1.225*** (6.16)	0.522*** (12.65)	2.306*** (6.18)	0.208*** (10.80)	1.225*** (6.18)
SHOCK	0.323*** (35.00)	0.331*** (37.33)	0.139*** (25.97)	0.142*** (26.96)	0.323*** (34.74)	0.331*** (37.03)	0.139*** (25.89)	0.142*** (26.89)
INNO	−0.350 (−1.48)	−0.205 (−0.83)	−0.187* (−1.71)	−0.104 (−0.94)	−0.350 (−1.48)	−0.205 (−0.83)	−0.187* (−1.71)	−0.104 (−0.94)
SHOCK×*INNO*					−0.073 (−0.50)	−0.080 (−0.58)	−0.024 (−0.27)	−0.029 (−0.35)
SCAL		−0.110*** (−5.49)		−0.060*** (−6.02)		−0.110*** (−5.50)		−0.060*** (−6.04)
LEV		0.218** (2.46)		0.116*** (2.89)		0.219** (2.47)		0.116*** (2.89)
CR		0.209* (1.90)		0.102* (1.86)		0.210* (1.91)		0.102* (1.87)
AGE		0.030*** (6.29)		0.015*** (6.32)		0.030*** (6.29)		0.015*** (6.32)
NATU		控制		控制		控制		控制
R^2	0.3597	0.3767	0.3457	0.3686	0.3598	0.3768	0.3457	0.3687
F	625.66	240.05	362.32	130.43	413.51	205.13	240.83	111.72
N	1836	1836	1836	1836	1836	1836	1836	1836

注：***、**、* 分别表示 1%、5%、10%的显著性水平，括号内为稳健标准误对应的 *t* 值。

上述制造业企业组和非制造业企业组实证结果产生差异的原因在于：制造业一直是国民经济创新最活跃和密集的领域，制造业企业创新投入较大，高质量的创新产出也较多，行业的无形资产投资绝大部分以 R&D 形式存在。此外，制造业企业的核心技术和经营模式具有较高的门槛，不会轻易被模仿和取代。在这种情况下，企业创新能力更容易转化为具有广泛适用性和基础通用性的技术，通过技术进步带动企业整体生产率提高，形成企业的核心竞争力和持续的竞争优势。因此，制造业企业创新能力的显示度更高，对企业经营绩效和投资者预期的影响也更显著。相比制造业企业，非制造业企业的创新投入不大，以专利数量衡量的高质量创新产出不多，经营模式和产品(服务)的可模仿性也更强，进而导致其创新能力显示度较低；同时，显示度不高的非制造业企业创新能力对系统风险冲击下的投资者行为影响有限。非制造业企业创新能力难以通过影响企业内在价值和投资者行为对股票价格波动性产生显著影响。因此，该实证结果是由非制造业企业创新能力基本特征及其与企业内在价值和投资者行为之间的内在关系决定的。

5.3.3 基于上市板块分类的实证结果与分析

不同板块上市公司在创新活动特征、公司质量和市场环境透明度等方面明显不同，由此可能造成系统风险冲击和企业创新能力对股票价格波动性的影响在不同板块企业存在差异。因此，进一步将样本划分成主板企业、中小板企业和创业板企业三个子样本进行实证研究。主板企业的回归结果见表5.8。系统风险冲击的估计系数显著为正，企业创新能力的系数显著为负，系统风险冲击与创新能力的交互项在1%的水平上显著为负。这与全样本的结论基本一致，说明对主板上市公司而言，系统风险冲击将推动股票价格波动性增大，而企业创新能力能弱化系统风险冲击对股票价格波动性的影响，从而对股票市场价格起到稳定作用。

表5.8 系统风险冲击与企业创新能力对股票价格波动性的影响(主板企业)

变量	*DEVI*		*RANG*		*DEVI*		*RANG*	
	(1)	(2)	(3)	(4)	(5)	(6)	(7)	(8)
CONS	0.605*** (16.70)	2.134** (2.17)	0.219*** (15.95)	0.669*** (3.44)	0.600*** (15.99)	2.204** (2.21)	0.217*** (15.43)	0.688*** (3.53)
SHOCK	0.339*** (14.46)	0.347*** (16.72)	0.124*** (37.06)	0.127*** (37.32)	0.339*** (14.48)	0.348*** (16.76)	0.124*** (37.47)	0.127*** (38.02)
INNO	−0.960*** (−4.71)	−0.846*** (−4.49)	−0.361*** (−4.65)	−0.319*** (−4.52)	−0.934*** (−4.48)	−0.818*** (−4.25)	−0.354*** (−4.46)	−0.312*** (−4.31)
SHOCK×*INNO*					−0.725*** (−3.40)	−0.733*** (−3.32)	−0.198*** (−5.17)	−0.200*** (−5.18)
SCAL		−0.087** (−2.14)		−0.029*** (−3.02)		−0.091** (−2.18)		−0.030*** (−3.11)

续表

变量	*DEVI*		*RANG*		*DEVI*		*RANG*	
	(1)	(2)	(3)	(4)	(5)	(6)	(7)	(8)
LEV		0. 090 (0. 74)		0. 083** (2. 51)		0. 091 (0. 75)		0. 083** (2. 54)
CR		0. 159* (1. 68)		0. 070* (1. 86)		0. 148 (1. 59)		0. 067* (1. 83)
AGE		0. 020*** (4. 90)		0. 007*** (5. 36)		0. 020*** (5. 01)		0. 008*** (5. 43)
NATU		控制		控制		控制		控制
INDU		控制		控制		控制		控制
R^2	0. 2025	0. 2065	0. 3646	0. 3734	0. 2077	0. 2118	0. 3699	0. 3788
F	110. 17	198. 97	686. 80	208. 87	160. 80	183. 48	471. 72	190. 69
N	3524	3524	3524	3524	3524	3524	3524	3524

注：***、**、* 分别表示 1%、5%、10%的显著性水平，括号内为稳健标准误对应的 *t* 值。

中小板企业的回归结果见表 5. 9。在控制了相关因素后，系统风险冲击变量对波动性指标 *DEVI* 和 *RANG* 的回归系数显著为正，企业创新能力对波动性 *RANG* 的回归系数显著为负，对波动性 *DEVI* 的影响并不显著，系统风险冲击和创新能力的交互项对 *DEVI* 与 *RANG* 的回归系数均在 1%的水平上显著为负，表明对中小板企业而言，企业创新能力对股票价格波动性的影响主要体现在系统风险冲击与股票价格波动性关系中的负向调节作用。虽然企业创新能力对股票价格波动性没有产生显著影响，但能通过弱化系统风险冲击对股票价格波动性的正向影响而起到稳定股票价格的作用。

表 5. 9　系统风险冲击与企业创新能力对股票价格波动性的影响(中小板企业)

变量	*DEVI*		*RANG*		*DEVI*		*RANG*	
	(1)	(2)	(3)	(4)	(5)	(6)	(7)	(8)
CONS	0. 521*** (21. 82)	2. 185*** (8. 24)	0. 213*** (17. 52)	1. 019*** (8. 09)	0. 522*** (21. 82)	2. 186*** (8. 30)	0. 214*** (17. 51)	1. 019*** (8. 15)
SHOCK	0. 316*** (59. 22)	0. 324*** (60. 39)	0. 146*** (48. 46)	0. 150*** (48. 28)	0. 316*** (56. 69)	0. 324*** (58. 11)	0. 146*** (47. 39)	0. 150*** (47. 67)
INNO	−0. 397*** (−2. 60)	−0. 223 (−1. 46)	−0. 259*** (−3. 31)	−0. 173** (−2. 24)	−0. 403*** (−2. 64)	−0. 229 (−1. 49)	−0. 262*** (−3. 35)	−0. 176** (−2. 26)

续表

变量	DEVI		RANG		DEVI		RANG	
	(1)	(2)	(3)	(4)	(5)	(6)	(7)	(8)
SHOCK×INNO					-0.373*** (-3.01)	-0.365*** (-2.93)	-0.216*** (-3.30)	-0.211*** (-3.23)
SCAL		-0.099*** (-6.76)		-0.049*** (-7.06)		-0.099*** (-6.79)		-0.049*** (-7.08)
LEV		0.202*** (3.61)		0.106*** (4.06)		0.200*** (3.61)		0.105*** (4.07)
CR		0.053 (0.78)		0.031 (0.96)		0.051 (0.74)		0.030 (0.92)
AGE		0.028*** (8.11)		0.014*** (8.56)		0.028*** (8.09)		0.014*** (8.53)
NATU		控制		控制		控制		控制
INDU		控制		控制		控制		控制
R^2	0.3574	0.3720	0.3699	0.3876	0.3589	0.3734	0.3723	0.3899
F	1754.92	590.10	1176.30	353.26	1074.9	461.17	790.30	315.15
N	4720	4720	4720	4720	4720	4720	4720	4720

注：***、**、*分别表示1%、5%、10%的显著性水平，括号内为稳健标准误对应的t值。

创业板企业的回归结果见表5.10。在控制了相关因素后，系统风险冲击与股票价格波动性显著正相关；创新能力的回归系数均为负，且均不显著；系统风险冲击和创新能力交互项的系数均为负，但并不显著。这表明创业板企业创新能力既没有对股票价格波动性产生显著影响，也没有对系统风险冲击与股票价格波动性的关系发挥调节作用。

表5.10　系统风险冲击与企业创新能力对股票价格波动性的影响（创业板企业）

变量	DEVI		RANG		DEVI		RANG	
	(1)	(2)	(3)	(4)	(5)	(6)	(7)	(8)
CONS	0.532*** (12.06)	2.047*** (5.54)	0.228*** (11.78)	0.963*** (5.21)	0.532*** (12.03)	2.049*** (5.54)	0.227*** (11.76)	0.964*** (5.21)
SHOCK	0.340*** (43.23)	0.338*** (43.07)	0.152*** (41.11)	0.153*** (38.37)	0.340*** (42.46)	0.338*** (42.44)	0.152*** (40.51)	0.153*** (37.94)

续表

变量	*DEVI*		*RANG*		*DEVI*		*RANG*	
	(1)	(2)	(3)	(4)	(5)	(6)	(7)	(8)
INNO	-0.108 (-0.45)	-0.086 (-0.36)	-0.176* (-1.67)	-0.155 (-1.50)	-0.107 (-0.44)	-0.085 (-0.36)	-0.176* (-1.67)	-0.154 (-1.49)
SHOCK×INNO					-0.148 (-0.89)	-0.163 (-0.97)	-0.079 (-1.02)	-0.092 (-1.18)
SCAL		-0.082*** (-4.19)		-0.043*** (-4.35)		-0.082*** (-4.22)		-0.043*** (-4.38)
LEV		0.195*** (2.65)		0.095*** (2.68)		0.195*** (2.65)		0.095*** (2.68)
CR		0.035 (0.32)		0.059 (1.07)		-0.044 (-0.40)		0.064 (1.15)
AGE		0.011* (1.81)		0.008*** (2.83)		0.011* (1.87)		0.008** (2.89)
NATU		控制		控制		控制		控制
INDU		控制		控制		控制		控制
R^2	0.3767	0.3839	0.3619	0.3709	0.3770	0.3842	0.3622	0.3714
F	946.30	335.13	862.30	292.60	635.52	293.95	568.57	248.36
N	2514	2514	2514	2514	2514	2514	2514	2514

注：***、**、*分别表示 1%、5%、10%的显著性水平，括号内为稳健标准误对应的 *t* 值。

对比主板企业、中小板企业和创业板企业子样本的实证结果可以看出，系统风险冲击对所有板块的上市公司股票价格波动性均产生了显著的正向影响，但企业创新能力对上市公司股票价格波动性的影响及企业创新能力对系统风险冲击与股票价格波动性之间关系的调节效应在不同板块存在一定的分化：主板企业创新能力与上市公司股票价格波动性显著负相关，且企业创新能力对系统风险冲击与股票价格波动性之间的关系存在负向调节作用；中小板企业创新能力仅对股票价格波动性 *RANG* 有显著影响，其与股票价格波动性的关系主要体现为在系统风险冲击与股票价格波动性关系中发挥负向调节作用；创业板企业创新能力对股票价格波动性没有显著影响，对系统风险冲击与股票价格波动性的关系也不存在调节作用。简而言之，相比中小板企业和创业板企业，主板企业创新能力对股票价格的稳定作用更加显著，体现为对上市公司股票价格波动性的抑制作用，以及弱化系统风险冲击对股票价格波动性影响的调节效应两个方面。

上述关系在不同板块上市公司存在的差异，可能是不同板块企业在创新能力、经营特征、上市公司质量等方面的不同导致的。主板市场成立时间较早，发育也更成熟，上市公司的整体质量、市场透明度等都优于中小板和创业板，系统风险冲击和企业创新能力对股票市场波动性影响的普遍规律可能在发展较为成熟的主板市场更为凸显。中小板上市公司和创业板上市公司创新能力的显示度较低，对企业经营绩效和投资者行为的影响有限，进而呈现出与股票价格波动性相关性不强。

5.4 本章小结

国内外文献围绕外生风险冲击与股票价格波动性之间的关系进行了大量研究，并形成了丰富的研究成果，但研究企业创新能力对股票价格波动性影响的文献相对缺乏，关注创新能力在系统风险冲击与股票价格波动性之间关系中发挥的作用的文献更少。本章将三者纳入同一框架，基于微观视角实证研究了系统风险冲击与企业创新能力对股票价格波动性的影响。首先，基于中国 A 股上市公司 2013—2017 年的数据，以中国沪深 300 指数持续暴跌为系统风险冲击源，采用包含创新投入、创新产出和创新环境三个维度的综合指标对企业创新能力进行度量，采用层次回归分析方法实证检验了系统风险冲击与企业创新能力对股票价格波动性的影响，以及创新能力在系统风险冲击与股票价格波动性关系中的调节作用；其次，在全样本研究的基础上，按照产权性质、行业、上市板块进一步将样本细分为几个子样本进行拓展性研究，揭示了上述影响关系在不同产权性质、行业和上市板块企业存在的差异，使研究结果更具参考价值。

本章的研究结果表明：第一，上市公司股票价格波动性与系统风险冲击显著正相关，与企业创新能力显著负相关。第二，企业创新能力在系统风险冲击与股票价格波动性的关系中具有显著的负向调节作用，能够弱化系统风险冲击对股票价格波动性的影响。第三，股票价格波动性与系统风险冲击的正向影响不会因企业产权性质、行业和上市板块不同而发生改变，在所有子样本中都显著存在。但是，企业创新能力对股票价格波动性的影响在不同子样本中存在分化：在国有企业和非国有企业，企业创新能力对股票价格波动性及在系统风险冲击与股票价格波动性关系中的调节作用均显著存在；相比非制造业企业，制造业企业创新能力能更显著地降低股票价格波动性和弱化系统风险冲击对股票价格波动性的影响；相比中小板企业和创业板企业，主板上市公司创新能力在降低股票价格波动性和弱化系统风险冲击方面的作用更加显著。

当前，创新驱动发展成为世界各经济强国的战略共识，企业创新能力在经济发展中的重要性愈来愈凸显。相比国外成熟的资本市场，中国股票市场屡次出现暴涨、暴跌的现象，维护股票市场平稳运行成为长期内我国经济发展的一项重要任务。基于这一背景，本章实证检验了系统风险冲击与企业创新能力对股票价格波动性的影响，为证券监管部门制定更加合理的股票发行和交易规则、上市公司培育和提升创新能力、投资者增强风险防范意识和提高投资水平、我国借助股票市场实施创新驱动战略提供了来自微观企业的经验证据。

第6章
Chapter 6

系统风险冲击与企业创新能力对股票价格波动性的影响路径：企业经营绩效与投资者情绪的中介效应

第 4 章通过构建理论模型研究了系统风险冲击与企业创新能力对股票价格波动性的影响机理。系统风险冲击和企业创新能力不仅会影响企业经营基本面，还会影响投资者情绪及其交易决策行为，进而对股票价格波动性产生重要影响。本章在第 4 章和第 5 章的基础上，以中国 A 股非金融类上市公司为样本，考察系统风险冲击与企业创新能力对股票价格波动性的影响路径，分析企业经营绩效和投资者情绪在系统风险冲击与企业创新能力对股票价格波动性影响中的中介效应。

6.1 研究设计

6.1.1 样本选取和数据来源

本书选取中国 A 股非金融类上市公司为样本进行实证研究，在上一章样本筛选的基础上，剔除了企业经营绩效、投资者情绪变量缺失的个体，最终获得 583 家上市公司构成的非平衡面板数据，样本观测值共 10734 个。数据主要来源于 Wind、CSMAR 和 CCER 数据库，部分缺失的指标通过手工搜集和计算得到。

6.1.2　变量设计

6.1.2.1　股票价格波动性（*VOL*）

同样用上市公司股价的日收益率标准差（*DEVI*）和波动幅度（*RANG*）两个指标衡量股票价格波动性（*VOL*），计算方法不再赘述。

6.1.2.2　企业创新能力（*INNO*）

本章同样基于创新投入、创新产出和创新环境三个维度构建创新能力指标，并以上市公司的研发投入总额度量创新投入，以发明专利的申请数衡量创新产出，以高管层的创新偏好度量创新环境。

6.1.2.3　系统风险冲击（*SHOCK*）

本章以沪深300指数的持续性暴跌定义中国A股上市公司面临的系统风险冲击。对应2013年第一季度至2017年第四季度的整个样本期，系统风险冲击虚拟变量的赋值方法见表5.1。

6.1.2.4　企业经营绩效（*PERF*）

本章使用净资产收益率（*ROE*）衡量企业经营绩效基本面，即净利润占平均股东权益的百分比。该指标衡量了股东权益的收益水平，也是反映企业盈利能力的重要指标。净资产收益率越高，企业的经营绩效越好。

6.1.2.5　投资者情绪（*SENT*）

投资者情绪是行为金融学中的重要概念，现有相关文献绝大多数是对市场整体层面的投资者情绪进行度量，基于微观层面对个股投资者情绪进行量化的文献相对较少。借鉴现有文献（唐国平、李龙会，2011；史金艳 等，2011；黄虹 等，2016）的研究成果，换手率能够反映个股的流动性和投资者的投机需求，可以作为衡量投资者情绪的有效指标（Baker and Wurgler，2006）。一般而言，投资者情绪越高涨，对股票的需求越高，交易越活跃。换手率在一定程度上可以反映投资者股票的购买意愿，与投资者情绪正相关。因此，本书以个股换手率作为投资者情绪的代理变量。

6.1.2.6 控制变量

在回归分析中，同样纳入了可能影响上市公司股价波动、企业经营绩效和投资者情绪的系列控制变量，包括公司规模(*SCAL*)、财务杠杆比率(*LEV*)、股权集中度(*CR*)、公司年龄(*AGE*)、产权性质(*NATU*)、行业属性(*INDU*)。

6.1.3 变量描述性统计

主要变量的描述性统计见表6.1。上市公司股价日收益率的标准差和股价波动幅度的均值分别为0.5601和0.2128，日收益率标准差的最大值和最小值分别为9.4431和0.1110，股价波动幅度的最大值和最小值分别为1.7735和0.0398，表明上市公司之间的股票价格波动性存在较大差异。上市公司创新能力的均值为0.1693，最大值和最小值分别为0.6293和0.0019，说明我国股票市场上市公司的创新能力普遍偏低，而且参差不齐。企业经营绩效的均值为6.9458，最大值为67.8157，最小值为-258.1807，标准差为11.3491，说明我国上市公司的经营绩效差异较大。投资者情绪的样本均值为1.1112，最大值和最小值分别为11.6696和0.0224，说明股票市场上市公司个股的投资者情绪存在较大差异。

表6.1 主要变量的描述性统计

变量	观测值	均值	中位数	最大值	最小值	标准差
DEVI	10734	0.5601	0.4851	9.4431	0.1110	0.3686
RANG	10734	0.2128	0.1807	1.7735	0.0398	0.1114
INNO	10734	0.1693	0.1671	0.6293	0.0019	0.0654
PERF	10734	6.9458	6.3046	67.8157	-258.1807	11.3491
SENT	10734	1.1112	0.8611	11.6696	0.0224	0.8769
SCAL	10734	21.9900	21.7100	27.9600	19.5700	1.2800
LEV	10734	0.3812	0.3700	0.9637	0.0080	0.1915
CR	10734	0.5865	0.5974	0.9525	0.1272	0.1404
AGE	10734	14	14	66	2	5.7452

6.1.4 模型设定

本章主要研究系统风险冲击和企业创新能力对股票价格波动性的影响路径，考察二者是否都将通过企业经营绩效和投资者情绪两种渠道对股票价格波动性产生影响。实证研究具体从三个层次展开。

首先，考察企业经营绩效和投资者情绪在系统风险冲击与股票价格波动性关系中的中介效应。借鉴温忠麟等(2004)、Preacher 和 Hayes(2008)、柳士顺和凌文辁(2009)、温忠麟和叶宝娟(2014)对中介效应的研究方法，设定的递归模型如下：

$$VOL_{i,t} = \alpha_0 + \alpha_1 SHOCK_t + \sum \lambda Control_{i,t} + \varepsilon_{i,t} \tag{6.1}$$

$$PERF_{i,t} = \beta_0 + \beta_1 SHOCK_t + \sum \lambda Control_{i,t} + \varepsilon_{i,t} \tag{6.2}$$

$$SENT_{i,t} = \gamma_0 + \gamma_1 SHOCK_t + \sum \lambda Control_{i,t} + \varepsilon_{i,t} \tag{6.3}$$

$$VOL_{i,t} = \delta_0 + \delta_1 SHOCK_t + \delta_2 PERF_{i,t} + \delta_3 SENT_{i,t} + \sum \lambda Control_{i,t} + \varepsilon_{i,t} \tag{6.4}$$

其中，$VOL_{i,t}$和 $SHOCK_t$ 分别表示上市公司 i 在第 t 期的股票价格波动性和系统风险冲击变量；$PERF_{i,t}$和 $SENT_{i,t}$为中介变量，分别代表上市公司 i 在第 t 期的经营绩效和投资者情绪；$Control_{i,t}$表示对应的控制变量；$\varepsilon_{i,t}$表示随机误差项。在模型中，企业经营绩效和控制变量均采用年度值，控制变量采用前一年的年度值，其余变量为季度值。

其次，实证研究企业经营绩效和投资者情绪在企业创新能力与股票价格波动性之间的中介效应。模型设定如下：

$$VOL_{i,t} = \alpha_0 + \alpha_1 INNO_{i,t} + \sum \lambda Control_{i,t} + \varepsilon_{i,t} \tag{6.5}$$

$$PERF_{i,t} = \beta_0 + \beta_1 INNO_{i,t} + \sum \lambda Control_{i,t} + \varepsilon_{i,t} \tag{6.6}$$

$$SENT_{i,t} = \gamma_0 + \gamma_1 INNO_{i,t} + \sum \lambda Control_{i,t} + \varepsilon_{i,t} \tag{6.7}$$

$$VOL_{i,t} = \delta_0 + \delta_1 INNO_{i,t} + \delta_2 PERF_{i,t} + \delta_3 SENT_{i,t} + \sum \lambda Control_{i,t} + \varepsilon_{i,t} \tag{6.8}$$

其中，$VOL_{i,t}$和$INNO_{i,t}$分别表示上市公司 i 在第 t 期的股票价格波动性与企业创新能力；$PERF_{i,t}$和$SENT_{i,t}$为中介变量；$Control_{i,t}$表示控制变量；$\varepsilon_{i,t}$表示随机误差项。在模型中，企业创新能力 $INNO$ 和控制变量采用前一年的年度值，其余变量为季度值。采用滞后期的企业创新能力，主要是考虑到企业创新能力经济效应的滞后性，同时，能够在一定程度上缓解被解释变量可能反向影响企业创新能力而产生的内生性问题，提高研究结论的可靠性。

最后，同时纳入系统风险冲击和企业创新能力变量，考察二者对股票价格波动性的影响路径。模型设定如下：

$$VOL_{i,t} = \alpha_0 + \alpha_1 SHOCK_t + \alpha_2 INNO_{i,t} + \sum \lambda Control_{i,t} + \varepsilon_{i,t} \quad (6.9)$$

$$PERF_{i,t} = \beta_0 + \beta_1 SHOCK_t + \beta_2 INNO_{i,t} + \sum \lambda Control_{i,t} + \varepsilon_{i,t} \quad (6.10)$$

$$SENT_{i,t} = \gamma_0 + \gamma_1 SHOCK_t + \gamma_2 INNO_{i,t} + \sum \lambda Control_{i,t} + \varepsilon_{i,t} \quad (6.11)$$

$$VOL_{i,t} = \delta_0 + \delta_1 SHOCK_t + \delta_2 INNO_{i,t} + \delta_3 PERF_{i,t} + \delta_4 SENT_{i,t} + \sum \lambda Control_{i,t} + \varepsilon_{i,t} \quad (6.12)$$

借鉴现有文献，针对一元并行多重中介效应模型，采用如下程序进行检验：第一，基于模型(6.1)考察系统风险冲击对股票价格波动性的总效应。如果总效应存在，即系数 α_1 显著，则满足中介效应研究的前提条件，进行下一步检验；如果中介效应不存在，则研究终止。第二，采用模型(6.2)和模型(6.3)检验个体中介效应是否存在。若系数 β_1、γ_1 显著，则表明系统风险冲击对企业经营绩效和投资者情绪存在显著影响。第三，同时加入系统风险冲击、企业经营绩效和投资者情绪变量，采用模型(6.4)进行研究，考察企业经营绩效和投资者情绪对股票价格波动性是否具有显著影响，以及在控制中介变量的影响后，系统风险冲击对股票价格波动性的影响是否仍显著，即检验系数 δ_1、δ_2、δ_3 是否显著。第四，若模型(6.2)和模型(6.4)中企业经营绩效的系数 β_1 和 δ_2 至少有一个不显著，或者模型(6.3)和模型(6.4)中投资者情绪中介变量的系数 γ_1 和 δ_3 至少有一个不显著，则需要进一步做 Sobel 检验。若 Sobel 检验的 Z 统计量显著，则个体中介效应存在；否则，个体中介效应不存在。第五，根据模型(6.4)中系统风险冲击的直接效应，即系数 δ_1 的显著性判断是不是完全中介效应，若系数 δ_1 显著，则为部分中介效应；否则，为完全中介效应。

基于实证结果，以模型(6.1)至模型(6.4)为例，从三个方面对中介效应进行分析：第一，总体中介效应的估计与检验。总体中介效应为 $\beta_1\delta_2+\gamma_1\delta_3$，可采用多元德尔塔法进行检验。第二，个体中介效应的估计与检验。企业经营绩效的中介效应为 $\beta_1\delta_2$，投资者情绪的中介效应为 $\gamma_1\delta_3$，与单一中介效应类似，可采用 Sobel 检验判断个体中介效应的显著性。第三，个体中介效应间的比较。借鉴 Preacher 和 Hayes(2008)、柳士顺和凌文辁(2009)的研究，通过构建比较函数，检验系统风险冲击通过企业经营绩效和投资者情绪两个渠道对股票价格波动性的影响是否存在显著差异。企业创新能力对股票价格波动性影响路径的分析程序与此类似，不再赘述。

6.2　实证结果与分析

6.2.1　系统风险冲击对股票价格波动性的影响路径

首先，采用模型(6.1)至模型(6.4)逐步进行回归，考察系统风险冲击对股票价格波动性的影响路径；然后，通过 *F* 检验、*LM* 似然比检验和稳健的 Hausman 检验确定采用固定效应模型。考虑到可能存在的异方差和序列相关的影响，研究中均采用聚类稳健标准误进行系数估计，结果见表 6.2。

表 6.2　系统风险冲击对股票价格波动性的影响路径

变量	*DEVI*	*RANG*	*PERF*	*SENT*	*DEVI*	*RANG*
	(1)	(2)	(3)	(4)	(5)	(6)
CONS	2.150*** (7.97)	0.931*** (9.58)	56.407* (1.71)	8.253*** (8.65)	0.668*** (3.02)	0.320*** (4.67)
SHOCK	0.333*** (63.73)	0.143*** (69.59)	−0.519*** (−2.71)	0.580*** (31.82)	0.232*** (38.22)	0.101*** (53.63)
PERF					0.0007** (2.33)	0.0002* (1.93)
SENT					0.175*** (36.93)	0.073*** (40.22)

续表

变量	*DEVI*	*RANG*	*PERF*	*SENT*	*DEVI*	*RANG*
	(1)	(2)	(3)	(4)	(5)	(6)
SCAL	-0.096*** (-8.10)	-0.045*** (-9.08)	-2.952* (-1.80)	-0.375*** (-7.62)	-0.028*** (-3.16)	-0.017*** (-4.84)
LEV	0.157*** (3.97)	0.088*** (4.94)	12.980*** (3.62)	0.464** (2.56)	0.067** (2.43)	0.052*** (4.25)
CR	0.068 (0.99)	0.050** (2.39)	7.127** (2.03)	-0.837*** (-3.79)	0.209*** (3.35)	0.109*** (7.64)
AGE	0.023*** (6.72)	0.012*** (12.46)	0.437* (1.77)	0.090*** (8.82)	0.007** (2.18)	0.005*** (7.05)
NATU	控制	控制	控制	控制	控制	控制
INDU	控制	控制	控制	控制	控制	控制
R^2	0.2947	0.3757	0.0128	0.1416	0.4837	0.6012
F	963.71	678.21	14.73	159.05	919.63	736.60
N	10734	10734	10734	10734	10734	10734

注：第(3)列和第(4)列被解释变量为中介变量，其余列被解释变量为股票价格波动性；***、**、*分别表示1%、5%和10%的显著性水平；括号内为聚类稳健标准误对应的*t*值。

表6.2的第(1)列和第(2)列显示，系统风险冲击对股票价格波动性*DEVI*和*RANG*的回归系数分别为0.333和0.143，且在1%的水平上显著，说明系统风险冲击对股票价格波动性的总效应显著存在，总体上将推动股票价格波动性增大。第(3)列显示，系统风险冲击对企业经营绩效的回归系数为-0.519，在1%的水平上显著，说明系统风险冲击会对企业经营绩效造成负面影响。第(4)列对投资者情绪的回归系数为0.580，在1%的水平上显著，表明系统风险冲击将推动投资者情绪增强。第(5)列和第(6)列基于模型(6.4)进行回归，结果显示，企业经营绩效和投资者情绪均与股票价格波动性显著正相关。在控制中介变量投资者情绪和企业经营绩效的影响后，系统风险冲击对股票价格波动性*DEVI*和*RANG*的回归系数均在1%的水平上显著为正，但数值减小了，可见企业经营绩效和投资者情绪在系统风险冲击与股票价格波动性的关系中发挥了部分中介效应。

总体中介效应的检验与分析。对应股票价格波动性*DEVI*和*RANG*，总体中介效应分别为0.101(−0.519×0.0007+0.580×0.175)和0.042(−0.519×0.0002+0.580×0.073)。在德尔塔法检验中，*DEVI* 和 *RANG* 对应的 *Z* 值分别为27.661和33.615，说明总体中介效应显著存在，占总效应的比例分别为30.37%和29.54%。

个体中介效应的检验与分析。对应于股票价格波动性 *DEVI* 和 *RANG*，投资者情绪 *SENT* 的中介效应分别为0.102(0.580×0.175)和0.042(0.580×0.073)，系数 γ_1 和 δ_3 均在1%的水平上显著，说明投资者情绪的中介效应显著存在。企业经营绩效的中介效应分别为−0.0004(−0.519×0.0007)和−0.0001(−0.519×0.0002)，说明企业经营绩效的中介效应也显著存在。值得注意的是，中介效应 $\beta_1\times\delta_2$ 的符号与直接效应 δ_1 的符号相反，说明企业经营绩效在系统风险冲击与股票价格波动性关系中的中介效应体现为遮掩效应。综合上述分析，在系统风险冲击对股票价格波动性的影响中，“系统风险冲击—企业经营绩效—股票价格波动性”和“系统风险冲击—投资者情绪—股票价格波动性”两种传导机制都显著存在，但是，中国股票市场存在企业经营绩效与股票价格波动背离的现象，上市公司绩优并没有起到稳定股票价格的作用，这一发现与现有文献中晏艳阳和胡俊(2006)、郑瑞玺(2009)、冯梓洋等(2014)、王秀丽和梁诗卉(2016)的研究结论基本一致。这可能是中国股票市场较弱的市场有效性、投资者的非理性行为、信息披露质量不高等现实情况造成的。一方面，中国股票市场信息披露制度不完善，上市公司会计信息披露质量不高，投资者难以获取上市公司较为全面而准确的基本面相关信息；另一方面，市场存在浓厚的投机氛围，价值投资理念缺乏，投资者可能在投机氛围和从众心理的影响下采取投机策略或者表现出羊群效应，而不会奉行价值投资的理念依据企业基本面参与交易决策，进而造成上市公司经营绩效同其股票价格波动性相背离，尤其是在散户占主导地位的市场中，投资者的非理性行为将更加突出。

个体中介效应间的比较。借鉴 Preacher 和 Hayes(2008)、柳士顺和凌文辁(2009)的研究成果，通过构建比较函数，考察企业经营绩效和投资者情绪两种中介效应是否存在显著差异。通过计算，对应股票价格波动性 *DEVI* 和 *RANG*，比较函数的 *Z* 值分别为−14.480和−15.558，说明系统风险冲击对股票价格波动性的影响，经由企业经营绩效与经由投资者情绪这两种渠道存在显著差异，两种渠道并不是等效的。

6.2.2 企业创新能力对股票价格波动性的影响路径

企业创新能力对股票价格波动性影响路径的实证结果见表 6.3。表 6.3 的第(1)列和第(2)列显示，企业创新能力对股票价格波动性 *DEVI* 和 *RANG* 的回归系数分别为-0.653 和-0.317，在 1%的水平上显著，说明企业创新能力对股票价格波动性的总效应显著存在。第(3)列和第(4)列显示，企业创新能力对企业经营绩效和投资者情绪的回归系数分别为 10.126 和-1.860，均在 1%的水平上显著，说明企业创新能力正向促进了企业经营绩效提升，弱化了投资者情绪的影响。第(5)列和第(6)列显示，企业经营绩效的系数虽然为正，但并不显著；投资者情绪的系数在 1%的水平上显著为正；在控制了中介变量的影响后，企业创新能力的系数依然显著为负，但系数绝对值明显减小，说明企业创新能力对股票价格波动性存在显著的直接效应，企业经营绩效和投资者情绪在企业创新能力抑制股票价格波动性中发挥了部分中介效应。

表 6.3 企业创新能力对股票价格波动性的影响路径

变量	*DEVI*	*RANG*	*PERF*	*SENT*	*DEVI*	*RANG*
	(1)	(2)	(3)	(4)	(5)	(6)
CONS	2.836*** (9.13)	1.227*** (10.57)	54.860*** (7.62)	9.488*** (9.41)	0.704*** (2.98)	0.338*** (4.46)
INNO	-0.653*** (-5.23)	-0.317*** (-5.73)	10.126*** (2.87)	-1.860*** (-4.22)	-0.246*** (-3.03)	-0.145*** (-3.92)
PERF					0.0005 (1.56)	0.0001 (0.90)
SENT					0.222*** (39.12)	0.093*** (40.91)
SCAL	-0.098*** (-6.90)	-0.045*** (-7.53)	-3.017*** (-8.10)	-0.373*** (-7.11)	-0.013 (-1.37)	-0.010*** (-2.59)
LEV	0.209*** (4.21)	0.111*** (4.97)	12.844*** (9.73)	0.559*** (2.88)	0.078** (2.40)	0.057*** (3.96)

续表

变量	*DEVI*	*RANG*	*PERF*	*SENT*	*DEVI*	*RANG*
	(1)	(2)	(3)	(4)	(5)	(6)
CR	0.000 (0.00)	0.021 (0.80)	7.198*** (4.49)	-0.952*** (-3.96)	0.208*** (3.19)	0.109*** (6.85)
AGE	-0.005 (-1.39)	-0.001 (-0.62)	0.512*** (5.94)	0.039*** (3.62)	-0.014*** (-3.95)	-0.004*** (-5.30)
NATU	控制	控制	控制	控制	控制	控制
INDU	控制	控制	控制	控制	控制	控制
R^2	0.0221	0.0293	0.0129	0.0287	0.3664	0.4482
F	56.10	71.54	16.53	25.25	193.76	311.00
N	10734	10734	10734	10734	10734	10734

注：第(3)列和第(4)列被解释变量为中介变量，其余列被解释变量为股票价格波动性；***、**分别表示1%、5%的显著性水平；括号内为聚类稳健标准误对应的 *t* 值。

总体中介效应的检验与分析。对应股票价格波动性 *DEVI* 和 *RANG*，总体中介效应分别为-0.408(10.126×0.0005-1.860×0.222)和-0.172(10.126×0.0001-1.860×0.093)，德尔塔法检验的 *Z* 值分别为-4.353 和-4.504，说明总体中介效应显著存在，占总效应的比例分别为62.46%和54.25%。

个体中介效应的检验与分析。对应股票价格波动性 *DEVI* 和 *RANG*，投资者情绪 *SENT* 的中介效应分别为-0.413(-1.860×0.222)和-0.173(-1.860×0.093)，系数 γ_1 和 δ_3 均在1%的水平上显著，说明投资者情绪的个体中介效应显著。企业经营绩效的中介效应分别为 0.005(10.126×0.0005)和 0.001(10.126×0.0001)，由于系数 β_1 和 δ_2 中有一个不显著，进一步采用 Sobel 检验，结果显示，波动性 *DEVI* 和 *RANG* 对应的 *Z* 值分别为 1.441 和 0.944，说明企业经营绩效在企业创新能力降低股票价格波动性中的个体中介效应不显著。综合以上分析，在企业创新能力对股票价格波动性的抑制效应中，“企业创新能力—企业经营绩效—股票价格波动性”的传导机制较为微弱，而“企业创新能力—投资者情绪—股票价格波动性”的传导机制显著存在。

个体中介效应间的比较。Preacher 和 Hayes(2008)、柳士顺和凌文辁(2009)认为，在比较个体中介效应时，不应以中介效应的显著性为前提。因此，通过构建比较函数分析企业经营绩效和投资者情绪的个体中介效应是否存在显著差异，结果显示，对应股票价格波动性 *DEVI* 和 *RANG*，*Z* 值分别为 3.756 和 3.807，说明在企业创新能力对股票价格波动性的影响中，企业绩效和投资者情绪这两种作用渠道并不等效，而是存在显著差异。

6.2.3 系统风险冲击与企业创新能力对股票价格波动性的影响路径

采用模型(6.9)至模型(6.12)同时考察系统风险冲击和企业创新能力对股票价格波动性的影响，实证结果见表 6.4。

表 6.4 系统风险冲击与企业创新能力对股票价格波动性的影响路径

变量	*DEVI*	*RANG*	*PERF*	*SENT*	*DEVI*	*RANG*
	(1)	(2)	(3)	(4)	(5)	(6)
CONS	2.174*** (8.13)	0.943*** (9.86)	55.858*** (7.75)	8.336*** (8.89)	0.680*** (3.06)	0.328*** (4.76)
SHOCK	0.332*** (63.86)	0.143*** (69.41)	−0.500*** (−2.64)	0.578*** (31.66)	0.231*** (38.30)	0.101*** (53.66)
INNO	−0.432*** (−4.37)	−0.222*** (−4.98)	9.793*** (2.77)	−1.475*** (−3.64)	−0.182*** (−2.59)	−0.117*** (−3.58)
PERF					0.0007** (2.37)	0.0002** (2.00)
SENT					0.174*** (36.86)	0.073*** (40.32)
SCAL	−0.092*** (−7.83)	−0.043*** (−8.72)	−3.025*** (−8.12)	−0.364*** (−7.42)	−0.027*** (−3.00)	−0.016*** (−4.53)
LEV	0.160*** (4.02)	0.090*** (5.01)	12.918*** (9.79)	0.474*** (2.60)	0.068** (2.47)	0.053*** (4.32)
CR	0.069 (1.01)	0.050** (2.48)	7.094*** (4.43)	−0.832*** (−3.80)	0.209*** (3.36)	0.109*** (7.74)
AGE	0.021*** (6.15)	0.011*** (11.27)	0.472*** (5.40)	0.085*** (8.17)	0.006* (1.93)	0.004*** (6.28)
NATU	控制	控制	控制	控制	控制	控制
INDU	控制	控制	控制	控制	控制	控制

续表

变量	*DEVI*	*RANG*	*PERF*	*SENT*	*DEVI*	*RANG*
	(1)	(2)	(3)	(4)	(5)	(6)
R^2	0.2960	0.3781	0.0135	0.1438	0.4839	0.6019
F	857.16	616.61	15.48	141.13	840.13	673.00
N	10734	10734	10734	10734	10734	10734

注：第(3)列和第(4)列被解释变量为中介变量，其余列被解释变量为股票价格波动性；***、**、*分别表示1%、5%和10%的显著性水平；括号内为聚类稳健标准误对应的 *t* 值。

表6.4的第(1)列和第(2)列显示，系统风险冲击的系数在1%的水平上显著为正，企业创新能力的系数在1%的水平上显著为负，说明系统风险冲击和企业创新能力对股票价格波动性的总效应显著存在。第(3)列显示，系统风险冲击的系数为-0.500，企业创新能力的系数为9.793，二者均在1%的水平上显著，表明系统风险冲击对企业经营绩效产生了负向影响，而企业创新能力对企业经营绩效具有正向促进作用。第(4)列显示，系统风险冲击与投资者情绪正相关，企业创新能力与投资者情绪负相关，且都达到了1%的显著性水平，说明系统风险冲击会增强投资者情绪，而企业创新能力会弱化投资者情绪。第(5)列和第(6)列同时纳入系统风险冲击、企业创新能力和中介变量时，企业经营绩效在5%的水平上与股票价格波动性显著正相关，投资者情绪在1%的水平上与股票价格波动性显著正相关。虽然系统风险冲击的系数仍显著为正，企业创新能力的系数仍显著为负，但是估计系数或者系数的绝对值明显变小，说明系统风险冲击和企业创新能力对股票价格波动性存在显著的直接效应。

总体来看，在系统风险冲击和企业创新能力对股票价格波动性的影响中，企业经营绩效和投资者情绪的总体中介效应显著存在。在系统风险冲击对股票价格波动性的影响中，总体中介效应占总效应的比例分别为30.19%(对应 *DEVI*)和29.44%(对应 *RANG*)；在企业创新能力对股票价格波动性的影响中，总体中介效应对总效应的贡献分别达到47.62%(对应 *DEVI*)和57.82%(对应 *RANG*)。从个体中介效应来看，“系统风险冲击(企业创新能力)—企业经营绩效—股票价格波动性”和“系统风险冲击(企业创新能力)—投资者情绪—股票价格波动性”两种传导机制都显著存在；但是，中国股票市场存在企业经营绩效与股票价格波动性相背离的现象，绩优并不能稳定股票价格，说明中国股票市场的有效性相对较弱。

6.3 进一步分析：基于分类样本的实证

6.3.1 基于国有企业样本的实证结果与分析

在全样本的基础上，进一步考察企业经营绩效和投资者情绪在系统风险冲击与企业创新能力对股票价格波动性影响中的中介效应在不同产权性质、行业及上市板块企业是否存在不同。由第 5 章的研究结论可知，系统风险冲击与企业创新能力对股票价格波动性的影响在国有企业、非国有企业、制造业企业、主板企业都显著存在。本节主要针对上述子样本做进一步的实证研究。首先，针对国有企业子样本，采用模型(6.1)至模型(6.12)进行回归分析。

6.3.1.1 系统风险冲击对股票价格波动性的影响路径

国有企业系统风险冲击对股票价格波动性影响路径的实证结果见表 6.5。表 6.5 的第(1)列和第(2)列显示，系统风险冲击的系数在 1%的水平上显著为正，表明系统风险冲击对股票价格波动性的总效应显著存在。第(3)列和第(4)列对中介变量的回归结果显示，系统风险冲击与企业经营绩效显著负相关，与投资者情绪显著正相关。第(5)列和第(6)列同时加入系统风险冲击和中介变量进行回归，企业经营绩效的系数并不显著，而投资者情绪的系数在 1%的水平上显著为正，说明企业绩效对股票价格波动性没有产生显著影响，而投资者情绪加剧了股票价格的波动。在控制了中介变量的影响后，系统风险冲击的估计系数依然显著，可见，系统风险冲击对股票价格波动性存在直接效应，企业经营绩效和投资者情绪在系统风险冲击与股票价格波动性的关系中具有部分中介效应。

表6.5 系统风险冲击对股票价格波动性的影响路径(国有企业)

变量	*DEVI*	*RANG*	*PERF*	*SENT*	*DEVI*	*RANG*
	(1)	(2)	(3)	(4)	(5)	(6)
CONS	2.300 (1.42)	0.443** (2.50)	108.224*** (2.79)	4.320*** (2.59)	1.446 (0.95)	0.138 (0.91)
SHOCK	0.341*** (24.37)	0.129*** (36.56)	-1.500*** (-4.01)	0.573*** (16.34)	0.238*** (14.88)	0.087*** (28.18)
PERF					0.0006 (0.68)	-0.0001 (-0.36)
SENT					0.182*** (28.42)	0.072*** (28.16)
SCAL	-0.099 (-1.47)	-0.021** (-2.40)	-5.552*** (-2.89)	-0.234*** (-2.74)	-0.053 (-0.85)	-0.004 (-0.61)
LEV	0.065 (0.58)	0.074** (2.14)	22.204*** (3.97)	0.487 (1.26)	-0.037 (-0.35)	0.040* (1.67)
CR	0.062 (0.54)	0.028 (0.67)	16.832** (2.51)	-0.409 (-0.80)	0.126 (1.36)	0.058** (2.52)
AGE	0.022*** (4.62)	0.009*** (6.85)	0.364 (1.34)	0.115*** (8.48)	0.000 (0.09)	0.000 (0.33)
INDU	控制	控制	控制	控制	控制	控制
R^2	0.2034	0.3736	0.0439	0.1370	0.3387	0.6490
F	331.25	274.48	4.43	112.34	260.74	462.40
N	3426	3426	3426	3426	3426	3426

注：第(3)列和第(4)列被解释变量为中介变量，其余列被解释变量为股票价格波动性；***、**、*分别表示1%、5%和10%的显著性水平；括号内为聚类稳健标准误对应的t值。

对应股票价格波动性*DEVI*和*RANG*，企业经营绩效和投资者情绪的总体中介效应分别为0.103和0.041。经过德尔塔法检验，总体中介效应显著存在，占总效应的比例分别为30.32%和32.10%。投资者情绪*SENT*的个体中介效应分别为0.104和0.041，系数γ_1和δ_3均在1%的水平上显著，说明投资者情绪的中介效应显著存在。企业经营绩效的中介效应分别为-0.001和0.0002，但β_1和δ_2的系数中有一个不显著，通过Sobel检验，*Z*值分别为-0.658和0.332，说明企业经营绩效在系统风险冲击与股票价格波动性的关系中不存在显著的中介效应。进一步构建比较函数，发现对应股票价格波动性 *DEVI* 和 *RANG*，*Z* 值分别为-5.772和-6.263，说明在系统风险冲击对股票价格波动性的影响中，企业经营绩效与投资者情绪这两种作用渠道存在显著差异。

6.3.1.2 企业创新能力对股票价格波动性的影响路径

国有企业创新能力对股票价格波动性影响路径的实证结果见表6.6。实证结果表明，企业创新能力对股票价格波动性的总效应显著存在，总体上能抑制股票价格波动。对中介变量的回归结果显示，企业创新能力与企业经营绩效在1%的水平上显著正相关，与投资者情绪在1%的水平上显著负相关，表明企业创新能力能促进企业经营绩效的提升，弱化投资者情绪。同时，在纳入企业创新能力和中介变量进行回归后，企业经营绩效的系数并不显著，投资者情绪的估计系数显著为正，表明企业经营绩效没有对股票价格波动性产生显著影响，而投资者情绪加剧了股票价格的波动。在控制了中介变量的影响后，企业创新能力的系数仍然显著为负，但系数绝对值明显减小，对应股票价格波动性 *DEVI* 和 *RANG*，企业创新能力对股票价格波动性的直接效应分别为-0.416和-0.123，说明企业经营绩效和投资者情绪在企业创新能力对股票价格波动性的影响中具有部分中介效应。

表6.6 企业创新能力对股票价格波动性的影响路径(国有企业)

变量	*DEVI*	*RANG*	*PERF*	*SENT*	*DEVI*	*RANG*
	(1)	(2)	(3)	(4)	(5)	(6)
CONS	3.164* (1.80)	0.761*** (3.09)	101.206*** (6.61)	6.059*** (3.29)	1.789 (1.10)	0.254 (1.31)
INNO	-0.996*** (-3.99)	-0.353*** (-4.18)	13.807*** (2.77)	-2.518*** (-3.85)	-0.416** (-2.19)	-0.123** (-2.36)
PERF					-0.0002 (-0.16)	-0.0003 (-1.48)
SENT					0.229*** (28.00)	0.089*** (28.94)
SCAL	-0.103 (-1.42)	-0.022* (-1.85)	-5.484*** (-7.40)	-0.246*** (-2.65)	-0.048 (-0.73)	-0.002 (-0.25)

续表

变量	*DEVI*	*RANG*	*PERF*	*SENT*	*DEVI*	*RANG*
	(1)	(2)	(3)	(4)	(5)	(6)
LEV	0.072 (0.54)	0.076* (1.70)	22.079*** (9.15)	0.507 (1.21)	−0.041 (−0.36)	0.039 (1.30)
CR	0.065 (0.45)	0.028 (0.53)	16.465*** (5.64)	−0.372 (−0.67)	0.153 (1.54)	0.067** (2.44)
AGE	−0.008 (−1.30)	−0.003* (−1.69)	0.533*** (4.62)	0.062*** (4.54)	−0.022*** (−3.69)	−0.008*** (−7.03)
INDU	控制	控制	控制	控制	控制	控制
R^2	0.0143	0.0226	0.0380	0.0281	0.2569	0.5046
F	18.04	416.70	18.23	198.50	115.57	2353.67
N	3426	3426	3426	3426	3426	3426

注：第(3)列和第(4)列被解释变量为中介变量，其余列被解释变量为股票价格波动性；***、**、*分别表示1%、5%和10%的显著性水平；括号内为聚类稳健标准误对应的 *t* 值。

对应股票价格波动性 *DEVI* 和 *RANG*，企业经营绩效和投资者情绪的总体中介效应分别为-0.579 和-0.228，德尔塔法检验的 *Z* 值分别为-13.528 和-6.152，说明总体中介效应显著存在，占总效应的比例分别为 58.17%和 64.66%。投资者情绪 *SENT* 的个体中介效应分别为-0.577 和-0.224，系数 γ_1 和 δ_3 均在 1%的水平上显著，说明投资者情绪具有显著的中介作用。企业经营绩效的中介效应分别为-0.003 和-0.004，由于系数 β_1 和 δ_2 中有一个不显著，通过 Sobel 检验，对应股票价格波动性 *DEVI* 和 *RANG*，*Z* 值分别为-0.154 和-1.319，说明企业经营绩效在企业创新能力对股票价格波动性影响中的个体中介效应并不显著。进一步构建比较函数可得，对应股票价格波动性 *DEVI* 和 *RANG*，*Z* 值分别为 2.766 和 3.204，说明企业创新能力会对股票价格波动性产生影响，经由企业经营绩效与经由投资者情绪这两种作用渠道存在显著差异。

6.3.1.3　系统风险冲击与企业创新能力对股票价格波动性的影响路径

采用模型(6.9)至模型(6.12)同时考察系统风险冲击和企业创新能力对股票价格波动性的影响路径，实证结果见表 6.7。

表 6.7　系统风险冲击与企业创新能力对股票价格波动性的影响路径（国有企业）

变量	*DEVI*	*RANG*	*PERF*	*SENT*	*DEVI*	*RANG*
	(1)	(2)	(3)	(4)	(5)	(6)
CONS	2.568 (1.54)	0.536*** (2.88)	103.790*** (6.80)	5.061*** (2.97)	1.581 (1.01)	0.178 (1.16)
SHOCK	0.339*** (24.71)	0.128*** (36.60)	−1.472*** (−5.17)	0.569*** (16.29)	0.237*** (14.94)	0.087*** (28.24)
INNO	−0.775*** (−3.59)	−0.270*** (−3.73)	12.847*** (2.58)	−2.147*** (−3.54)	−0.394** (−2.16)	−0.115** (−2.33)
PERF					0.0007 (0.73)	−0.0001 (−0.27)
SENT					0.181*** (28.28)	0.072*** (28.26)
SCAL	−0.104 (−1.50)	−0.022** (−2.41)	−5.483*** (−7.43)	−0.246*** (−2.83)	−0.055 (−0.87)	−0.005 (−0.68)
LEV	0.073 (0.65)	0.077** (2.21)	22.074*** (9.19)	0.509 (1.29)	−0.034 (−0.32)	0.041* (1.72)
CR	0.091 (0.81)	0.038 (0.93)	16.353*** (5.62)	−0.329 (−0.64)	0.139 (1.54)	0.062*** (2.72)
AGE	0.018*** (3.54)	0.007*** (5.46)	0.417*** (3.56)	0.106*** (7.43)	−0.001 (−0.25)	−0.000 (−0.14)
INDU	控制	控制	控制	控制	控制	控制
R^2	0.2067	0.3788	0.0459	0.1423	0.3396	0.6499
F	285.15	246.56	19.42	104.62	239.00	433.09
N	3426	3426	3426	3426	3426	3426

注：第(3)列和第(4)列被解释变量为中介变量，其余列被解释变量为股票价格波动性；***、**、* 分别表示1%、5%和10%的显著性水平；括号内为聚类稳健标准误对应的 *t* 值。

表 6.7 的第(1)列和第(2)列显示，股票价格波动性与系统风险冲击显著正相关，与企业创新能力显著负相关，系统风险冲击和企业创新能力对股票价格波动性的总效应显著存在。第(3)列显示，企业经营绩效与系统风险冲击在 1%的水平上显著负相关，与企业创新能力在 1%的水平上显著正相关。第(4)列显示，系统风险冲击与投资者情绪正相关，企业创新能力与投资者情绪负相关，且都达到了 1%的显著性水平，表明投资者情绪随系统风险冲击力度

增大而高涨，随企业创新能力提高而低落。第(5)列和第(6)列同时纳入系统风险冲击、企业创新能力和中介变量，企业经营绩效的系数并不显著，而投资者情绪的系数显著为正，系统风险冲击和企业创新能力的估计系数依然显著，但是估计系数或者系数的绝对值明显减小。进一步对总体中介效应和个体中介效应进行检验，发现在系统风险冲击对股票价格波动性的影响中，企业经营绩效和投资者情绪的总体中介效应显著存在，约占总效应的 30.00%；在企业创新能力对股票价格波动性的影响中，总体中介效应也显著存在，约占总效应的 48.98%(对应 *DEVI*)和 57.73%(对应 *RANG*)。但是，在上述影响中，企业经营绩效的个体中介效应都不显著，投资者情绪是系统风险冲击和企业创新能力对股票价格波动性产生影响的重要作用渠道。

6.3.2　基于非国有企业样本的实证结果与分析

6.3.2.1　系统风险冲击对股票价格波动性的影响路径

非国有企业系统风险冲击对股票价格波动性影响路径的实证结果见表 6.8。系统风险冲击对股票价格波动性的回归系数在 1%的水平上显著为正，说明系统风险冲击对股票价格波动性的总效应显著存在。系统风险冲击与企业经营绩效没有显著相关性，与投资者情绪在 1%的水平上显著正相关。表 6.8 的第(5)列和第(6)列同时纳入系统风险冲击和中介变量进行回归，企业经营绩效和投资者情绪的系数均显著为正，说明企业经营绩效和投资者情绪都会加剧股票价格的波动。在控制企业经营绩效和投资者情绪的影响后，系统风险冲击的系数明显变小，分别由 0.328 和 0.150 降为 0.228 和 0.107，且在 1%的水平上显著，说明企业经营绩效和投资者情绪起到了部分中介效应。

表 6.8　系统风险冲击对股票价格波动性的影响路径(非国有企业)

变量	*DEVI*	*RANG*	*PERF*	*SENT*	*DEVI*	*RANG*
	(1)	(2)	(3)	(4)	(5)	(6)
CONS	2.178*** (9.77)	1.018*** (9.37)	48.331*** (5.64)	8.653*** (8.15)	0.648*** (3.80)	0.372*** (4.60)
SHOCK	0.328*** (76.09)	0.150*** (61.12)	−0.032 (−0.13)	0.580*** (27.42)	0.228*** (48.52)	0.107*** (47.11)

续表

变量	DEVI (1)	RANG (2)	PERF (3)	SENT (4)	DEVI (5)	RANG (6)
PERF					0.0008*** (2.68)	0.0002* (1.92)
SENT					0.173*** (28.66)	0.073*** (30.77)
SCAL	-0.099*** (-8.24)	-0.050*** (-8.62)	-2.609*** (-5.70)	-0.359*** (-6.11)	-0.035*** (-4.00)	-0.023*** (-5.50)
LEV	0.180*** (4.02)	0.094*** (4.41)	9.968*** (6.22)	0.513** (2.54)	0.084*** (2.82)	0.054*** (3.69)
CR	0.094* (1.67)	0.063** (2.27)	6.850*** (3.18)	-1.398*** (-5.11)	0.330*** (8.40)	0.164*** (8.77)
AGE	0.024*** (8.24)	0.013*** (9.42)	0.572*** (4.53)	0.056*** (3.64)	0.014*** (7.08)	0.009*** (9.22)
INDU	控制	控制	控制	控制	控制	控制
R^2	0.3788	0.3793	0.0083	0.1502	0.6201	0.5889
F	1208.80	706.63	9.66	173.15	4448.81	712.18
N	7308	7308	7308	7308	7308	7308

注：第(3)列和第(4)列被解释变量为中介变量，其余列被解释变量为股票价格波动性；***、**、*分别表示1%、5%和10%的显著性水平；括号内为聚类稳健标准误对应的 t 值。

对应股票价格波动性 *DEVI* 和 *RANG*，企业经营绩效和投资者情绪的总体中介效应分别为0.100和0.042。经过德尔塔法检验，*DEVI* 和 *RANG* 对应的 *Z* 值分别为12.610和14.814，说明总体中介效应显著存在，占总效应的比例分别为30.58%和28.22%。投资者情绪 *SENT* 的个体中介效应分别为0.100和0.042，系数 γ_1 和 δ_3 均在1%的水平上显著，说明投资者情绪的中介效应显著存在。企业经营绩效的中介效应分别为-0.00003和-0.00001，β_1 和 δ_2 的系数中有一个不显著，进一步的Sobel检验表明，企业经营绩效的个体中介效应并不显著。进一步构建比较函数，结果显示，对应股票价格波动性 *DEVI* 和 *RANG*，*Z* 值分别为-19.100和-19.824，说明在系统风险冲击对股票价格波动性的正向影响中，企业经营绩效与投资者情绪这两种作用渠道存在显著差异。

6.3.2.2　企业创新能力对股票价格波动性的影响路径

非国有企业创新能力对股票价格波动性影响路径的实证结果见表6.9。结果显示，企业创新能力对股票价格波动性的总效应显著存在，总体上能够降低股票价格波动性。企业创新能力与企业经营绩效没有显著相关性，与投资者情绪显著负相关，表明企业创新能力没有对企业经营绩效产生显著影响，但是能够弱化投资者情绪。在纳入企业创新能力和中介变量后，投资者情绪与股票价格波动性显著正相关，企业经营绩效对股票价格波动性的影响没有一致性结论；企业创新能力对股票价格波动性 *DEVI* 和 *RANG* 的直接效应显著存在，分别为-0.183和-0.161，说明企业经营绩效和投资者情绪在企业创新能力抑制股票价格波动性中具有部分中介效应。

表6.9　企业创新能力对股票价格波动性的影响路径（非国有企业）

变量	*DEVI*	*RANG*	*PERF*	*SENT*	*DEVI*	*RANG*
	(1)	(2)	(3)	(4)	(5)	(6)
CONS	2.876*** (10.96)	1.339*** (10.62)	48.054*** (5.62)	9.906*** (9.03)	0.669*** (3.40)	0.386*** (4.24)
INNO	-0.473*** (-2.86)	-0.288*** (-3.74)	5.065 (1.06)	-1.339** (-2.17)	-0.183* (-1.88)	-0.161*** (-3.33)
PERF					0.0007** (2.22)	0.0002 (1.55)
SENT					0.219*** (29.45)	0.095*** (30.97)
SCAL	-0.104*** (-7.17)	-0.052*** (-7.45)	-2.646*** (-5.77)	-0.364*** (-5.88)	-0.022** (-2.18)	-0.017*** (-3.41)
LEV	0.243*** (4.37)	0.123*** (4.67)	9.957*** (6.22)	0.625*** (2.91)	0.099*** (2.78)	0.061*** (3.57)
CR	-0.022 (-0.30)	0.010 (0.28)	6.868*** (3.19)	-1.604*** (-5.44)	0.325*** (6.86)	0.161*** (7.40)
AGE	-0.004 (-1.18)	-0.000 (-0.05)	0.589*** (4.70)	0.004 (0.23)	-0.006** (-2.18)	-0.001 (-0.47)
INDU	控制	控制	控制	控制	控制	控制
R^2	0.0308	0.0322	0.0085	0.0368	0.4714	0.4318

续表

变量	DEVI	RANG	PERF	SENT	DEVI	RANG
	(1)	(2)	(3)	(4)	(5)	(6)
F	198.90	77.75	9.85	33.12	737.10	361.95
N	7308	7308	7308	7308	7308	7308

注：第(3)列和第(4)列被解释变量为中介变量，其余列被解释变量为股票价格波动性；***、**、*分别表示1%、5%和10%的显著性水平；括号内为聚类稳健标准误对应的 t 值。

对应股票价格波动性 *DEVI* 和 *RANG*，总体中介效应分别为-0.290 和-0.126，德尔塔法检验的 Z 值分别为-2.068 和-2.115，说明总体中介效应显著存在，占总效应的比例分别为61.25%和43.82%。投资者情绪 *SENT* 的个体中介效应分别为-0.293 和-0.127，系数 γ_1 和 δ_3 均显著，说明投资者情绪的中介作用显著存在。企业经营绩效的中介效应分别为 0.004 和 0.001，经过 Sobel 检验，Z 值分别为 0.965 和 0.937，可知企业经营绩效的个体中介效应并不显著。通过构建比较函数可得，对应股票价格波动性 *DEVI* 和 *RANG*，Z 值分别为 2.136 和 2.131，说明企业创新能力抑制股票价格波动性中，企业经营绩效与投资者情绪这两种作用渠道存在显著差异。

6.3.2.3 系统风险冲击与企业创新能力对股票价格波动性的影响路径

采用模型(6.9)至模型(6.12)同时考察非国有企业系统风险冲击和企业创新能力对股票价格波动性的影响路径，结果见表 6.10。可以看出，系统风险冲击和企业创新能力对股票价格波动性的总效应都显著存在。系统风险冲击和企业创新能力都没有对企业经营绩效产生显著影响，但是系统风险冲击与投资者情绪显著正相关，而企业创新能力与投资者情绪显著负相关。表 6.10 的第(5)列和第(6)列同时纳入系统风险冲击、企业创新能力和中介变量后，企业经营绩效和投资者情绪的系数均显著为正。系统风险冲击的系数依然显著，但系数值明显减小；企业创新能力系数的绝对值也明显减小，但是对股票价格波动性 *DEVI* 和 *RANG* 的回归系数的显著性并不一致。进一步对中介效应进行检验，结果表明，企业经营绩效和投资者情绪在系统风险冲击与股票价格波动性关系中的总体中介效应显著存在，约占总效应的 30.48%(对应 *DEVI*)和 28.32%(对应 *RANG*)；在企业创新能力抑制股票价格波动性中的总体中介效应也显著存在，约占总效应的65.81%(对应*DEVI*)和36.83%(对应*RANG*)；但是，在系统风险冲击和企业创新能力对股票价格波动性的影响中，企业经营绩效的个体中介效应都不显著，投资者情绪均发挥了重要中介作用。

表6.10　系统风险冲击与企业创新能力对股票价格波动性的影响路径(非国有企业)

变量	*DEVI*	*RANG*	*PERF*	*SENT*	*DEVI*	*RANG*
	(1)	(2)	(3)	(4)	(5)	(6)
CONS	2.189*** (9.91)	1.026*** (9.58)	48.102*** (5.61)	8.695*** (13.01)	0.652*** (3.80)	0.378*** (4.65)
SHOCK	0.328*** (76.14)	0.149*** (61.03)	−0.023 (−0.09)	0.578*** (30.46)	0.228*** (48.50)	0.107*** (47.06)
INNO	−0.237* (−1.86)	−0.180*** (−2.99)	5.049 (1.06)	−0.922** (−2.48)	−0.082 (−1.01)	−0.114*** (−2.72)
PERF					0.0007*** (2.70)	0.0002* (1.93)
SENT					0.173*** (28.67)	0.073*** (30.81)
SCAL	−0.098*** (−8.08)	−0.049*** (−8.39)	−2.646*** (−5.77)	−0.352*** (−9.84)	−0.035*** (−3.91)	−0.022*** (−5.23)
LEV	0.180*** (4.03)	0.094*** (4.43)	9.961*** (6.22)	0.514*** (4.12)	0.084*** (2.82)	0.054*** (3.71)
CR	0.094* (1.67)	0.062** (2.29)	6.860*** (3.19)	−1.340*** (−8.35)	0.330*** (8.38)	0.163*** (8.73)
AGE	0.024*** (7.95)	0.013*** (8.96)	0.587*** (4.62)	0.053*** (5.37)	0.014*** (6.91)	0.009*** (8.71)
INDU	控制	控制	控制	控制	控制	控制
R^2	0.3793	0.3806	0.0085	0.1510	0.6201	0.5894
F	1166.02	618.68	8.44	175.17	4585.89	673.32
N	7308	7308	7308	7308	7308	7308

注：第(3)列和第(4)列被解释变量为中介变量，其余列被解释变量为股票价格波动性；***、**、*分别表示1%、5%和10%的显著性水平；括号内为聚类稳健标准误对应的*t*值。

6.3.3 基于制造业企业样本的实证结果与分析

6.3.3.1 系统风险冲击对股票价格波动性的影响路径

制造业企业系统风险冲击对股票价格波动性影响路径的实证结果见表6.11。基于模型(6.9)至模型(6.12)的回归结果显示，系统风险冲击对股票价格波动性的回归系数在1%的水平上显著为正，表明系统风险冲击对股票价格波动性的总效应显著存在。系统风险冲击在1%的水平上与企业经营绩效显著负相关，与投资者情绪显著正相关。表6.11的第(5)列和第(6)列显示，企业经营绩效的系数并不显著，投资者情绪的系数在1%的水平上显著为正，说明企业经营绩效对股票价格波动性没有产生显著影响，而投资者情绪将加剧股票价格波动。在控制中介变量的影响后，系统风险冲击的估计系数显著为正，但系数值明显变小，分别由0.334和0.144降为0.234和0.102，说明系统风险冲击对股票价格波动性存在直接效应，企业经营绩效和投资者情绪在系统风险冲击与股票价格波动性的关系中发挥了部分中介效应。

表6.11 系统风险冲击对股票价格波动性的影响路径(制造业企业)

变量	*DEVI*	*RANG*	*PERF*	*SENT*	*DEVI*	*RANG*
	(1)	(2)	(3)	(4)	(5)	(6)
CONS	2.068*** (6.33)	0.837*** (7.84)	50.292* (1.78)	6.839*** (6.57)	0.753*** (2.83)	0.292*** (4.00)
SHOCK	0.334*** (55.54)	0.144*** (64.58)	−0.683*** (−2.90)	0.542*** (27.55)	0.234*** (33.10)	0.102*** (50.32)
PERF					0.0006 (1.57)	0.0001 (1.17)
SENT					0.172*** (32.40)	0.072*** (36.09)
SCAL	−0.091*** (−6.38)	−0.040*** (−7.30)	−2.596* (−1.78)	−0.301*** (−5.49)	−0.031*** (−3.00)	−0.015*** (−4.11)
LEV	0.151*** (3.41)	0.082*** (4.12)	12.136*** (3.12)	0.300 (1.58)	0.087*** (2.92)	0.057*** (4.10)
CR	0.045 (0.58)	0.040* (1.78)	5.280 (1.36)	−0.864*** (−3.67)	0.202*** (2.77)	0.105*** (6.77)

续表

变量	*DEVI*	*RANG*	*PERF*	*SENT*	*DEVI*	*RANG*
	(1)	(2)	(3)	(4)	(5)	(6)
AGE	0.021***	0.011***	0.400	0.075***	0.006*	0.005***
	(5.28)	(10.68)	(1.46)	(6.59)	(1.68)	(6.22)
NATU	控制	控制	控制	控制	控制	控制
R^2	0.2806	0.3746	0.0115	0.1204	0.4592	0.6018
F	1029.59	730.70	2.82	142.84	913.53	715.81
N	8967	8967	8967	8967	8967	8967

注：第(3)列和第(4)列被解释变量为中介变量，其余列被解释变量为股票价格波动性；***、*分别表示1%和10%的显著性水平；括号内为聚类稳健标准误对应的 *t* 值。

对应股票价格波动性 *DEVI* 和 *RANG*，企业经营绩效和投资者情绪的总体中介效应分别为 0.093 和 0.039。德尔塔法检验表明，总体中介效应显著存在，约占总效应的 27%。对应股票价格波动性 *DEVI* 和 *RANG*，投资者情绪 *SENT* 的中介效应分别为 0.093 和 0.039，系数 γ_1 和 δ_3 均在 1%的水平上显著，说明投资者情绪的中介效应显著存在。企业经营绩效的中介效应分别为-0.0004和-0.0001，β_1 和 δ_2 的系数有一个不显著，Sobel 检验表明，企业经营绩效的个体中介效应并不显著。进一步构建比较函数考察企业经营绩效和投资者情绪两种中介效应是否存在显著差异，结果显示，对应股票价格波动性 *DEVI* 和 *RANG*，*Z* 值分别为-11.310 和-14.053，说明在系统风险冲击对股票价格波动性的关系中，企业经营绩效与投资者情绪这两种作用渠道存在显著差异。

6.3.3.2 企业创新能力对股票价格波动性的影响路径

制造业企业创新能力对股票价格波动性影响路径的实证结果见表 6.12。结果显示，企业创新能力的系数在 1%的水平上显著为负，说明其对股票价格波动性的总效应显著存在。企业创新能力与企业经营绩效显著正相关，与投资者情绪显著负相关，表明企业创新能力能够促进企业经营绩效的提升，弱化投资者情绪。同时，纳入企业创新能力和中介变量进行回归，企业经营绩效的系数并不显著，投资者情绪的系数在 1%的水平上显著为正，表明制造业企业经营绩效对股票价格波动性没有产生显著影响，而投资者情绪加剧了股票价格的波动；企业创新能力的系数依然显著，但系数绝对值明显变小，对股票价格波动性 *DEVI* 和 *RANG* 的直接效应分别为-0.283 和-0.160，说明制造业企业的经营绩效和投资者情绪在企业创新能力与股票价格波动性之间产生了部分中介效应。

表 6.12　企业创新能力对股票价格波动性的影响路径（制造业企业）

变量	*DEVI*	*RANG*	*PERF*	*SENT*	*DEVI*	*RANG*
	(1)	(2)	(3)	(4)	(5)	(6)
CONS	2.790*** (7.34)	1.151*** (8.75)	50.461*** (6.55)	8.769*** (7.41)	0.845*** (2.96)	0.337*** (4.09)
INNO	-0.747*** (-5.28)	-0.357*** (-5.73)	6.340* (1.71)	-2.122*** (-4.48)	-0.283*** (-3.05)	-0.160*** (-3.84)
PERF					0.0003 (0.75)	-0.0001 (-0.05)
SENT					0.219*** (34.16)	0.092*** (36.11)
SCAL	-0.093*** (-5.43)	-0.041*** (-5.94)	-2.727*** (-6.82)	-0.331*** (-5.37)	-0.019 (-1.64)	-0.010** (-2.26)
LEV	0.207*** (3.71)	0.107*** (4.26)	12.704*** (9.03)	0.432** (1.97)	0.108*** (3.05)	0.067*** (4.06)
CR	-0.029 (-0.32)	0.007 (0.27)	5.368*** (3.22)	-1.068*** (-4.00)	0.202*** (2.63)	0.105*** (6.02)
AGE	-0.008* (-1.68)	-0.002 (-1.41)	0.491*** (5.40)	0.031*** (2.60)	-0.015*** (-3.47)	-0.005*** (-5.24)
NATU	控制	控制	控制	控制	控制	控制
R^2	0.0174	0.0214	0.0123	0.0246	0.3439	0.4436
F	13.41	26.78	17.58	14.00	173.84	217.98
N	8967	8967	8967	8967	8967	8967

注：第(3)列和第(4)列被解释变量为中介变量，其余列被解释变量为股票价格波动性；***、**、*分别表示1%、5%和10%的显著性水平；括号内为聚类稳健标准误对应的 *t* 值。

对应股票价格波动性 *DEVI* 和 *RANG*，总体中介效应分别为-0.463 和-0.196，德尔塔法检验表明，总体中介效应显著存在，占总效应的比例分别为61.96%和54.86%。投资者情绪 *SENT* 的中介效应分别为-0.465 和-0.195，系数 γ_1 和 δ_3 均在1%的水平上显著，说明投资者情绪的个体中介效应显著存在。对应股票价格波动性 *DEVI* 和 *RANG*，企业经营绩效的中介效应分别为 0.002 和-0.0006，经过 Sobel 检验，*Z* 值分别为 0.687 和-0.050，可知企业经营绩效的个体中介效应并不显著。通过构建比较函数可得，对应股票价格波动性 *DEVI* 和 *RANG*，*Z* 值分别为 4.044 和 2.319，说明在企业创新能力与股票价格波动性的关系中，企业经营绩效与投资者情绪这两种作用渠道并不等效。

6.3.3.3　系统风险冲击与企业创新能力对股票价格波动性的影响路径

制造业企业系统风险冲击和企业创新能力对股票价格波动性影响路径的实证结果见表 6.13。表 6.13 的第(1)列和第(2)列显示，系统风险冲击和企业创新能力对股票价格波动性的总效应显著存在。第(3)列和第(4)列显示，系统风险冲击与企业经营绩效显著负相关，与投资者情绪显著正相关；企业创新能力与企业经营绩效显著正相关，与投资者情绪显著负相关。第(5)列和第(6)列同时纳入系统风险冲击、企业创新能力和中介变量后，企业经营绩效的系数并不显著，投资者情绪的系数在 1%的水平上显著为正，表明制造业企业经营绩效没有对上市公司股票价格波动性产生显著影响，但投资者情绪加剧了股票价格的波动；系统风险冲击和企业创新能力的估计系数依然显著，但系数值或者系数的绝对值都明显减小。进一步对中介效应的检验表明，企业经营绩效和投资者情绪在系统风险冲击与股票价格波动性之间的总体中介效应显著存在，约占总效应的 29.47%（对应 *DEVI*）和 28.80%（对应 *RANG*）；企业经营绩效和投资者情绪在企业创新能力与股票价格波动性关系中的总体中介效应显著存在，约占总效应的 57.59%（对应 *DEVI*）和 48.37%（对应 *RANG*）；不管是在系统风险冲击还是在企业创新能力对股票价格波动性的影响中，企业经营绩效的个体中介效应都不显著，投资者情绪均发挥了重要中介作用。

表 6.13　系统风险冲击与企业创新能力对股票价格波动性的影响路径（制造业企业）

变量	*DEVI*	*RANG*	*PERF*	*SENT*	*DEVI*	*RANG*
	(1)	(2)	(3)	(4)	(5)	(6)
CONS	2.127*** (6.54)	0.866*** (8.27)	51.862*** (6.73)	7.642*** (7.00)	0.780*** (2.91)	0.309*** (4.23)

续表

变量	DEVI	RANG	PERF	SENT	DEVI	RANG
	(1)	(2)	(3)	(4)	(5)	(6)
SHOCK	0.333*** (55.87)	0.143*** (64.55)	−0.716*** (−3.63)	0.573*** (28.86)	0.234*** (33.21)	0.102*** (50.39)
INNO	−0.496*** (−4.41)	−0.249*** (−4.94)	5.791* (1.75)	−1.681*** (−3.85)	−0.209*** (−2.61)	−0.128*** (−3.48)
PERF					0.0006 (1.60)	0.0001 (1.23)
SENT					0.172*** (32.31)	0.072*** (36.22)
SCAL	−0.088*** (−6.25)	−0.039*** (−7.11)	−2.736*** (−6.85)	−0.324*** (−5.67)	−0.030*** (−2.92)	−0.015*** (−3.93)
LEV	0.156*** (3.55)	0.085*** (4.28)	12.808*** (9.11)	0.350* (1.71)	0.089*** (3.01)	0.058*** (4.23)
CR	0.043 (0.55)	0.038* (1.79)	5.204*** (3.12)	−0.936*** (−3.85)	0.200*** (2.74)	0.105*** (6.83)
AGE	0.019*** (4.69)	0.010*** (9.50)	0.433*** (4.68)	0.078*** (6.69)	0.005 (1.42)	0.004*** (5.39)
NATU	控制	控制	控制	控制	控制	控制
R^2	0.2822	0.3777	0.0138	0.1370	0.4595	0.6026
F	883.89	627.72	16.96	136.47	821.94	636.16
N	8967	8967	8967	8967	8967	8967

注：第(3)列和第(4)列被解释变量为中介变量，其余列被解释变量为股票价格波动性；***、*分别表示1%和10%的显著性水平；括号内为聚类稳健标准误对应的 t 值。

6.3.4 基于主板企业样本的实证结果与分析

6.3.4.1 系统风险冲击对股票价格波动性的影响路径

主板企业系统风险冲击对股票价格波动性影响路径的实证结果见表6.14。系统风险冲击对股票价格波动性的回归系数在1%的水平上显著为正，说明系统风险冲击对股票价格波动性的总效应显著存在。系统风险冲击对企业经营绩效的回归系数在1%的水平上显著为负，对投资者情绪的回归系数在1%的水平上显著为正，表明系统风险冲击对企业经营绩效造成了负面影响，增强了投资者情绪。表 6. 14 的第(5)列和第(6)列同时纳入系统风险冲击和中介变量进行回归，结果显示，企业经营绩效的系数并不显著，投资者情绪的系数在 1%的水平上显著为正，说明主板企业经营绩效对其股票价格波动性没有产生显著影响，绩优并不能稳定股票价格，投资者情绪加剧了股票价格的波动。在控制中介变量的影响后，系统风险冲击的系数仍显著，表明系统风险冲击对股票价格波动性具有正向的直接效应。

表 6. 14 系统风险冲击对股票价格波动性的影响路径(主板企业)

变量	*DEVI*	*RANG*	*PERF*	*SENT*	*DEVI*	*RANG*
	(1)	(2)	(3)	(4)	(5)	(6)
CONS	2. 564* (1. 74)	0. 631*** (3. 10)	112. 916*** (2. 85)	6. 083*** (4. 27)	1. 362 (1. 01)	0. 173 (1. 09)
SHOCK	0. 341*** (24. 74)	0. 127*** (37. 46)	-1. 414*** (-3. 99)	0. 612*** (16. 97)	0. 229*** (13. 90)	0. 082*** (28. 24)
PERF					0. 0007 (0. 78)	0. 0001 (0. 61)
SENT					0. 184*** (22. 18)	0. 074*** (23. 37)
SCAL	-0. 114* (-1. 87)	-0. 030*** (-3. 13)	-5. 789*** (-3. 02)	-0. 317*** (-4. 36)	-0. 051 (-0. 94)	-0. 007 (-0. 86)
LEV	0. 093 (0. 89)	0. 075** (2. 24)	20. 672*** (3. 92)	0. 332 (0. 91)	0. 017 (0. 17)	0. 048** (2. 03)
CR	0. 163* (1. 94)	0. 060 (1. 51)	14. 297** (2. 28)	-0. 154 (-0. 36)	0. 181*** (2. 87)	0. 070*** (2. 82)
AGE	0. 021*** (4. 53)	0. 009*** (6. 76)	0. 507* (1. 89)	0. 114*** (8. 77)	0. 000 (0. 03)	0. 000 (0. 24)
NATU	控制	控制	控制	控制	控制	控制
INDU	控制	控制	控制	控制	控制	控制
R^2	0. 2082	0. 3703	0. 0450	0. 1476	0. 3488	0. 6605
F	336. 28	228. 98	3. 90	69. 80	241. 29	409. 48
N	3518	3518	3518	3518	3518	3518

注：第(3)列和第(4)列被解释变量为中介变量，其余列被解释变量为股票价格波动性；***、**、*分别表示 1%、5%和 10%的显著性水平；括号内为聚类稳健标准误对应的 *t* 值。

对应股票价格波动性 *DEVI* 和 *RANG*，企业经营绩效和投资者情绪的总体中介效应分别为 0. 112 和 0. 045。德尔塔法检验表明，总体中介效应显著存在，分别占总效应的 32. 73%和 35. 55%。投资者情绪 *SENT* 的中介效应分别为 0. 113 和 0. 045，系数 γ_1 和 δ_3 均在 1%的水平上显著，说明投资者情绪的中介效应显著存在。企业经营绩效的中介效应分别为-0. 001 和-0. 0001，β_1 和 δ_2 的系数中有一个不显著，进一步进行 Sobel 检验，表明企业经营绩效的个体中介效应并不显著。通过构建比较函数可得，对应股票价格波动性 *DEVI* 和 *RANG*，*Z* 值分别为-6. 008和-8. 039，说明在系统风险冲击对股票价格波动性的影响中，企业经营绩效与投资者情绪的个体中介效应存在显著差异。

6. 3. 4. 2　企业创新能力对股票价格波动性的影响路径

主板企业创新能力对股票价格波动性影响路径的实证结果见表 6. 15。可以看出，企业创新能力对股票价格波动性的总效应显著存在，总体上能降低股票价格波动。企业创新能力与企业经营绩效显著正相关，与投资者情绪显著负相关，表明企业创新能力能够促进企业经营绩效提升，弱化投资者情绪。表 6. 15 的第(5)列和第(6)列同时纳入企业创新能力和中介变量进行回归，结果表明，企业创新能力的系数仍显著，对股票价格波动性 *DEVI* 和 *RANG* 的直接效应分别为-0. 428和-0. 144，说明企业经营绩效和投资者情绪在企业创新能力对股票价格波动性的影响中具有部分中介效应。

表 6. 15　企业创新能力对股票价格波动性的影响路径(主板企业)

变量	*DEVI*	*RANG*	*PERF*	*SENT*	*DEVI*	*RANG*
	(1)	(2)	(3)	(4)	(5)	(6)
CONS	3. 223** (2. 10)	0. 877*** (3. 71)	108. 278*** (7. 54)	7. 446*** (4. 60)	1. 499 (1. 09)	0. 220 (1. 30)
INNO	-1. 124*** (-5. 06)	-0. 418*** (-5. 07)	15. 107*** (3. 17)	-3. 004*** (-4. 60)	-0. 428*** (-2. 74)	-0. 144*** (-2. 80)
PERF					-0. 0001 (-0. 10)	-0. 0002 (-0. 75)
SENT					0. 232*** (24. 40)	0. 091*** (25. 37)

续表

变量	*DEVI*	*RANG*	*PERF*	*SENT*	*DEVI*	*RANG*
	(1)	(2)	(3)	(4)	(5)	(6)
SCAL	-0.108* (-1.71)	-0.028** (-2.43)	-5.828*** (-8.42)	-0.305*** (-3.71)	-0.038 (-0.68)	-0.002 (-0.20)
LEV	0.158 (1.26)	0.099** (2.29)	20.215*** (9.03)	0.465 (1.19)	0.050 (0.45)	0.060** (2.03)
CR	0.243* (1.94)	0.089* (1.75)	13.530*** (4.93)	0.030 (0.06)	0.236*** (2.93)	0.089*** (3.09)
AGE	-0.009 (-1.54)	-0.003* (-1.89)	0.675*** (6.11)	0.054*** (4.11)	-0.022*** (-3.76)	-0.008*** (-7.30)
NATU	控制	控制	控制	控制	控制	控制
INDU	控制	控制	控制	控制	控制	控制
R^2	0.0180	0.0303	0.0404	0.0279	0.2726	0.5345
F	16.90	224.14	17.51	80.10	93.46	7570.98
N	3518	3518	3518	3518	3518	3518

注：第(3)列和第(4)列被解释变量为中介变量，其余列被解释变量为股票价格波动性；***、**、*分别表示1%、5%和10%的显著性水平；括号内为聚类稳健标准误对应的 *t* 值。

从总体中介效应来看，对应股票价格波动性 *DEVI* 和 *RANG*，总体中介效应分别为-0.698 和-0.276，德尔塔法检验表明，总体中介效应显著存在，占总效应的比例分别为 62.14%和 66.12%。在个体中介效应方面，对应股票价格波动性 *DEVI* 和 *RANG*，投资者情绪 *SENT* 的中介效应分别为-0.697 和-0.273，系数 γ_1 和 δ_3 均在 1%的水平上显著，说明投资者情绪的中介作用显著存在；企业经营绩效的中介效应分别为-0.002 和-0.003，进一步的 Sobel 检验表明，企业经营绩效在企业创新能力与股票价格波动性关系中的中介效应并不显著。通过构建比较函数可得，对应股票价格波动性 *DEVI* 和 *RANG*，*Z* 值分别为 3.276 和 3.529，说明在企业创新能力对股票价格波动性的影响中，经由企业经营绩效与经由投资者情绪这两种作用渠道存在显著差异。

6.3.4.3　系统风险冲击与企业创新能力对股票价格波动性的影响路径

采用模型(6.9)至模型(6.12)同时考察主板企业系统风险冲击和企业创新能力对股票价格波动性的影响路径，实证结果见表 6.16。表 6.16 的第(1)列和第(2)列显示，系统风险冲击和企业创新能力对股票价格波动性的总效应显著存在。第(3)列和第(4)列显示，系统风险冲击与企业经营绩效显著负相关，与投资者情绪显著正相关；企业创新能力与企业经营绩效显著正相关，与投资者情绪显著负相关。第(5)列和第(6)列同时纳入系统风险冲击、企业创新能力和中介变量进行回归，企业经营绩效的系数并不显著，投资者情绪的系数显著为正，系统风险冲击和企业创新能力的系数仍然显著，但系数值或者系数的绝对值明显减小，表明企业经营绩效和投资者情绪在该过程发挥了部分中介效应。进一步对总体中介效应和个体中介效应的检验表明，企业经营绩效和投资者情绪在系统风险冲击与股票价格波动性关系中的总体中介效应显著存在，约占总效应的32.43%(对应*DEVI*)和34.94%(对应*RANG*)；企业经营绩效和投资者情绪在企业创新能力与股票价格波动性之间的总体中介效应也显著存在，约占总效应的52.33%(对应*DEVI*)和56.96%(对应*RANG*)。但是，在系统风险冲击与企业创新能力对股票价格波动性的影响中，“系统风险冲击(企业创新能力)—企业经营绩效—股票价格波动性”的传导机制并不显著，“系统风险冲击(企业创新能力)—投资者情绪—股票价格波动性”的传导机制则显著存在。

表6.16　系统风险冲击与企业创新能力对股票价格波动性的影响路径(主板企业)

变量	*DEVI*	*RANG*	*PERF*	*SENT*	*DEVI*	*RANG*
	(1)	(2)	(3)	(4)	(5)	(6)
CONS	2.726* (1.85)	0.692*** (3.46)	110.302*** (7.71)	6.557*** (4.50)	1.441 (1.06)	0.199 (1.30)
SHOCK	0.338*** (24.92)	0.126*** (37.55)	−1.378*** (−4.97)	0.605*** (16.92)	0.229*** (13.93)	0.082*** (28.31)
INNO	−0.872*** (−4.60)	−0.325*** (−4.58)	14.083*** (2.96)	−2.555*** (−4.22)	−0.417*** (−2.80)	−0.140*** (−2.86)
PERF					0.0008 (0.85)	0.0001 (0.78)
SENT					0.183*** (21.87)	0.073*** (23.30)
SCAL	−0.112* (−1.84)	−0.030*** (−3.03)	−5.812*** (−8.43)	−0.312*** (−4.16)	−0.051 (−0.93)	−0.006 (−0.84)

续表

变量	DEVI	RANG	PERF	SENT	DEVI	RANG
	(1)	(2)	(3)	(4)	(5)	(6)
LEV	0.109 (1.04)	0.081** (2.43)	20.411*** (9.14)	0.379 (1.03)	0.024 (0.24)	0.050** (2.15)
CR	0.200** (2.34)	0.074* (1.95)	13.703*** (5.01)	-0.045 (-0.11)	0.198*** (3.09)	0.075*** (3.13)
AGE	0.018*** (3.53)	0.007*** (5.28)	0.564*** (5.03)	0.103*** (7.56)	-0.001 (-0.32)	-0.001 (-0.32)
NATU	控制	控制	控制	控制	控制	控制
INDU	控制	控制	控制	控制	控制	控制
R^2	0.2126	0.3782	0.0475	0.1553	0.3498	0.6619
F	294.34	212.31	18.42	66.18	229.63	402.29
N	3518	3518	3518	3518	3518	3518

注：第(3)列和第(4)列被解释变量为中介变量，其余列被解释变量为股票价格波动性；***、**、*分别表示1%、5%和10%的显著性水平；括号内为聚类稳健标准误对应的t值。

6.4　本章小结

一般而言，系统风险冲击会通过影响企业外部运营环境使上市公司经营绩效恶化，同时引起投资者心理预期和投资者情绪变化，进而对上市公司股票价格波动性产生重要影响。企业创新能力是衡量企业核心竞争力和未来发展潜力的重要指标：一方面，可能通过生产率的提升和竞争优势的形成对企业经营绩效产生积极作用；另一方面，可能通过“信号显示”机制影响投资者情绪及其交易决策行为。因此，系统风险冲击和企业创新能力都可能通过企业经营绩效和投资者情绪两种作用渠道对上市公司股票价格波动性产生影响。

本章以中国A股非金融类上市公司为样本，以净资产收益率(*ROE*)衡量企业经营绩效，以换手率度量个股层面的投资者情绪，实证研究了企业经营绩效与投资者情绪在系统风险冲击和企业创新能力对股票价格波动性影响中的中介效应。研究结果表明：第一，系统风险冲击与企业经营绩效显著负相关，与投资者情绪显著正相关，企业创新能力能够促进企业经营绩效提升，弱化投资者情绪；第二，企业经营绩效并没有起到降低股票价格波动的作用，而投资者情绪加剧了上市公司股票价格波动，说明中国股票市场存在企业基本面同其股票价格波动性相背离的现象，绩优并未能稳定股价，也从侧面展现了中国股票市场有效性相对较弱的现实；第三，企业经营绩效和投资者情绪是系统风险冲击与企业创新能力影响上市公司股票价格波动性的两种重要渠道，总体中介效应显著存在，且体现为部分中介效应；第四，进一步对国有企业、非国有企业、制造业企业和主板企业子样本的实证研究发现，无论是在系统风险冲击还是企业创新能力与股票价格波动性的关系中，企业经营绩效和投资者情绪的总体中介效应都显著存在，但是，“系统风险冲击（企业创新能力）—企业经营绩效—股票价格波动性”的传导机制并不显著，而“系统风险冲击（企业创新能力）—投资者情绪—股票价格波动性”的传导机制则显著存在。

本章研究结论的政策含义在于：中国股票市场存在企业经营基本面同其股票价格波动性相背离的现象，上市公司绩优并不能稳定股价。这可能是中国股票市场有效性相对较弱、信息披露质量不高、投资者的非理性行为突出等现实情况导致的。因此，应努力提高投资者素质，规范投资者行为，改善股票市场的投机氛围，培育投资者价值投资理念；同时，完善股票市场信息披露制度，提高股票市场的信息质量和信息环境透明度，改善中国股票市场的有效性，优化股票市场的资源配置功能。

第7章
Chapter 7

系统风险冲击、企业创新能力与投资者结构对股票价格波动性影响的实证研究

本章结合中国股票市场实际，实证研究系统风险冲击、企业创新能力与投资者结构对股票价格波动性的影响，以更加清晰地认识信息交易者在我国股票市场中扮演的角色，为我国优化投资者结构、完善股票市场的资源配置功能、维护股票市场的平稳健康发展提供决策依据。

7.1 研究设计

7.1.1 样本选取

本章选取中国 A 股上市公司为样本，实证研究系统风险冲击、企业创新能力与投资者结构对股票价格波动性的影响，对投资者异质性条件下的理论模型进行检验。由于面板门槛模型要求数据结构是平衡面板，在第 5 章样本筛选的基础上，将在一个季度内连续或累计停牌超过 40 个交易日的样本点当作缺失值处理，并删除样本点缺失的上市公司个体，最终获得了中国 A 股 303 家上市公司平衡面板构成的 6060 个样本观测值。本章采用的数据同样来自 Wind、CSMAR 和 CCER 数据库，部分缺失的指标和数据通过上市公司年报、国家知识产权局和权威财经网站手工搜集并计算得到。

7.1.2 变量设计

7.1.2.1 股票价格波动性(*VOL*)

本章同样采用股票价格日收益率的标准差(*DEVI*)和股票价格的波动幅度(*RANG*)两个指标度量股票价格波动性。

7.1.2.2 企业创新能力(*INNO*)

本章采用与第6章相同的企业创新能力度量方法，即从创新投入、创新产出和创新环境三个维度构建企业创新能力综合指标。指标选取和计算方法同5.1.1节。

7.1.2.3 系统风险冲击(*SHOCK*)

本章仍将2013—2017年沪深300指数在连续30个交易日内下跌幅度达到或超过18%定义为持续性暴跌，以沪深300指数持续性暴跌作为中国A股上市公司遭受的系统风险冲击源。在2013—2017年的20个季度中($T=20$)，如果上述定义的持续性暴跌发生在第T季度，则认为A股上市公司在该季度受到了系统风险冲击，将该期对应的系统风险冲击变量$SHOCK_t$赋值为1，否则$SHOCK_t$赋值为0。

7.1.2.4 信息交易者持股比例(*INST*)

根据中国股票市场的特征和实际情况，机构投资者与散户投资者相比，在知识和信息的获取、处理与利用等方面有着明显的优势(焦贺英 等，2011；蔡庆丰、杨侃，2013)，机构投资者投入大量人力、物力搜集从宏观经济政策到公司业务层面的信息以做出投资决策；散户投资者由于信息搜集能力的缺乏，投资策略往往表现出从众心理、过度交易和"羊群行为"。因此，机构投资者类似于信息交易者，拥有足够的公开信息甚至是内幕信息，而个人投资者则类似于非信息交易者(马金峰、刘善存，2013)。根据中国股票市场的现实特征，本章以机构投资者占上市公司流通股的比例作为上市公司信息交易者持股比例的代理变量。

7.1.2.5 控制变量

本章回归分析中同样纳入了公司规模(*SCAL*)、财务杠杆比率(*LEV*)、股权集中度(*CR*)、公司年龄(*AGE*)、产权性质(*NATU*)、行业属性(*INDU*)等控制变量。

7.1.3　变量描述性统计

主要变量的描述性统计见表 7.1。可以看到，股价日收益率标准差(*DEVI*)的最大值、最小值分别为 1.8270 和 0.1188，平均值和中位数分别为 0.5448 和 0.4748；股票价格波动幅度(*RANG*)的最大值、最小值分别为 1.1153 和 0.0398，平均值和中位数分别为 0.2086 和 0.1754，表明中国股票市场上市公司的股票价格波动性存在较大差异。信息交易者持股比例的最大值、最小值分别为 0.93549 和 0.00003，平均值和中位数分别为 0.39894 和 0.41340，表明中国股票市场一半以上上市公司的信息交易者持股比例低于 41.34%，其大多数股票被非信息交易者持有，更有部分上市公司的信息交易者持股比例只有 0.003%，几乎达到可以忽略不计的程度，如此少的信息交易者持股比例显然很难对系统风险冲击下的股票价格波动性产生显著影响。企业创新能力的最大值、最小值分别为 0.6356 和 0.0004，平均值和中位数分别为 0.1630 和 0.1576；进一步统计发现，在 303 家上市公司的 6060 个样本观测值中，只有中联重科(股票代码：000157)在 2013 年至 2016 年、长安汽车(股票代码：000625)和上汽集团(股票代码：600104)在 2012 年和 2016 年、伊利股份(股票代码：600887)在 2012 年的创新能力指标值大于 0.5，其余上市公司在样本期内的创新能力指标值都小于 0.5。这表明中国股票市场大多数上市公司的创新能力处于较低水平。该统计结果在一定程度上印证了《中国企业创新能力百千万排行榜》和 WIPO 对中国股票市场上市公司创新能力的统计推断，同时在一定程度上为后续研究使用门槛效应模型提供了依据。

表 7.1　主要变量的描述性统计

变量	观测值	均值	中位数	最大值	最小值	标准差
DEVI	6060	0.5448	0.4748	1.8270	0.1188	0.2585
RANG	6060	0.2086	0.1754	1.1153	0.0398	0.1107
INNO	6060	0.1630	0.1576	0.6356	0.0004	0.0734
SCAL	6060	22.26	21.92	27.96	19.89	1.3732

续表

变量	观测值	均值	中位数	最大值	最小值	标准差
LEV	6060	0. 3993	0. 3931	0. 9637	0. 0140	0. 1981
CR	6060	0. 5906	0. 6019	0. 9525	0. 1272	0. 1465
INST	6060	0. 39894	0. 41340	0. 93549	0. 00003	0. 2448
AGE	6060	15	14	66	2	5. 9618

7. 1. 4 一般面板门槛模型设定

根据研究的问题，不失一般性，可将 n 重门槛效应模型的一般形式设定为

$$VOL_{i,t} = \alpha_0 + \alpha_1 SHOCK_t + \alpha_2 INNO_{i,t} + \alpha_3 SHOCK_t \times INNO_{i,t} + \beta_1 INST_{i,t} \times I(INST_{i,t} \leqslant \lambda_1) + \sum_{k=2}^{n} \beta_k INST_{i,t} \times I(\lambda_{k-1} < INST_{i,t} \leqslant \lambda_k) + \beta_{n+1} INST_{i,t} \times I(INST_{i,t} > \lambda_n) + \lambda Control_{i,t} + \varepsilon_{i,t} \tag{7.1}$$

其中，$VOL_{i,t}$表示 t 时期上市公司 i 的股票价格波动性，包括收益率的标准差 *DEVI* 和波动幅度 *RANG* 两个指标；$SHOCK_t$ 表示 t 时期上市公司面临的系统风险冲击虚拟变量；$INNO_{i,t}$表示 t 时期上市公司 i 的创新能力；$INST_{i,t}$表示门槛变量信息交易者持股比例；λ_1、λ_2，…，λ_n 表示待估计的信息交易者持股比例的 n 个门槛值；$I(\times)$代表示性函数，当括号内表达式为真时，取值为1，否则取值为0；$Control_{i,t}$表示 t 时期上市公司 i 对应的控制变量；$\varepsilon_{i,t}$表示随机误差项；α_0 为截距项；α_1、α_2、α_3、β_1、β_k、β_{n+1}、λ 为待估计系数；被解释变量 $VOL_{i,t}$和解释变量 $SHOCK_t$ 均采用当期所在年份的季度值，解释变量 $INNO_{i,t}$和控制变量 $Control_{i,t}$均采用当期前一年的年度值。

7. 2 实证结果与分析

7. 2. 1 门槛效应检验与模型设定

7. 2. 1. 1 门槛效应检验和门槛值估计

为了确定信息交易者持股比例对股票价格波动性的影响是否存在门槛效

应及存在多少重门槛，以下基于上述 n 重门槛模型进行检验。借鉴 Hansen (1999)的自助抽样(Bootstrap)方法进行门槛效应检验。采用 Stata15 软件反复抽样 500 次，依次对单一门槛、双重门槛和三重门槛进行检验，检验结果见表 7. 2。

表 7. 2　门槛效应检验结果

波动性指标	门槛个数	F 值	p 值	10%临界值	5%临界值	1%临界值
DEVI	单一门槛	10. 66	0. 100	10. 643	12. 186	17. 683
	双重门槛	16. 37	0. 010	11. 129	13. 086	15. 968
	三重门槛	1. 55	0. 988	14. 255	16. 123	21. 192
RANG	单一门槛	14. 51	0. 093	14. 014	16. 780	22. 966
	双重门槛	17. 46	0. 037	15. 033	16. 535	21. 636
	三重门槛	7. 22	0. 857	29. 238	32. 145	38. 966

注：检验结果均为采用 Bootstrap 方法反复抽样 500 次得到的结果。

由表 7. 2 可知，无论是波动性指标 *DEVI* 还是 *RANG*，单一门槛模型和双重门槛模型的 F 统计量均至少在 10%的水平上显著，三重门槛模型均无法拒绝原假设，说明模型存在两个门槛值。双重门槛效应的门槛值估计结果见表 7. 3。

表 7. 3　双重门槛效应的门槛值估计结果

波动性指标	门槛类型	估计值	95%置信区间
DEVI	第一个门槛	0. 286	[0. 282，0. 287]
	第二个门槛	0. 309	[0. 299，0. 311]
RANG	第一个门槛	0. 286	[0. 278，0. 287]
	第二个门槛	0. 326	[0. 313，0. 326]

由表 7. 3 可得，在 *DEVI* 对应模型中，信息交易者持股比例的两个门槛值分别为 0. 286 和 0. 309；在 *RANG* 对应模型中，信息交易者持股比例的两个门槛值分别为 0. 286 和 0. 326。根据面板门槛模型的原理，门槛估计值为似然比统计量趋近 0 时对应的门槛变量值。图 7. 1 为变量 *DEVI* 的两个门槛估计值 0. 286 和 0. 309 在 95%的置信区间对应的似然比函数，图 7. 2 为变量 *RANG* 的两个门槛估计值 0. 286 和 0. 326 在 95%的置信区间对应的似然比函数。

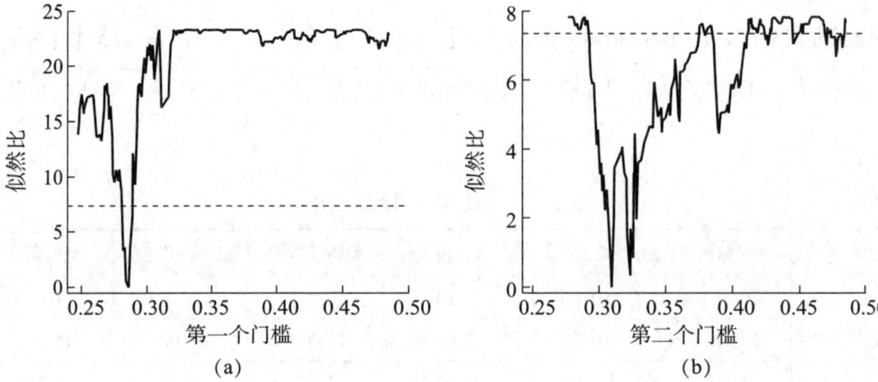

图 7.1　变量 *DEVI* 的两个门槛估计值 0.286 和 0.309 在 95%的置信区间对应的似然比函数

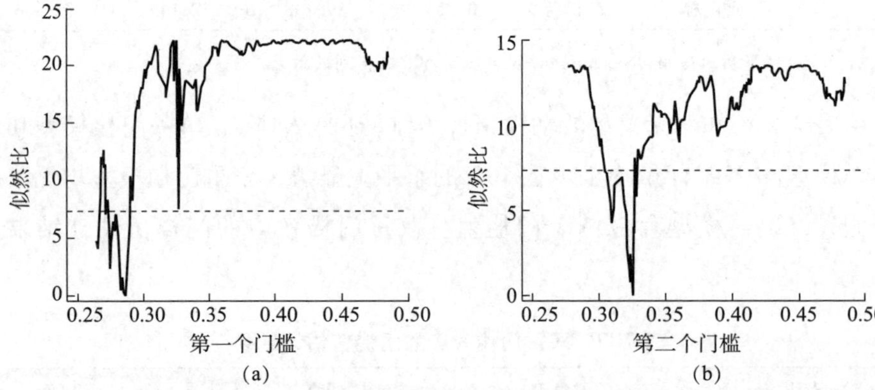

图 7.2　变量 *RANG* 的两个门槛估计值 0.286 和 0.326 在 95%的置信区间对应的似然比函数

在图 7.1 和图 7.2 中，模型中两个门槛值对应的 *LR* 统计量最低值均明显小于临界值 7.35，由此可知，估计的门槛值是真实有效的。

7.2.1.2　实证模型设定

根据上述门槛效应检验结果，可将本书使用的门槛效应模型进一步设定为

$$VOL_{i,t} = \alpha_0 + \alpha_1 SHOCK_t + \alpha_2 INNO_{i,t} + \alpha_3 SHOCK_t \times INNO_{i,t} + \beta_1 INST_{i,t} \times I(INST_{i,t} \leqslant \lambda_1) + \beta_2 INST_{i,t} \times I(\lambda_1 < INST_{i,t} \leqslant \lambda_2) + \beta_3 INST_{i,t} \times I(INST_{i,t} > \lambda_2) + \lambda Control_{i,t} + \varepsilon_{i,t} \tag{7.2}$$

其中，根据门槛变量 $INST_{i,t}$ 是否大于门槛值 λ，可将样本区间分为不同区制，β 表示不同区制的斜率，即处于不同区制时解释变量 $INST_{i,t}$ 对波动性 $VOL_{i,t}$ 的影响系数。若模型中门槛变量显著，则说明投资者结构对股票价格波动性的影响存在门槛效应，投资者结构在不断变化的过程中，会对股票价格波动性产生“区制变换”效应。

7.2.2　实证结果分析

基于上述门槛估计值和面板双重门槛模型进行回归，结果见表7.4。回归结果显示，不管是从波动性指标 *DEVI* 还是 *RANG* 来看，在基准模型和扩展模型中，系统风险冲击变量的回归系数均在1%的水平上显著为正。在控制了企业相关特征后，系统风险冲击变量的系数仍然显著，对 *DEVI* 和 *RANG* 的回归系数分别为0.344和0.144，说明股票价格波动性与系统风险冲击正相关，系统风险冲击将推动股票价格波动性增大。企业创新能力的回归系数均在1%的水平上显著为负，在考虑稳健标准误后依然成立。在控制了企业相关特征后，企业创新能力对 *DEVI* 和 *RANG* 的回归系数分别为-0.666和-0.235，表明在纳入投资者结构因素后，股票价格波动性与企业创新能力显著负相关，即随着发行股票的上市公司创新能力的增强而减小。企业创新能力与系统风险冲击交互项的系数显著为负，在控制了相关企业特征后，交互项的系数仍然在1%的水平上显著，对波动性变量 *DEVI* 和 *RANG* 的回归系数分别为-0.540和-0.237，表明企业创新能力对系统风险冲击与股票价格波动性之间的关系具有负向调节效应，能够弱化系统风险冲击对股票价格波动性的影响，从而对股票市场价格具有稳定效应。

表7.4　系统风险冲击、企业创新能力与投资者结构对股票价格波动性的影响

变量	*DEVI*				*RANG*			
	(1)	(2)	(3)	(4)	(5)	(6)	(7)	(8)
CONS	0.573*** (26.69)	0.571*** (26.12)	2.150*** (7.76)	2.150*** (6.63)	0.215*** (23.41)	0.214*** (22.92)	1.107*** (9.38)	1.107*** (6.36)
SHOCK	0.340*** (76.97)	0.341*** (71.62)	0.344*** (60.51)	0.344*** (72.03)	0.143*** (52.44)	0.143*** (51.86)	0.144*** (59.59)	0.144*** (51.06)

续表

变量	DEVI				RANG			
	(1)	(2)	(3)	(4)	(5)	(6)	(7)	(8)
INNO	-0.798*** (-6.00)	-0.787*** (-5.86)	-0.666*** (-6.57)	-0.666*** (-5.43)	-0.300*** (-5.28)	-0.295*** (-5.15)	-0.235*** (-5.45)	-0.235*** (-4.31)
SHOCK×*INNO*		-0.540*** (-6.88)	-0.540*** (-7.16)	-0.540*** (-6.85)		-0.234*** (-6.73)	-0.237*** (-7.38)	-0.237*** (-6.83)
$INST \leqslant \lambda_1$			0.086 (1.47)	0.086 (1.14)			0.033 (1.32)	0.033 (0.85)
$\lambda_1 < INST \leqslant \lambda_2$			-0.227*** (-3.25)	-0.227*** (-3.04)			-0.081*** (-3.27)	-0.081*** (-2.64)
$INST > \lambda_2$			0.080*** (3.31)	0.080*** (2.79)			0.034*** (3.34)	0.034** (2.40)
SCAL			-0.089*** (-6.38)	-0.089*** (-5.45)			-0.048*** (-8.16)	-0.048*** (-5.65)
LEV			0.220*** (4.85)	0.220*** (4.08)			0.094*** (4.84)	0.094*** (3.71)
CR			0.080 (1.57)	0.080 (1.44)			0.024 (1.12)	0.024 (0.84)
AGE			0.015*** (5.16)	0.015*** (4.96)			0.007*** (6.01)	0.007*** (5.24)
NATU		控制	控制	控制		控制	控制	控制
INDU		控制	控制	控制		控制	控制	控制
R^2	0.3905	0.3958	0.4061	0.4061	0.3821	0.3877	0.4005	0.4005
F	2998.01	1736.81	357.12	531.06	1380.14	898.25	349.02	259.14
N	6060	6060	6060	6060	6060	6060	6060	6060

注：第(1)列、第(2)列、第(5)列、第(6)列为固定效应基本面板模型，其余为面板门槛模型；***、**分别表示1%和5%的显著性水平；第(3)列和第(7)列括号内是Bootstrap标准误对应的*t*值，其余模型括号内是聚类稳健标准误对应的*t*值。

结合表7.3的门槛值估计结果及表7.4第(3)、第(4)、第(7)、第(8)列基于面板门槛模型的实证结果可以看到，投资者结构对股票价格波动性的影响存在显著的门槛效应，不同信息交易者的持股比例会对股票价格波动性产生不同方向、不同程度的影响。从对波动性指标 *DEVI* 的回归结果来看，当信息交易者持股比例低于某一低门槛值(0.286)时，其回归系数为正，但并不显著，表明此时信息交易者持股比例没有对股票价格波动性产生显著影响；当信息交易者持股比例高于某一高门槛值(0.309)时，其回归系数在1%的水平上显著为正；当信息交易者持股比例介于高、低门槛值之间($0.286<INST\leqslant 0.309$)时，其回归系数在1%的水平上显著为负，表明当信息交易者持股比例处于该区间时，对股票价格波动性具有显著的抑制效应。对波动性指标 *RANG* 的回归结果具有类似的特征和门槛效应，只是第二个门槛值为0.326，比指标 *DEVI* 的第二个门槛值出现得略晚。由此可知，投资者结构与股票价格波动性并不是单一的线性关系。在信息交易者持股比例较低时，它不足以对股票价格波动产生显著影响；随着信息交易者持股比例进一步提高，其掌握的系统风险冲击和企业创新能力信息能够通过交易行为反映到股票市场，进而起到抑制股票价格波动的作用；但是，当信息交易者持股比例超过门槛值0.309或者0.326时，它对股票价格波动性的影响将由抑制效应转变为促进作用。

该实证结果进一步印证了4.2节投资者异质性条件下的系统风险冲击、企业创新能力与股票价格波动性的理论模型研究结论：在中国股票市场上市公司创新能力普遍偏低的情境下，信息交易者持股比例对股票价格波动性的影响存在显著的门槛效应。事实上，根据传统金融市场理论，信息交易者具有市场“稳定器”的作用，在一般情况下，股票价格波动性与信息交易者持股比例之间会呈负相关关系。但是，当信息交易者持股比例较低时，非信息交易者的非理性行为可能对股票价格波动发挥主导作用，进而使信息交易者持股比例变化难以对系统风险冲击下的股票价格走势及其波动性产生显著影响。当信息交易者持股比例较高而企业创新能力较低时，低创新能力企业的内在价值在系统风险冲击下可能急剧下降，众多信息交易者在观测到低创新能力企业急剧下降的内在价值后，可能会卖出或卖空该公司股票，进而使低创新能力企业股票价格在系统风险冲击下的下跌趋势加剧，呈现出较大的波动性；显然，信息交易者持股比例越高，对企业在弱创新能力和系统风险冲击叠加下产生低内在价值的认知就越强，在系统风险冲击下推动股票价格下跌的力量就越大，股票价格在系统风险冲击下的下跌幅度也越大，进而使股票价格波动性与信息交易者持股比例之间呈正相关关系。

7.2.3 门槛区间的个体分布特征

基于以上门槛值估计结果，对样本期内的上市公司在各门槛区间的个体分布进行统计分析(见表7.5)。

表7.5 样本分布统计

年份	总体	指标 *DEVI*			指标 *RANG*		
		<0.286	0.286~0.309	>0.309	<0.286	0.286~0.326	>0.326
2012	1212	524	60	628	524	80	608
2013	1212	468	24	720	468	44	700
2014	1212	412	12	788	412	32	768
2015	1212	412	48	752	412	72	728
2016	1212	396	24	792	396	36	780
均值	1212	442	34	736	442	53	717
总体	6060	2212	168	3680	2212	264	3584

从表7.5可以看出，在6060个信息交易者持股比例样本观测值中，有2212个样本观测值低于28.6%，占36.50%；有3680个样本观测值高于30.9%，占60.73%；有168个样本观测值位于[28.6%，30.9%]，占2.77%；有3584个样本观测值高于32.6%，占59.14%；有264个样本观测值位于[28.6%，32.6%]，占4.36%。根据表7.4的第(3)、第(4)、第(7)、第(8)列实证结果可知，在占比为36.50%的2212组上市公司-时间段样本中，上市公司在相应时间段的股票价格波动性将因信息交易者持股比例低于门槛值28.6%而不会受到信息交易者持股比例的显著影响，但其价格可能因非信息交易者的非理性行为在系统风险冲击下出现非理性暴跌，进而呈现出很大波动性。在占比为60.73%(59.14%)的3680(3584)组上市公司-时间段样本中，上市公司在相应时间段的股票价格日收益率标准差(波动幅度)将因信息交易者持股比例高于高门槛值30.9%(32.6%)而受到信息交易者持股比例的显著

正向影响。对于这类公司的股票，众多信息交易者在感知到企业低创新能力和系统风险冲击叠加产生了更低的内在价值后，必然会通过卖出或卖空公司股票推动系统风险冲击下股票价格的进一步下跌，同样会导致系统风险冲击下的股票价格呈现出很大的波动性。在占比为2.77%(4.36%)的168(264)组上市公司-时间段样本中，上市公司在相应时间段的股票价格日收益率标准差(波动幅度)虽然会受到信息交易者持股比例的显著负向影响，但因这部分样本在总样本中的占比较小而难以改变中国上市公司股票在系统风险冲击下的总体价格走势和波动性。这可能是中国股票市场在系统风险冲击下常常出现“千股跌停”现象的原因，信息交易者持股因上市公司创新能力普遍偏低而在总体上没能发挥股票市场价格“稳定器”的作用。2015年6月，在清理场外配资和去杠杆等政策风险冲击下，中国股票市场出现的几乎所有股票持续大幅下跌现象就是该研究结果的一个明证。

7.3　进一步分析：基于分类样本的实证

7.3.1　基于产权性质分类的实证结果与分析

在全样本研究的基础上，根据产权性质的不同，分别对国有企业和非国有企业子样本进行实证研究，考察系统风险冲击、企业创新能力与投资者结构对股票价格波动性的影响在不同产权性质企业可能存在的差异。

7.3.1.1　门槛效应检验与模型设定

针对两个子样本，以信息交易者持股比例为门槛变量，检验其是否存在门槛效应，结果见表7.6和表7.7。

表7.6　基于国有企业的门槛效应检验

波动性指标	门槛个数	*F*值	*p*值	10%临界值	5%临界值	1%临界值
DEVI	单一门槛	4.02	0.642	9.560	11.654	15.131
	双重门槛	7.65	0.168	9.588	12.396	16.602
	三重门槛	1.58	0.936	9.250	10.941	15.392

续表

波动性指标	门槛个数	F 值	p 值	10%临界值	5%临界值	1%临界值
RANG	单一门槛	4.59	0.686	10.936	13.142	16.827
	双重门槛	12.82	0.054	10.152	13.063	20.072
	三重门槛	1.25	0.9740	10.248	12.658	16.393

表 7.7　基于非国有企业的门槛效应检验

波动性指标	门槛个数	F 值	p 值	10%临界值	5%临界值	1%临界值
DEVI	单一门槛	16.00	0.020	11.112	12.985	16.668
	双重门槛	1.83	0.964	10.319	12.120	19.850
	三重门槛	5.73	0.756	25.836	28.110	34.720
RANG	单一门槛	18.44	0.030	13.577	16.897	23.164
	双重门槛	9.14	0.282	13.208	16.065	20.695
	三重门槛	9.86	0.904	45.008	50.748	60.001

表 7.6 的检验结果表明，国有企业单一门槛、双重门槛和三重门槛检验的 F 统计量均不显著，表明国有企业不存在门槛效应。表 7.7 对非国有企业的检验结果中，波动性指标 *DEVI* 和 *RANG* 单一门槛检验的 F 统计量在 5%的水平上显著，双重门槛和三重门槛检验的 F 统计量均不显著，表明非国有企业信息交易者持股比例存在单一门槛效应。表 7.8 和图 7.3 给出了非国有企业相应的门槛值估计结果和似然比函数。

表 7.8　非国有企业门槛值估计结果

波动性指标	门槛类型	估计值	95%置信区间
DEVI	第一个门槛	0.200	[0.196，0.201]
RANG	第一个门槛	0.184	[0.182，0.186]

由表 7.8 可知，变量 *DEVI* 和 *RANG* 单一门槛值分别为 0.200 和 0.184。在 95%的置信区间下，其单一门槛估计值的似然比函数显示，临界值均远远大于 *LR* 统计量最低点，由此可知门槛估计值有效。

根据以上检验结果，对国有企业和非国有企业子样本分别采用基本面板模型和双重门槛模型进行实证研究，模型具体设定如下：

$$VOL_{i,t}=\alpha_0+\alpha_1 SHOCK_{i,t}+\alpha_2 INNO_{i,t}+\alpha_3 SHOCK_{i,t}\times INNO_{i,t}+\beta_1 INST_{i,t}+\lambda Control_{i,t}+\varepsilon_{i,t} \tag{7.3}$$

$$VOL_{i,t}=\alpha_0+\alpha_1 SHOCK_t+\alpha_2 INNO_{i,t}+\alpha_3 SHOCK_t\times INNO_{i,t}+\beta_1 INST_{i,t}\times I(INST_{i,t}\leqslant\lambda_1)+\beta_2 INST_{i,t}\times I(INST_{i,t}>\lambda_1)+\lambda Control_{i,t}+\varepsilon_{i,t} \tag{7.4}$$

其中，模型(7.3)为对国有企业进行回归时采用的基本面板模型，模型(7.4)为对非国有企业进行回归时采用的面板双重门槛模型。实质上，模型(7.3)和模型(7.4)是相通的，当门槛效应不存在时，门槛效应模型将退化为基本面板模型。

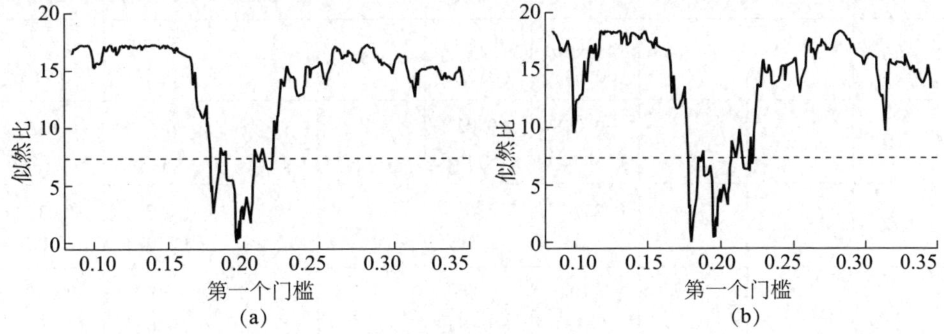

图 7.3　非国有企业的似然比函数

注：图(a)和图(b)分别为变量 *DEVI*、*RANG* 对应第一个门槛值 0.200、0.184 的估计结果。

7.3.1.2　回归结果与分析

基于国有企业和非国有企业的回归结果见表 7.9 和表 7.10。针对国有企业，*F* 检验、*LM* 检验和稳健 Hausman 检验的结果表明适合采用固定效应模型。从表 7.9 可以看出，不管是对波动性 *DEVI* 还是 *RANG*，系统风险冲击的系数均在 1%的水平上显著为正，说明系统风险冲击对股票价格波动产生了正向影响。企业创新能力与系统风险冲击交互项的系数均在 1%的水平上显著为负，说明国有企业创新能力能够抑制股价波动，弱化系统风险冲击对股票价格波动性的影响，从而起到稳定股票市场价格的作用。信息交易者持股比例的回归系数并不显著，说明其对股票价格波动没有产生显著影响。

表 7.9　系统风险冲击、企业创新能力与投资者结构对股票价格波动性的影响(国有企业)

变量	DEVI				RANG			
	(1)	(2)	(3)	(4)	(5)	(6)	(7)	(8)
CONS	0.585*** (14.02)	0.577*** (13.59)	0.586 (1.41)	0.671 (1.62)	0.212*** (13.91)	0.209*** (13.41)	0.406** (2.36)	0.439** (2.50)
SHOCK	0.331*** (40.98)	0.332*** (39.73)	0.337*** (42.58)	0.338*** (40.90)	0.125*** (27.26)	0.125*** (27.73)	0.126*** (27.14)	0.127*** (27.58)
INNO	−0.984*** (−3.99)	−0.935*** (−3.77)	−0.815*** (−3.58)	−0.758*** (−3.31)	−0.335*** (−3.71)	−0.316*** (−3.48)	−0.294*** (−3.54)	−0.272*** (−3.24)
SHOCK×INNO		−0.681*** (−6.94)		−0.689*** (−7.00)		−0.263*** (−6.45)		−0.267*** (−6.61)
INST			0.032 (0.68)	0.033 (0.72)			0.012 (0.62)	0.013 (0.66)
SCAL			−0.018 (−0.82)	−0.023 (−1.02)			−0.015 (−1.59)	−0.016* (−1.75)
LEV			0.237** (2.06)	0.236** (2.11)			0.093** (2.07)	0.093** (2.11)
CR			0.104 (0.79)	0.095 (0.73)			0.033 (0.60)	0.030 (0.55)
AGE			0.011*** (2.82)	0.012*** (3.00)			0.004** (2.21)	0.004** (2.37)
INDU			控制	控制			控制	控制
R^2	0.3759	0.3859	0.3810	0.3912	0.3694	0.3797	0.3736	0.3842
F	902.00	528.04	278.40	218.52	377.60	258.31	114.00	102.53
N	2160	2160	2160	2160	2160	2160	2160	2160

注：***、**、*分别表示1%、5%、10%的显著性水平，括号内为聚类稳健标准误对应的 t 值。

由表 7.10 非国有企业的回归结果可知，系统风险冲击的回归系数均为正，企业创新能力的系数均为负，且二者都至少通过了 5%的显著性检验，表明股票价格波动性与系统风险冲击呈正相关关系，与企业创新能力呈负相关关系。企业创新能力与系统风险冲击交互项的回归系数均在 1%的水平上显著为负，表明企业创新能力对系统风险冲击与股票价格波动性之间的调节效应依然存在，能够弱化系统风险冲击对股票价格波动性的影响。

信息交易者持股比例对非国有企业股票价格波动性的影响存在显著的门槛效应。当信息交易者持股比例较低，低于一定的门槛值(对应 *DEVI*，$INST \leqslant 0.200$；对应 *RANG*，$INST \leqslant 0.184$)时，其对 *DEVI* 和 *RANG* 的回归系数分别为 0.454 和 0.223；当信息交易者持股比例较高，高于一定的门槛值(对应 *DEVI*，$INST > 0.200$；对应 *RANG*，$INST > 0.184$)时，其对 *DEVI* 和 *RANG* 的影响系数虽仍然为正，但绝对值大大减小，分别为 0.155 和 0.069。由此可见，对非国有企业而言，信息交易者持股比例与股票价格波动性始终呈正相关关系，随着信息交易者持股比例不断提高，其对股票价格波动性的影响表现为边际效应递减的正向作用。

表 7.10　系统风险冲击、企业创新能力与投资者结构对股票价格波动性的影响(非国有企业)

变量	DEVI				RANG			
	(1)	(2)	(3)	(4)	(5)	(6)	(7)	(8)
CONS	0.562*** (21.57)	0.564*** (21.39)	2.780*** (7.67)	2.780*** (7.66)	0.214*** (17.41)	0.215*** (17.36)	1.356*** (8.34)	1.356*** (7.48)
SHOCK	0.345*** (65.02)	0.346*** (59.76)	0.346*** (48.23)	0.346*** (60.44)	0.153*** (46.84)	0.153*** (45.36)	0.154*** (47.72)	0.154*** (44.33)
INNO	−0.648*** (−3.91)	−0.658*** (−3.97)	−0.533*** (−3.83)	−0.533*** (−3.02)	−0.259*** (−3.30)	−0.263*** (−3.36)	−0.178*** (−2.86)	−0.178** (−2.12)
SHOCK×*INNO*		−0.439*** (−3.79)	−0.425*** (−4.26)	−0.425*** (−3.67)		−0.187*** (−3.83)	−0.183*** (−4.09)	−0.183*** (3.82)
$INST \leqslant \lambda_1$			0.454*** (5.00)	0.454*** (3.86)			0.223*** (5.04)	0.223*** (3.53)
$\lambda_1 < INST$			0.155*** (5.26)	0.155*** (4.55)			0.069*** (5.18)	0.069*** (4.01)
SCAL			−0.121*** (−6.57)	−0.121*** (−6.50)			−0.063*** (−7.70)	−0.063*** (−6.98)
LEV			0.249*** (4.48)	0.249*** (3.87)			0.112*** (4.50)	0.112*** (3.65)
CR			0.041 (0.60)	0.041 (0.50)			0.040 (1.32)	0.040 (0.95)
AGE			0.017*** (4.06)	0.017*** (3.77)			0.010*** (5.62)	0.010*** (4.90)
INDU			控制	控制			控制	控制

续表

变量	DEVI				RANG			
	(1)	(2)	(3)	(4)	(5)	(6)	(7)	(8)
R^2	0.3984	0.4016	0.4153	0.4153	0.3905	0.3933	0.4101	0.4101
F	2116.56	1230.53	284.22	489.99	1104.12	687.26	278.18	252.93
N	3800	3800	3800	3800	3800	3800	3800	3800

注：第(1)列、第(2)列、第(5)列、第(6)列为固定效应基本面板模型，其余为面板门槛模型；***、**分别表示1%和5%的显著性水平；第(3)列和第(7)列括号内为Bootstrap标准误对应的t值，其余列括号内为聚类稳健标准误对应的t值。

综合以上分析可以看出，股票价格波动性与系统风险冲击显著正相关，与企业创新能力显著负相关，企业创新能力将弱化系统风险冲击对股票价格波动性的影响，上述关系不会因产权性质的改变而发生变化。但是，信息交易者持股比例与股票价格波动性的关系在国有企业和非国有企业会呈现较大差异。可能的原因是，国有企业往往涉及关乎国民经济命脉和民生的行业，承担着特殊的社会责任，其平稳发展和经营稳健性至关重要，其股票价格更容易受到政策等因素的影响。对于非国有企业，信息交易者仍然呈现出正向作用，但是随着信息交易者持股比例的不断增加，其边际效应会递减。

7.3.2 基于行业分类的实证结果与分析

7.3.2.1 门槛效应检验与模型设定

本小节按照行业属性将样本划分成制造业企业和非制造业企业，研究系统风险冲击、企业创新能力与投资者结构对股票价格波动性的影响在不同行业的差异。针对制造业企业和非制造业企业子样本，以信息交易者持股比例为门槛变量进行门槛效应检验，结果见表7.11和表7.12。

表7.11 基于制造业企业的门槛效应检验

波动性指标	门槛个数	F值	p值	10%临界值	5%临界值	1%临界值
DEVI	单一门槛	8.53	0.234	10.927	12.590	17.113
	双重门槛	9.87	0.158	11.090	12.816	17.147
	三重门槛	5.88	0.928	32.273	36.162	45.225

续表

波动性指标	门槛个数	*F* 值	*p* 值	10%临界值	5%临界值	1%临界值
RANG	单一门槛	13.25	0.158	14.870	17.420	23.744
	双重门槛	18.15	0.048	14.396	17.315	24.527
	三重门槛	20.31	0.840	76.715	85.550	100.341

表7.12 基于非制造业企业的门槛效应检验

波动性指标	门槛个数	*F* 值	*p* 值	10%临界值	5%临界值	1%临界值
DEVI	单一门槛	6.90	0.278	9.812	11.022	14.254
	双重门槛	4.85	0.336	7.407	9.047	11.655
	三重门槛	3.42	0.720	11.505	13.770	19.541
RANG	单一门槛	12.68	0.064	10.958	13.779	17.229
	双重门槛	9.61	0.084	9.147	11.029	13.847
	三重门槛	4.34	0.590	11.391	14.012	19.398

在对制造业企业的检验结果中，单一门槛、双重门槛和三重门槛检验的*F*统计量均无法拒绝原假设，表明制造业企业不存在门槛效应。非制造业企业波动性指标*DEVI*的单一门槛、双重门槛和三重门槛检验的*F*统计量均无法拒绝原假设，而波动性指标*RANG*单一门槛和双重门槛检验的*F*统计量均在10%的水平上显著，三重门槛*F*统计量不显著，说明对于非制造业企业而言，波动性*DEVI*不存在门槛效应，而波动性*RANG*存在双重门槛效应。表7.13和图7.4进一步给出了基于非制造业企业波动性*RANG*的门槛值估计结果和似然比函数。波动性*RANG*的两个门槛值分别为0.237和0.364，第一个门槛和第二个门槛在95%的置信区间下对应的似然比函数中，门槛值对应的*LR*统计量最小值均低于临界值，说明门槛估计值是可信的。

表7.13 非制造业企业门槛值估计结果

波动性指标	门槛类型	估计值	95%置信区间
RANG	第一个门槛	0.237	[0.236, 0.267]
	第二个门槛	0.364	[0.358, 0.365]

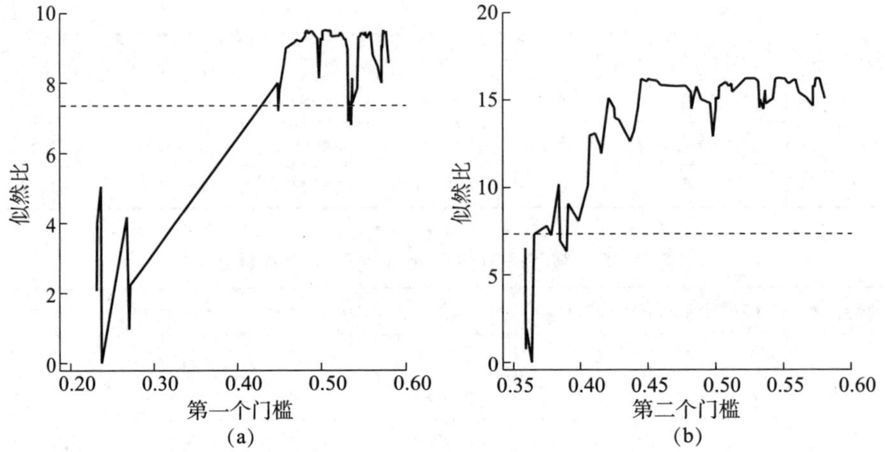

图 7.4　非制造业企业波动性 *RANG* 对应的似然比函数

以上检验结果表明，制造业企业不存在门槛效应，非制造业企业只有波动性 *RANG* 存在门槛效应，且为双重门槛。因此，对制造业企业采用基本面板模型(7.5)进行回归分析，对非制造业企业的波动性 *DEVI* 和 *RANG* 分别采用基本面板模型(7.5)和面板双重门槛模型(7.6)进行回归分析。

$$VOL_{i,t}=\alpha_0+\alpha_1 SHOCK_t+\alpha_2 INNO_{i,t}+\alpha_3 SHOCK_t\times INNO_{i,t}+\beta_1 INST_{i,t}+\lambda Control_{i,t}+\varepsilon_{i,t} \tag{7.5}$$

$$VOL_{i,t}=\alpha_0+\alpha_1 SHOCK_t+\alpha_2 INNO_{i,t}+\alpha_3 SHOCK_t\times INNO_{i,t}+\beta_1 INST_{i,t}\times I(INST_{i,t}\leqslant\lambda_1)+\beta_2 INST_{i,t}\times I(\lambda_1<INST_{i,t}\leqslant\lambda_2)+\beta_3 INST_{i,t}\times I(INST_{i,t}>\lambda_2)+\lambda Control_{i,t}+\varepsilon_{i,t} \tag{7.6}$$

7.3.2.2　回归结果与分析

制造业企业系统风险冲击、企业创新能力与投资者结构对股票价格波动性影响的回归结果见表 7.14。系统风险冲击变量的回归系数在 1%的水平上显著为正，企业创新能力的回归系数在 1%的水平上显著为负，表明系统风险冲击推动了制造业企业股票价格波动性增大，而制造业企业的创新能力能够显著降低股票价格波动性。系统风险冲击与企业创新能力的交互项在 1%的水平上显著为负，表明制造业企业创新能力能够弱化系统风险冲击对股票价格波动性的正向影响。信息交易者持股比例的回归系数均在 1%的水平上显著为正，说明制造业企业的股票价格波动性随信息交易者持股比例的提高而提高。在控制变量方面，在基准模型和扩展模型中，公司规模的回归系数均在 1%的水平上显著为负，财务杠杆比率和公司年龄的回归系数均在 1%的水平上显著为正，表明制造业企业的规模越大，其股票价格波动性越低；公司的财务杠杆比率越高、存续时间越久，其股票价格波动性越大。

表 7.14　系统风险冲击、企业创新能力与投资者结构对股票价格波动性的影响(制造业企业)

变量	*DEVI*				*RANG*			
	(1)	(2)	(3)	(4)	(5)	(6)	(7)	(8)
CONS	0.573*** (23.81)	0.571*** (23.21)	2.136*** (4.76)	2.165*** (4.81)	0.216*** (20.91)	0.215*** (20.36)	1.098*** (4.87)	1.111*** (4.90)
SHOCK	0.343*** (70.89)	0.344*** (65.76)	0.346*** (70.37)	0.347*** (64.85)	0.145*** (49.26)	0.146*** (48.85)	0.146*** (47.96)	0.147*** (47.42)
INNO	-0.795*** (-5.36)	-0.780*** (-5.20)	-0.678*** (-5.01)	-0.659*** (-4.83)	-0.306*** (-4.80)	-0.300*** (-4.65)	-0.252*** (-4.23)	-0.243*** (-4.05)
SHOCK×*INNO*		-0.574*** (-6.29)		-0.581*** (-6.30)		-0.257*** (-6.53)		-0.262*** (-6.58)
INST			0.095*** (3.22)	0.096*** (3.26)			0.040*** (2.87)	0.040*** (2.91)
SCAL			-0.089*** (-3.98)	-0.091*** (-4.04)			-0.048*** (-4.34)	-0.049*** (-4.38)
LEV			0.225*** (3.87)	0.224*** (3.85)			0.094*** (3.38)	0.094*** (3.35)
CR			0.105* (1.66)	0.098 (1.57)			0.028 (0.88)	0.025 (0.78)
AGE			0.014*** (3.96)	0.015*** (4.04)			0.007*** (4.23)	0.007*** (4.32)
NATU			控制	控制			控制	控制
R^2	0.3928	0.3987	0.4013	0.4074	0.3856	0.3922	0.3959	0.4027
F	2560.63	1474.39	700.21	547.13	1227.67	797.33	317.57	276.17
N	5020	5020	5020	5020	5020	5020	5020	5020

注：***、* 分别表示 1%和 10%的显著性水平，括号内为聚类稳健标准误对应的 t 值。

非制造业企业系统风险冲击、企业创新能力与投资者结构对股票价格波动性影响的回归结果见表 7.15 和表 7.16。实证结果显示，不管从波动性指标 *DEVI* 还是 *RANG* 来看，系统风险冲击与股票价格波动性在 1%的水平上呈正相关关系，而企业创新能力与股票价格波动性至少在 10%的水平上负相关。从调节效应来看，系统风险冲击与企业创新能力的交互项对波动性 *DEVI* 的回归系数在 1%的水平上显著为负，而对波动性 *RANG* 的回归系数虽为负，但并不显著。信息交易者持股比例对 *DEVI* 的回归系数并不显著，而对波动性 *RANG* 存在显著的门槛效应。结合表 7.13 可知，当非制造业企业的信息交易者持股比例介于 0.237 和 0.364 之间时，其对波动性 *RANG* 具有显著负向作用；当信息交易者持股比例低于 0.237 或者高于 0.364 时，其对非制造业企业的股票价格波动性 *RANG* 没有显著影响。

表 7.15 系统风险冲击、企业创新能力与投资者结构对股票价格波动性的影响（非制造业企业）（一）

变量	*DEVI*			
	(1)	(2)	(3)	(4)
CONS	0.574*** (12.87)	0.575*** (12.92)	1.259* (1.78)	1.245* (1.81)
SHOCK	0.324*** (30.84)	0.324*** (29.05)	0.329*** (32.34)	0.330*** (30.66)
INNO	−0.813*** (−2.90)	−0.816*** (−2.93)	−0.596* (−1.89)	−0.601* (−1.90)
SHOCK×*INNO*		−0.388*** (−2.91)		−0.386*** (−3.01)
INST			−0.010 (−0.16)	−0.008 (−0.13)
SCAL			−0.048 (−1.37)	−0.047 (−1.38)
LEV			0.197 (1.11)	0.197 (1.11)
CR			0.097 (0.68)	0.104 (0.74)
AGE			0.016** (2.48)	0.016** (2.47)

续表

变量	DEVI			
	(1)	(2)	(3)	(4)
NATU			控制	控制
R^2	0.3796	0.3825	0.3852	0.3881
F	478.73	284.86	161.14	131.43
N	1040	1040	1040	1040

注：第(1)列至第(4)列均为固定效应基本面板模型；***、**、*分别表示1%、5%、10%的显著性水平；括号内为聚类稳健标准误对应的t值。

表7.16　系统风险冲击、企业创新能力与投资者结构对股票价格波动性的影响(非制造业企业)(二)

变量	RANG			
	(5)	(6)	(7)	(8)
CONS	0.210*** (10.76)	0.210*** (10.79)	0.746** (2.54)	0.746** (2.21)
SHOCK	0.132*** (19.15)	0.132*** (18.89)	0.134*** (24.01)	0.134*** (18.88)
INNO	-0.264** (-2.18)	-0.265** (-2.20)	-0.219** (-2.06)	-0.219* (-1.69)
SHOCK×INNO		-0.129 (-1.60)	-0.121 (-1.61)	-0.121 (-1.59)
$INST \leqslant \lambda_1$			0.001 (0.01)	0.001 (0.01)
$\lambda_1 < INST \leqslant \lambda_2$			-0.138*** (-2.67)	-0.138** (-2.47)
$\lambda_2 < INST$			-0.001 (-0.03)	-0.001 (-0.02)
SCAL			-0.031** (-2.24)	-0.031* (-1.91)
LEV			0.098** (2.04)	0.098 (1.31)
CR			0.051 (0.92)	0.051 (0.69)
AGE			0.007*** (2.68)	0.007** (2.35)

续表

变量	RANG			
	(5)	(6)	(7)	(8)
NATU			控制	控制
R^2	0. 3658	0. 3676	0. 3851	0. 3851
F	191. 87	126. 44	61. 25	40. 34
N	1040	1040	1040	1040

注：第(7)列和第(8)列为面板门槛模型，其余为固定效应基本面板模型；***、**、*分别表示1%、5%、10%的显著性水平；第(7)列括号内为Bootstrap标准误对应的 *t* 值，其余列中括号内为聚类稳健标准误对应的 *t* 值。

综上可知，在纳入投资者结构因素后，系统风险冲击对股票价格波动性的正向影响在制造业企业和非制造业企业均显著存在，进一步印证了系统风险由整个市场层面因素引起并会对几乎所有上市公司造成影响这一特征。但是，企业创新能力和投资者结构对股票价格波动性的影响在制造业企业与非制造业企业存在不同。企业创新能力对股票价格的稳定效应在制造业企业更显著，体现为降低股票价格波动的主效应，以及弱化系统风险冲击对股票价格波动性影响的调节效应。非制造业企业创新能力对股票价格的影响主要体现为降低股票价格波动性的主效应。从投资者结构来看，制造业企业信息交易者持股比例将对其股票价格波动性产生正向效应，而非制造业企业信息交易者持股比例与股票价格波动性之间的关系不能得到一致性的研究结论。

7. 3. 3 基于上市板块分类的实证结果与分析

7. 3. 3. 1 门槛效应检验与模型设定

不同上市板块的企业在制度环境、公司质量、创新活动等方面存在明显差异，系统风险冲击、企业创新能力和投资者结构对股票价格波动性的影响可能存在不同。因此，本小节先按上市板块将样本进行细分，再进行实证研究。针对主板、中小板和创业板三个子样本，以信息交易者持股比例为门槛变量进行门槛效应检验，结果见表 7. 17 至表 7. 19。结果显示，主板、中小板和创业板企业的信息交易者持股比例对股票价格波动性的影响均不存在门槛效应。

表7.17　基于主板企业的门槛效应检验

波动性指标	门槛个数	*F* 值	*p* 值	10%临界值	5%临界值	1%临界值
DEVI	单一门槛	2.68	0.958	11.844	13.319	17.954
	双重门槛	12.00	0.056	10.161	12.136	14.378
	三重门槛	2.06	0.974	14.698	18.271	22.505
RANG	单一门槛	3.99	0.878	13.762	15.262	19.069
	双重门槛	10.61	0.164	12.430	15.190	18.152
	三重门槛	9.97	0.532	26.173	30.946	41.685

表7.18　基于中小板企业的门槛效应检验

波动性指标	门槛个数	*F* 值	*p* 值	10%临界值	5%临界值	1%临界值
DEVI	单一门槛	7.85	0.462	13.091	14.980	21.390
	双重门槛	11.18	0.072	10.320	12.123	13.906
	三重门槛	1.92	0.998	21.456	23.595	26.800
RANG	单一门槛	13.10	0.264	16.764	19.372	23.584
	双重门槛	12.00	0.280	16.754	19.303	24.107
	三重门槛	12.98	0.942	40.302	44.677	55.425

表7.19　基于创业板企业的门槛效应检验

波动性指标	门槛个数	*F* 值	*p* 值	10%临界值	5%临界值	1%临界值
DEVI	单一门槛	5.36	0.302	8.422	11.164	14.085
	双重门槛	8.06	0.114	8.383	9.994	12.834
	三重门槛	7.15	0.466	14.549	16.739	20.697
RANG	单一门槛	8.43	0.190	10.106	12.420	17.815
	双重门槛	6.94	0.248	10.102	12.827	17.341
	三重门槛	1.55	0.894	8.501	10.152	15.116

根据上述检验结果，主板、中小板和创业板企业均不存在门槛效应，因此，针对三个子样本采用基本面板模型(7.7)进行回归分析。

$$VOL_{i,t}=\alpha_0+\alpha_1 SHOCK_{i,t}+\alpha_2 INNO_{i,t}+\alpha_3 SHOCK_{i,t}\times INNO_{i,t}+\beta_1 INST_{i,t}+\lambda Control_{i,t}+\varepsilon_{i,t} \quad (7.7)$$

7.3.3.2　回归结果与分析

主板企业系统风险冲击、企业创新能力与投资者结构对股票价格波动性影响的回归结果见表7.20。从表7.20可以看出，系统风险冲击与股票价格波动性显著正相关，企业创新能力与股票价格波动性显著负相关，系统风险冲击与企业创新能力的交互项在1%的水平上显著为负。信息交易者持股比例的回归系数并不显著。从控制变量来看，公司规模的系数显著为负，而财务杠杆比率和公司年龄的系数显著为正，这与全样本的结果一致。

表7.20 系统风险冲击、企业创新能力与投资者结构对股票价格波动性的影响(主板企业)

变量	*DEVI*				*RANG*			
	(1)	(2)	(3)	(4)	(5)	(6)	(7)	(8)
CONS	0.577*** (15.30)	0.573*** (14.69)	1.178*** (2.71)	1.224*** (2.80)	0.212*** (15.17)	0.211*** (14.47)	0.640*** (3.13)	0.659*** (3.21)
SHOCK	0.324*** (47.61)	0.325*** (47.83)	0.330*** (49.42)	0.331*** (49.30)	0.123*** (31.31)	0.124*** (32.68)	0.125*** (30.78)	0.125*** (31.98)
INNO	-0.993*** (-4.39)	-0.968*** (-4.19)	-0.858*** (-4.06)	-0.831*** (-3.83)	-0.354*** (-4.21)	-0.344*** (-3.99)	-0.315*** (-4.02)	-0.304*** (-3.77)
SHOCK×INNO		-0.630*** (-5.93)		-0.628*** (-5.85)		-0.250*** (-6.09)		-0.252*** (-6.06)
INST			0.010 (0.27)	0.014 (0.38)			0.001 (0.05)	0.002 (0.15)
SCAL			-0.044* (-1.96)	-0.046** (-2.02)			-0.024** (-2.40)	-0.025** (-2.45)
LEV			0.196** (2.08)	0.188** (2.02)			0.068* (1.72)	0.065* (1.66)
CR			0.141 (1.31)	0.128 (1.22)			0.029 (0.58)	0.023 (0.49)
AGE			0.013*** (3.45)	0.013*** (3.44)			0.004*** (2.70)	0.005*** (2.72)
NATU			控制	控制			控制	控制
INDU			控制	控制			控制	控制
R^2	0.3799	0.3900	0.3848	0.3948	0.3695	0.3802	0.3734	0.3842
F	1216.57	782.32	342.77	305.02	498.36	356.12	129.94	124.53
N	2500	2500	2500	2500	2500	2500	2500	2500

注：***、**、*分别表示1%、5%、10%的显著性水平，括号内为聚类稳健标准误对应的*t*值。

中小板企业和创业板企业系统风险冲击、企业创新能力与投资者结构对股票价格波动性影响的回归结果见表7.21和表7.22。系统风险冲击的回归系数显著为正，均达到了1%的显著性水平。这与全样本和主板企业的回归结果一致，说明系统风险冲击对上市公司股票价格的影响具有系统性和普遍性。但是，企业创新能力和投资者结构对股票价格波动性的影响在不同上市板块的企业存在不同。在纳入投资者结构因素后，中小板企业系统风险冲击与企业创新能力的交互项在1%的水平上显著为负，企业创新能力对*DEVI*的回归系数显著为负；在控制了企业的相关特征后，企业创新能力对*RANG*的回归系数虽然为负，但不显著。这表明，中小板企业创新能力对股票价格波动性的影响主要体现为对系统风险冲击与股票价格波动性之间关系的负向调节效应，对股票价格波动性的主效应并不明显。在纳入投资者因素后，创业板企业创新能力、系统风险冲击与企业创新能力交互项的回归系数都为负，但均不具有统计显著性。这表明，创业板企业创新能力与股票价格波动性没有显著相关性，既没有对股票价格波动性的主效应，也没有发挥弱化系统风险冲击对股票价格波动性影响的调节效应。从投资者结构来看，信息交易者持股比例与股票价格波动性的关系，在中小板和创业板企业分别体现为正相关和无显著相关性。

表7.21　系统风险冲击、企业创新能力与投资者结构对股票价格波动性的影响（中小板企业）

变量	*DEVI*				*RANG*			
	(1)	(2)	(3)	(4)	(5)	(6)	(7)	(8)
CONS	0.578*** (18.86)	0.579*** (18.98)	3.000*** (5.75)	3.009*** (5.76)	0.217*** (14.04)	0.217*** (14.15)	1.435*** (5.72)	1.439*** (5.73)
SHOCK	0.346*** (50.33)	0.347*** (44.74)	0.346*** (48.79)	0.347*** (43.52)	0.153*** (38.22)	0.154*** (36.46)	0.153*** (36.69)	0.154*** (35.20)
INNO	−0.805*** (−4.02)	−0.807*** (−4.08)	−0.558** (−2.48)	−0.555** (−2.49)	−0.306*** (−3.02)	−0.306*** (−3.07)	−0.179 (−1.55)	−0.178 (−1.56)
SHOCK×*INNO*		−0.516*** (−3.65)		−0.515*** (−3.61)		−0.228*** (−3.28)		−0.228*** (−3.30)
INST			0.163*** (3.68)	0.161*** (3.61)			0.079*** (3.58)	0.078*** (3.55)

续表

变量	DEVI				RANG			
	(1)	(2)	(3)	(4)	(5)	(6)	(7)	(8)
SCAL			-0.132*** (-4.91)	-0.133*** (-4.95)			-0.067*** (-5.26)	-0.067*** (-5.30)
LEV			0.283*** (3.58)	0.283*** (3.65)			0.136*** (3.66)	0.136*** (3.72)
CR			0.004 (0.04)	0.005 (0.05)			0.012 (0.26)	0.013 (0.26)
AGE		0.020*** (3.57)	0.020*** (3.64)			0.011*** (4.08)	0.011*** (4.16)	
NATU			控制	控制			控制	控制
INDU			控制	控制			控制	控制
R^2	0.3934	0.3970	0.4081	0.4117	0.4032	0.4068	0.4221	0.4257
F	1306.46	669.32	398.59	273.93	748.90	446.53	244.26	192.27
N	2460	2460	2460	2460	2460	2460	2460	2460

注：***、**分别表示1%和5%的显著性水平，括号内为聚类稳健标准误对应的 t 值。

表 7.22 系统风险冲击、企业创新能力与投资者结构对股票价格波动性的影响(创业板企业)

变量	DEVI				RANG			
	(1)	(2)	(3)	(4)	(5)	(6)	(7)	(8)
CONS	0.514*** (9.89)	0.513*** (9.77)	2.439*** (3.37)	2.434*** (3.36)	0.204*** (8.75)	0.204*** (8.67)	1.339*** (3.43)	1.336*** (3.44)
SHOCK	0.363*** (35.71)	0.363*** (33.95)	0.359*** (35.04)	0.359*** (33.56)	0.164*** (26.25)	0.164*** (25.44)	0.163*** (24.20)	0.164*** (23.46)
INNO	-0.097 (-0.31)	-0.093 (-0.30)	-0.137 (-0.42)	-0.131 (-0.40)	-0.101 (-0.71)	-0.099 (-0.70)	-0.069 (-0.47)	-0.066 (-0.45)
SHOCK×INNO		-0.202 (-0.86)		-0.204 (-0.87)		-0.093 (-0.92)		-0.099 (-0.97)
INST			0.077 (1.19)	0.078 (1.22)			0.026 (0.86)	0.026 (0.88)
SCAL			-0.091** (-2.54)	-0.092** (-2.56)			-0.058*** (-3.08)	-0.058*** (-3.11)

续表

变量	*DEVI*				*RANG*			
	(1)	(2)	(3)	(4)	(5)	(6)	(7)	(8)
LEV			0.304** (2.13)	0.304** (2.13)			0.109 (1.63)	0.109 (1.63)
CR			-0.139 (-0.77)	-0.129 (-0.71)			-0.036 (-0.32)	-0.031 (-0.28)
AGE			-0.001 (-0.06)	-0.000 (-0.00)			0.006 (1.18)	0.006 (1.23)
NATU			控制	控制			控制	控制
INDU			控制	控制			控制	控制
R^2	0.4151	0.4156	0.4241	0.4247	0.3850	0.3855	0.3947	0.3953
F	657.12	426.19	257.22	221.42	344.84	227.83	148.07	134.12
N	1100	1100	1100	1100	1100	1100	1100	1100

注：***、**分别表示1%和5%的显著性水平，括号内为聚类稳健标准误对应的 *t* 值。

综合上述对不同板块子样本的回归结果可知，创新能力在降低股票价格波动性、弱化系统风险冲击对股票价格波动性方面的作用在主板企业更显著。可能的原因是，相对于中小板和创业板，主板市场发育较为完善，信息披露质量、环境透明度、上市公司质量等都更高。因此，主板企业创新能力显示度更高，对股价的稳定效应也更显著。此外，我们注意到，不管是从主板、中小板还是创业板来看，信息交易者持股比例都不能发挥降低股票价格波动性和稳定股票市场的作用。结合前文对全样本的回归结果可知，这可能与中国股票市场创新能力普遍偏低有关，进一步验证了投资者异质性条件下的理论研究结论。

7.4　本章小结

根据传统金融市场理论，信息交易者越多，股票价格越稳定，即信息交易者会对股票价格发挥“稳定器”的作用。但是，在现实股票市场中，信息交易者是否对股票价格具有稳定效应，学术界一直存在争议。基于投资者异质性条件下的系统风险冲击、企业创新能力与股票价格波动性的理论模型，本章以机构投资者持股比例作为信息交易者持股比例的代理变量，结合中国股票市场的实际，实证研究了系统风险冲击、企业创新能力和投资者结构对股票价格波动性的影响，并进一步对分类样本做拓展分析，考察了上述影响在不同产权性质、行业和上市板块的企业呈现的差异。

本章的研究结果表明：第一，就中国股票市场而言，上市公司股票价格波动性与系统风险冲击显著正相关，与企业创新能力显著负相关，企业创新能力能够弱化系统风险冲击对股票价格波动性的正向影响，进而起到稳定股票价格的作用。第二，信息交易者持股比例对上市公司的股票价格波动性存在门槛效应，当信息交易者持股比例低于某一低门槛值时，其对股票价格波动性没有显著影响；当信息交易者持股比例高于某一高门槛值时，会对股票价格波动性产生显著正向影响；当信息交易者持股比例介于低门槛值和高门槛值之间时，会对股票价格波动性产生显著负向影响。第三，中国上市公司普遍较低的创新能力导致股票价格在系统风险冲击下呈现出普遍暴跌的现象，信息交易者持股也会因上市公司创新能力普遍偏低而不能在总体上发挥股票价格“稳定器”的作用，中国股票市场因缺乏严格的退市机制而不能使信息交易者高持股比例对低创新能力上市公司产生的“优胜劣汰”效应得到充分展现。第四，上市公司规模扩大将在一定程度上降低股票价格波动性，公司财务杠杆比率和公司年龄的增加会推动股票价格波动性增大。第五，对不同产权性质、行业和上市板块企业的实证研究发现，在纳入投资者结构因素后，系统风险冲击和企业创新能力对股票价格波动性的影响在国有企业和非国有企业均显著存在，不会随产权性质的改变而发生变化，但是在不同行业和上市板块的企业存在不同。相比非制造业企业，制造业企业的创新能力在减小股票价格波动性和弱化系统风险冲击方面的作用更加显著。相比中小板企业和创业板企业，主板企业创新能力能够更加有效地减小股票价格波动性和弱化系统风险冲击的影响。投资者结构对股票价格波动性的影响，在不同产权性质、行业和上市板块的企业存在明显差异。信息交易者持股比例对股票价格波动性的关系，在国有企业表现为无显著影响，而在非国有企业表现为边际效应递减的正向作用；在不同行业和不同板块企业，信息交易者持股均不能发挥稳定股票价格的作用，这是因为中国股票市场上市公司创新能力普遍偏低。

本章结合中国股票市场实际和上市公司样本数据，通过实证研究回答了“信息交易者是否对股票价格发挥了稳定效应”这一学术界存在诸多争议的问题，结果表明，投资者结构对股票价格波动性的影响存在显著的门槛效应，两者之间并非单一的线性关系。这为更加准确、系统地把握信息交易者在我国股票市场扮演的角色提供了新的视角和研究思路，对传统金融市场理论中“信息交易者越多，股票价格越稳定”的观点进行了修正和补充。本章的研究结论表明，大力培育信息交易者群体是优化股票市场选择机制、完善股票市场功能的重要途径，不断提升企业创新能力是确保企业不被市场淘汰和实现可持续发展的重要手段。

第8章 Chapter 8

研究结论与展望

本书在对相关理论和已有文献进行梳理的基础上，将系统风险冲击、企业创新能力和股票价格波动性纳入同一研究框架，遵循“提出问题—理论研究—实证研究—结论与建议”的逻辑，系统研究了系统风险冲击与企业创新能力对股票价格波动性的影响。在理论研究部分，先构建投资者同质性条件下的系统风险冲击、企业创新能力影响股票价格波动性的基础模型，然后放松投资者同质性的研究假设条件，将基础模型拓展到投资者异质性条件下的理论模型，揭示在股票市场同时存在信息交易者和非信息交易者的条件下，系统风险冲击、企业创新能力与投资者结构对股票价格波动性的联合影响机理。在理论研究的基础上，基于中国股票市场上市公司样本数据，综合采用统计分析、层次回归分析、中介效应模型、面板门槛模型等，对理论模型进行了实证检验。

8.1 研究结论

本书基于企业创新理论、高阶梯队理论、资产定价理论、不完全信息理论，统筹投资者同质性和异质性的研究视角，将理论研究与实证研究相结合，深入系统地研究了系统风险冲击与企业创新能力对股票价格波动性的影响。本书的主要研究结论如下。

第一，投资者同质性条件下的理论研究和实证检验结果表明：①系统风险冲击与上市公司股票价格波动性显著正相关，企业创新能力与上市公司股票价格波动性显著负相关。②企业创新能力在系统风险冲击与股票价格波动性关系中具有显著的负向调节作用，能够弱化系统风险冲击对股票价格波动性的影响。③在国有企业和非国有企业，制造业企业和非制造业企业，以及主板、中小板和创业板企业，系统风险冲击对股票价格波动性的正向推动作用都显著存在；企业创新能力对股票价格波动性的负向影响，以及对系统风险冲击与股票价格波动性关系的负向调节作用，在国有企业和非国有企业均显著存在，但在不同行业和上市板块存在差异。相比非制造业企业，制造业上市公司创新能力能更显著地降低股票价格波动性和弱化系统风险冲击的影响；相比中小板和创业板上市公司，主板上市公司创新能力在降低股票价格波动性和弱化系统风险冲击方面发挥的作用更加显著。

第二，对系统风险冲击与企业创新能力对股票价格波动性影响路径的研究表明：①系统风险冲击与企业经营绩效显著负相关，与投资者情绪显著正相关，企业创新能力能够促进企业经营绩效提升，弱化投资者情绪；②投资者情绪加剧了上市公司股票价格的波动，企业经营绩效并没有起到抑制股价波动的作用，说明中国股票市场存在企业基本面同股票价格波动性相背离的现象，绩优并不能稳定股价；③企业经营绩效和投资者情绪是系统风险冲击和企业创新能力影响上市公司股票价格波动性的两种重要作用渠道，总体中介效应都显著存在，且体现为部分中介效应；④对国有企业、非国有企业、制造业企业和主板企业子样本的研究发现，无论是在系统风险冲击还是企业创新能力对股票价格波动性的影响中，企业经营绩效和投资者情绪的总体中介效应都显著存在，但是企业经营绩效的个体中介效应均不显著，投资者情绪是重要的中介作用渠道。

第三，投资者异质性条件下的理论研究结果表明：①在任何系统风险冲击和投资者结构下，企业创新能力都将降低股票价格的波动性，进而对股票价格发挥“稳定器”作用。②系统风险冲击对股票价格波动性的影响将随企业创新能力和投资者结构的不同而呈现出不同特征，在企业创新能力较低的条件下，无论投资者结构如何，系统风险冲击力度加大都将推动股票价格波动性提高。③投资者结构在不同系统风险冲击和企业创新能力下将会对股票价格波动性产生不同影响。当信息交易者持股比例较低时，上市公司股票价格波动性与其信息交易者持股比例负相关；当信息交易者持股比例较高时，高(低)创新能力企业的股票价格波动性会随信息交易者持股比例增加而减小(增大)，这说明信息交易者持股比例对低创新能力企业股票价格波动性存在门槛效应，而信息交易者持股比例较高的股票市场更具“优胜劣汰”的市场选择机制。Matlab 编程仿真的结果进一步佐证了理论研究结论的正确性。

第四，系统风险冲击、企业创新能力与投资者结构对股票价格波动性影响的实证研究表明：①就中国股票市场而言，上市公司股票价格波动性与系统风险冲击显著正相关，与企业创新能力显著负相关，企业创新能力能够减小系统风险冲击下的股票价格波动性，进而起到稳定股票价格的作用。②信息交易者持股比例对股票价格波动性存在门槛效应。当信息交易者持股比例低于某一低门槛值时，信息交易者持股比例对系统风险冲击下的股票价格波动性没有显著影响；当信息交易者持股比例高于某一高门槛值时，信息交易者持股比例将对系统风险冲击下的股票价格波动性产生显著正向影响；当上市公司股票的信息交易者持股比例介于高、低门槛值之间时，会对股票价格波动性产生显著的抑制效应。该研究结果对传统金融市场理论提出的“信息交易者比例越高，股票价格越稳定”的观点进行了修正和补充。③中国上市公司普遍较低的创新能力导致股票价格在系统风险冲击下呈现出普遍暴跌现象，信息交易者持股也因上市公司创新能力普遍偏低而没能在总体上发挥稳定股票价格的作用，中国股票市场因缺乏严格的退市机制而没能使信息交易者高持股比例对低创新能力上市公司产生的“优胜劣汰”效应得到充分展现。④在国有企业和非国有企业，系统风险冲击和企业创新能力对股票价格波动性的影响具有一致性，但投资者结构与股票价格波动性的关系存在明显差异。国有企业信息交易者持股比例对股票价格波动性不存在显著影响，非国有企业信息交易者持股比例对股票价格波动性仍然存在门槛效应，随着信息交易者持股比例的提高，其对股票价格波动性的影响表现为边际效应递减的正向作用。企业创新能力对股票价格波动性的主效应，以及在系统风险冲击与股票价格波动性关系中的负向调节效应，在制造业企业比非制造业企业更加显著，在主板企业比中小板企业、创业板企业更加显著，这可能是不同行业、不同板块上市公司在创新活动的特点、股票市场信息质量、市场环境透明度等方面的差异导致的。综合来看，信息交易者持股在不同产权性质、不同行业和不同板块上市公司中均没有发挥稳定股票价格的作用。

8.2　政策建议

系统风险是推动股票市场价格波动的重要因素。近几十年来，全球及中国股票市场频现的系统风险冲击不仅给国民财富和投资者带来了巨大损失，还一度加剧了投资者的恐慌心理和悲观情绪，使股票市场长时期处于低迷状态。与发达经济体成熟的资本市场相比，中国股票市场呈现出典型的“政策市”“牛短熊长”“暴涨暴跌”特征，在遭遇系统风险冲击时的脆弱性和不稳定性特征更加凸显。提高股票市场风险抵御能力、维护股票市场平稳运行是长期内我国经济发展的重要任务。创新是衡量企业核心竞争力、未来发展潜力的核心指标，在推动经济增长和提升企业经营绩效方面发挥着重要作用。在新一轮的全球竞争中，各经济强国均出台了一系列政策措施引导和激励企业创新，力图将创新能力打造成经济增长的新引擎。基于此现实背景，本书围绕系统风险冲击、企业创新能力与股票价格波动性的关系进行了深入系统的研究。基于本书研究结论，提出如下建议：

第一，防范系统风险，降低其发生的频率和冲击力度。回顾全球及中国股票市场的发展实践，周期性和突发性的系统风险冲击屡屡发生，使投资者和国民经济都遭受了巨大损失。在中国股票市场，由于股票发行制度和退市制度不完善及监管手段缺乏，系统风险隐患依然存在，应采取多方面措施降低系统风险发生的频率，减小其对股票市场的冲击力度：规范市场监管行为，不断完善和丰富市场监管手段，加大执法力度，从根本上降低系统风险隐患及发生的频率；保持股票市场相关制度的连续性和前瞻性，避免外生政策冲击引起的股票市场大幅波动；研究和预测国内外重大事件对股票市场可能造成的冲击，及时提出应对方案，降低外部系统风险冲击对股票市场的影响程度。

第二，培育企业创新主体，提高上市公司创新能力，增强上市公司的系统风险抵御能力和我国股票市场的稳定性。股票市场屡屡出现的系统风险冲击，加剧了投资者的恐慌和非理性情绪，严重打击了投资者信心，使股票市场呈现出短期持续动荡和长期疲软的状态。本书的研究结论表明，上市公司的创新能力能够弱化系统风险冲击对股票价格波动性的影响，从而对股票价格具有稳定效应。因此，应营造良好的创新氛围，建立有效的创新激励机制，培育自主创新的企业主体，引导和鼓励上市公司提高创新能力，充分发挥对股票价格的“稳定器”作用。

第三，改善股票市场有效性，优化股票市场资源配置。中国股票市场存在企业经营基本面同其股票价格波动性相背离的现象，上市公司绩优并未能稳定股价。这可能源于中国股票市场有效性相对较弱、信息披露质量不高、投资者的非理性行为突出等现实背景。因此，应加强投资者素质建设，规范投资者行为，矫正股票市场的投机行为，培育投资者价值投资理念；同时，完善股票市场信息披露制度，提高股票市场的信息质量和信息环境透明度，改善中国股票市场有效性。

第四，加强投资者素质建设，优化投资者结构，充分发挥信息交易者在稳定股票市场价格中的积极作用。本书的理论研究结果表明，信息交易者持股比例在不同的企业创新能力下将对股票价格波动性产生不同的影响。对于高创新能力企业，信息交易者持股比例提高能抑制股票价格的波动；对于低创新能力企业，信息交易者持股比例对股票价格波动性的影响存在门槛效应。总体来看，信息交易者持股比例较高的股票市场更具有“优胜劣汰”的市场选择机制，有利于通过上市公司的“新旧更替”保持更加健康的股票市场肌体。因此，应优化投资者结构，壮大信息交易者群体，充分发挥信息交易者对股票市场价格的稳定作用。

第五，加强股票市场的制度建设，尤其是上市公司的信息披露制度和退市制度。从长期来看，创新能力是企业价值和企业绩效提升的源泉。对于长期的价值投资者而言，只有投资具有创新能力的上市公司，才能获得超额收益。应完善股票市场信息披露制度，降低投资者的信息获取成本，通过甄别和选择优质的上市公司降低系统风险冲击带来的投资风险。此外，应加快完善股票市场退市制度，为股票市场“优胜劣汰”机制的发挥提供制度保障，最大限度地发挥股票市场鼓励创新的职能。

8.3　研究展望

虽然本书统筹多个视角系统分析了系统风险冲击、企业创新能力对股票价格波动性的影响，并取得了一些创新性的研究成果，但综合来看，本书研究仍存在一些局限性，可在未来的研究中进行拓展和完善。

第一，研究的样本期长度和评价企业创新能力的维度可进一步拓展。由于中国股票市场信息披露制度不完善，A 股上市公司在 2012 年以前对研发投入和专利持有等创新能力数据的披露信息不完全，难以获得连续且较为完整的企业创新能力相关数据。鉴于数据可得性和完整性，本书将样本区间设定为 2013 年至 2017 年，对企业创新能力的度量也仅采用了创新投入、创新产出和创新环境三个维度。未来，随着中国股票市场信息披露制度的不断完善和数据的不断丰富，可将样本期扩展至更长的区间，以增强样本的代表性；同时，可进一步拓展企业创新能力综合指标的维度，将员工整体素质、新产品销售占比、新产品推出频率等指标纳入创新能力评价指标体系，以对企业创新能力进行更加全面的度量。

第二，基于国际视野，采用全球上市公司样本数据，考察在企业创新能力较强的情境下，系统风险冲击、企业创新能力和投资者结构与股票价格波动性之间的关系。本书基于投资者异质性视角，构建了系统风险冲击、企业创新能力和投资者结构与股票价格波动性的理论模型。在此基础上，基于中国股票市场的特定情境和 A 股上市公司样本数据对理论模型的结论进行了实证检验。基于中国股票市场上市公司创新能力普遍偏低的现实，本书实证研究只论证了在企业创新能力较低的情境下投资者结构与股票价格波动性的关系。未来，可搜集全球上市公司样本数据，基于高创新能力上市公司样本，实证检验在企业创新能力较强的情境下，信息交易者持股在股票价格波动性中发挥的作用，以对系统风险冲击、企业创新能力和投资者结构与股票价格波动性之间的关系进行更加全面的考察，形成更加完善的研究体系。

主要参考文献

[1]包全永．银行系统性风险的传染模型研究[J]．金融研究，2005(8)：72-84.

[2]德鲁克．创新与企业家精神[M]．北京：企业管理出版社，1989.

[3]蔡庆丰，宋友勇．超常规发展的机构投资者能稳定市场吗：对我国基金业跨越式发展的反思[J]．经济研究，2010(1)：90-101.

[4]蔡庆丰，杨侃．是谁在“捕风捉影”：机构投资者 VS 证券分析师：基于 A 股信息交易者信息偏好的实证研究[J]．金融研究，2013(6)：193-206.

[5]曹洪军，赵翔，黄少坚．企业自主创新能力评价体系研究[J]．中国工业经济，2009(9)：105-114.

[6]曹云波，薛文忠，常兴华．保险公司入市对股票市场波动影响的实证分析[J]．东北财经大学学报，2013(1)：29-32.

[7]曾德明，李励，王泓略．研发强度对二元式创新的影响：来自汽车产业上市公司的实证研究[J]．科学学与科学技术管理，2016，37(1)：69-79.

[8]陈国进，张贻军，刘淳．机构投资者是股市暴涨暴跌的助推器吗：来自上海 A 股市场的经验证据[J]．金融研究，2010(11)：45-59.

[9]陈其安，雷小燕．货币政策，投资者情绪与中国股票市场波动性：理论与实证[J]．中国管理科学，2017，25(11)：1-11.

[10]陈作华，金贞姬．应计项目盈余管理与公司系统风险：来自中国上市公司的经验证据[J]．山西财经大学学报，2014，36(7)：115-124.

[11]杜丹丽，曾小春．模糊奖惩特征视角下我国高新技术企业创新能力的动态综合评价[J]．科技管理研究，2016，36(9)：51-56，78.

[12]范小云，王道平，方意．我国金融机构的系统性风险贡献测度与监

管：基于边际风险贡献与杠杆率的研究[J]. 南开经济研究，2011(4)：3-20.

[13]方红星，陈作华. 高质量内部控制能有效应对特质风险和系统风险吗？[J]. 会计研究，2015(4)：70-77，96.

[14]冯梓洋，张显峰，唐亮. 创业板公司自主创新与企业经营绩效，股价波动的关联分析[J]. 证券市场导报，2014(3)：41-45.

[15]耿志祥，孙祁祥. 金融危机和自然灾害对保险股票市场的影响与溢出效应检验[J]. 金融研究，2016(5)：65-81.

[16]郭乃幸，杨朝军，龚霄. 投资者结构对流动性黑洞的影响：来自中国A股市场的经验证据[J]. 系统管理学报，2014，23(1)：65-72.

[17]何佳，何基报，王霞，等. 机构投资者一定能够稳定股市吗：来自中国的经验证据[J]. 管理世界，2007(8)：35-42.

[18]何建洪，贺昌政. 创新能力与创新型企业评价研究[J]. 管理学报，2011，8(2)：248-253.

[19]何青，钱宗鑫，刘伟. 中国系统性金融风险的度量：基于实体经济的视角[J]. 金融研究，2018(4)：53-70.

[20]贺炎林，刘晓棠. 投资者结构对IPOs抑价的影响研究[J]. 统计与决策，2010(10)：137-139.

[21]贺远琼，陈昀. 不确定环境中高管团队规模与企业绩效关系的实证研究：基于中国制造业上市公司的证据[J]. 科学学与科学技术管理，2009，30(2)：123-128.

[22]胡大春，金赛男. 基金持股比例与A股市场收益波动率的实证分析[J]. 金融研究，2007(4)：129-142.

[23]黄虹，张恩焕，孙红梅，等. 融资融券会加大投资者情绪对股指波动的影响吗？[J]. 中国软科学，2016(3)：151-161.

[24]黄启新. 管理层权力，机构投资者异质性与资本配置效率[J]. 现代财经(天津财经大学学报)，2017，37(1)：78-89.

[25]黄稚渊，韩艾，汪寿阳. 基于价格强度模型的量价关系与交易策略研究[J]. 系统工程理论与实践，2018，38(4)：848-862.

[26]贾颖，杨天化. "次贷危机"下发达国家和地区股票指数的惯性效应

与反转效应：以美国、日本、欧洲、香港为例[J]. 金融研究，2011(8)：157-166.

[27]焦贺英，刘善存，成微. 是否应提高高价股的最小报价单位：基于人工股票市场的实验研究[J]. 系统工程理论与实践，2011，31(12)：2252-2263.

[28]亢梅玲，陈安筠，李涛. 出口学习效应与企业创新[J]. 研究与发展管理，2016，28(2)：23-32.

[29]李广川，邱菀华，刘善存. 投资者结构与股价波动：基于过度自信和注意力分配的理论分析[J]. 南方经济，2009(4)：12-23，33.

[30]李江雁，何文龙，王铁民. 企业创新能力对企业价值的影响：基于中国移动互联网上市公司的实证研究[J]. 经济与管理研究，2016，37(4)：109-118.

[31]李诗瑶. 基金持股、止损机制与股价波动[J]. 现代财经，2017，37(4)：15-24，101.

[32]李卫宁，张祎宁. 新任 CEO 特征、管理团队调整与企业绩效：基于 ST 上市公司的数据实证[J]. 中国管理科学，2014，22(8)：47-55.

[33]李志生，杜爽，林秉旋. 卖空交易与股票价格稳定性：来自中国融资融券市场的自然实验[J]. 金融研究，2015(6)：173-188.

[34]李志生，金凌. "国家队"救市、股价波动与异质性风险[J]. 管理科学学报，2019，22(9)：67-81.

[35]梁莱歆，张焕凤. 高科技上市公司 R&D 投入绩效的实证研究[J]. 中南大学学报(社会科学版)，2005(2)：92-96.

[36]廖理，张云亭，张伟强. 中国融资投资者是否更为过度交易[J]. 系统工程理论与实践，2018，38(4)：836-847.

[37]刘博. 债务融资方式会影响企业创新吗：来自 A 股上市公司的实证研究[J]. 金融发展研究，2016(2)：9-16.

[38]刘璐，王向楠，张文欣. 保险机构持股行为对上市公司股价波动的影响[J]. 保险研究，2019(2)：28-40.

[39]刘晓星，方琳. 系统性风险与宏观经济稳定：影响机制及其实证检

验[J]. 北京工商大学学报(社会科学版), 2014, 29(5): 65-77.

[40]刘振彪, 何天. 机构投资者影响我国股价波动的实证研究[J]. 财经理论与实践, 2016(1): 64-69.

[41]柳士顺, 凌文辁. 多重中介模型及其应用[J]. 心理科学, 2009(2): 433-435.

[42]陆静, 胡晓红. 基于条件在险价值法的商业银行系统性风险研究[J]. 中国软科学, 2014(4): 25-42.

[43]罗婷, 朱青, 李丹. 解析 R&D 投入和公司价值之间的关系[J]. 金融研究, 2009(6): 100-110.

[44]马金峰, 刘善存. 沪市 A 股上市公司定期公告对信息性和流动性交易行为的影响[J]. 系统工程理论与实践, 2013, 33(5): 1099-1106.

[45]潘越, 潘健平, 戴亦一. 公司诉讼风险、司法地方保护主义与企业创新[J]. 经济研究, 2015(3): 131-145.

[46]祁斌, 黄明, 陈卓思. 机构投资者与股市波动性[J]. 金融研究, 2006(9): 54-64.

[47]任海云, 师萍. 公司 R&D 投入与绩效关系的实证研究[J]. 科技进步与对策, 2009, 26(24): 89-93.

[48]施东晖. 证券投资基金的交易行为及其市场影响[J]. 世界经济, 2001(10): 26-31.

[49]史金艳, 孙秀婷, 刘芳芳. 投资者过度自信与企业投资行为: 基于 2006—2008 年中国上市公司的实证研究[J]. 东北大学学报(社会科学版), 2011, 13(1): 33-37.

[50]史永东, 王谨乐. 中国机构投资者真的稳定市场了吗? [J]. 经济研究, 2014(12): 100-112.

[51]宋冬林, 毕子男, 沈正阳. 机构投资者与市场波动性关系的研究: 基于中国 A 股市场的实证分析[J]. 经济科学, 2007(3): 97-103.

[52]苏明. 金融危机对中国股票价格指数的传导机制及其影响研究[D]. 济南: 山东大学, 2014.

[53]孙彦林, 陈守东, 刘洋. 基于股市和汇市成交量信息视角的股价波

动预测[J]. 系统工程理论与实践，2019，39(4)：935-945.

[54]谭洪涛，袁晓星，杨小娟. 股权激励促进了企业创新吗：来自中国上市公司的经验证据[J]. 研究与发展管理，2016，28(2)：1-11.

[55]唐国平，李龙会. 环境信息披露、投资者信心与公司价值：来自湖北省上市公司的经验证据[J]. 中南财经政法大学学报，2011(6)：70-77.

[56]陶玲，朱迎. 系统性金融风险的监测和度量：基于中国金融体系的研究[J]. 金融研究，2016(6)：18-36.

[57]王国臣，傅斌，曹伟，等. 投资者情绪、新股申购资金冻结与股价波动[J]. 中央财经大学学报，2017(11)：38-49.

[58]王立新，李勇，任荣明. 基于灰色多层次方法的企业技术创新风险评估研究[J]. 系统工程理论与实践，2006(7)：98-104.

[59]王立新. 企业创新过程研究[D]. 上海：上海交通大学，2006.

[60]王铁男，徐云咪. 管理创新能力调节下技术创新能力对企业绩效的影响[J]. 技术经济，2012，31(10)：25-32.

[61]王文虎，万迪昉，吴祖光，等. 投资者结构、交易失衡与商品期货市场的价格发现效率[J]. 中国管理科学，2015，23(11)：1-11.

[62]王秀丽，梁诗卉. 股价异常波动时期公司业绩与股票价格的关系研究：基于2015年中国A股上市公司的经验证据[J]. 北京工商大学学报(社会科学版)，2016，31(6)：64-73.

[63]王玉冬，王迪，王珊珊. 高新技术企业创新资金配置风险预警的FOA-SVM模型及实证[J]. 系统工程理论与实践，2018，38(11)：2852-2862.

[64]温忠麟，叶宝娟. 中介效应分析：方法和模型发展[J]. 心理科学进展，2014，22(5)：731-745.

[65]温忠麟，张雷，侯杰泰，等. 中介效应检验程序及其应用[J]. 心理学报，2004，36(5)：614-620.

[66]吴涛. 技术创新风险分析的三维框架[J]. 科技进步与对策，2004(1)：38-39.

[67]吴武清，陈暮紫，黄德龙，等. 系统风险的会计决定：企业财务风险、经营风险、系统风险的时变关联[J]. 管理科学学报，2012，15(4)：

71-80.

[68]吴晓晖，郭晓冬，乔政．机构投资者抱团与股价崩盘风险[J]．中国工业经济，2019(2)：117-135.

[69]肖璞，刘轶，杨苏梅．相互关联性、风险溢出与系统重要性银行识别[J]．金融研究，2012(12)：96-106.

[70]肖淑芳，石琦，张一鸣．上市公司创新能力指数的构建[J]．北京理工大学学报(社会科学版)，2020，22(1)：57-69.

[71]徐经长，王胜海．核心高管特征与公司成长性关系研究：基于中国沪深两市上市公司数据的经验研究[J]．经济理论与经济管理，2010(6)：58-64.

[72]徐维祥，齐昕，刘程军，等．企业创新的空间差异及影响因素研究：以浙江为例[J]．经济地理，2015，35(12)：50-56.

[73]徐欣，唐清泉．R&D 活动、创新专利对企业价值的影响：来自中国上市公司的研究[J]．研究与发展管理，2010，22(4)：20-29.

[74]许庆瑞，郑刚，喻子达，等．全面创新管理(TIM)、企业创新管理的新趋势：基于海尔集团的案例研究[J]．科研管理，2003，24(5)：1-7.

[75]严鹏．民营科技型企业创新能力的分析模型[J]．科技管理研究，2008，28(11)：40-42.

[76]晏艳阳，胡俊．股票价格与上市公司业绩的关联分析：对中国证券市场的研究[J]．系统工程，2006(8)：63-69.

[77]杨朝军，姚亚伟，沈思玮．投资者结构、行为与市场流动性：基于中国证券市场的经验数据分析[J]．系统管理学报，2009，18(4)：361-366，372.

[78]杨建君，刘刃．企业创新策略选择与股价波动之间关系实证研究[J]．管理工程学报，2009，23(1)：35-40.

[79]姚禄仕，吴宁宁．基于 LSV 模型的机构与个人羊群行为研究[J]．中国管理科学，2018，26(7)：55-62.

[80]余静文．人民币汇率变动、市场竞争与企业创新[J]．世界经济研究，2016(4)：51-65.

[81]岳梅梅．中国二级股票市场投资者结构问题研究[D]．上海：上海交通大学，2018.

[82]张涤新，冯萍．国际金融危机对我国内地与香港股票市场的冲击研究：以交叉上市公司为视角[J]．上海经济研究，2013，25(2)：70-85.

[83]张平．高层管理团队的异质性与企业绩效的实证研究[J]．管理学报，2007(4)：501-508.

[84]张维迎．博弈论与信息经济学[M]．上海：上海人民出版社，2004.

[85]张伟，仲伟俊，梅姝娥．创新回报不确定性下的新技术采纳研究[J]．系统工程理论与实践，2018，38(2)：390-400.

[86]张显峰．基于成长性和创新能力的中国创业板上市公司价值评估研究[D]．长春：吉林大学，2012.

[87]张学勇，薛志宏．金融危机、公司特征及调控政策效果：来自中国上市公司的证据[J]．经济学动态，2014(5)：84-95.

[88]张学勇，张叶青．风险投资、创新能力与公司 IPO 的市场表现[J]．经济研究，2016(10)：112-125.

[89]张杨，汤凌冰，金培振．金砖国家创新能力测度与影响因素研究[J]．中国软科学，2015(6)：148-157.

[90]张羽，李黎．证券投资基金交易行为及其对股价的影响[J]．管理科学，2005(4)：77-85.

[91]张治河，王艳伟，阎亮，等．上市公司创新能力评价研究：来自陕西省 41 家上市公司的数据[J]．科研管理，2016，37(3)：81-92.

[92]郑瑞玺．我国上市公司财务绩效对股价影响的实证研究[J]．求索，2009(8)：39-41.

[93]周铭山，张倩倩，杨丹．创业板上市公司创新投入与市场表现：基于公司内外部的视角[J]．经济研究，2017，52(11)：135-149.

[94]周天芸，周开国，黄亮．机构集聚、风险传染与香港银行的系统性风险[J]．国际金融研究，2012(4)：77-87.

[95]周煊，程立茹，王皓．技术创新水平越高企业财务绩效越好吗：基于 16 年中国制药上市公司专利申请数据的实证研究[J]．金融研究，2012

(8)：166-179.

[96]朱磊，韩雪，王春燕．股权结构、管理者过度自信与企业创新绩效：来自中国A股高科技企业的经验证据[J]．软科学，2016(12)：100-103，108.

[97]朱相平，彭田田．QFII持股对中国股票市场稳定性的影响：基于中美贸易摩擦背景下的研究[J]．宏观经济研究，2019(5)：60-73，88.

[98]左文明，林晓丹，赵萱，等．制造企业创新能力评价指标体系研究[J]．商业研究，2010(1)：84-87.

[99]ABRAHAM C，JOHN S. Top management team behavioral integration，secision quality，and organizational decline [J]. The Leadership Quarterly，2006，17(5)：441-453.

[100]ABRAHAM C，JOHN S，ASHER T. How CEO empowering leadership shapes top management team processes：Implications for firm performance[J]. The Leadership Quarterly，2011(22)：399-411.

[101]ADCOCK C，HUA X，MAZOUZ K，et al. Does the stock market reward innovation? European stock index reaction to negative news during the global financial crisis[J]. Journal of international money & finance，2014，49(PB)：470-491.

[102]ADRIAN T，BRUNNERMEIER M. CoVar [R]. Federal Reserve Bank of New York，Staff Resports，No. 2008(348).

[103]AKERLOF G A. The market for "Lemons"：qualitative uncertainty and the market mechanism [J]. The quarterly journal of economics，1970(84)：488-500.

[104]ALBUQUERQUE R，MIAO J. Advance information and asset prices[J]. Journal of economic theory，2014(149)：236-275.

[105]ALLEN F，GALE D. Comparing financial systems [M]. Cambridge：MIT Press，2000.

[106]ALLEN F，LITOV L，MEI J. Large investors，price manipulation，and limits to arbitrage：an anatomy of market corners[J]. Review of finance，2006，10(10)：645-693.

[107] APERGIS N, ARTIKIS P, SORROS J. Asset pricing and foreign exchange risk[J]. Research in international business & finance, 2011, 25(3): 308-328.

[108] ARROW K J, DEBREU G. Existence of an equilibrium for a competitive economy[J]. Econometrica, 1954, 22(3): 265-290.

[109] ASGHARIAN H, KARLSSON S. Evaluating a non-linear asset pricing model on international data[J]. International review of financial analysis, 2008, 17(3): 604-621.

[110] BAEK J S, KANG J K, PARK K S. Corporate governance and firm value: evidence from the Korean financial crisis[J]. Journal of financial economics, 2004, 71(2): 265-313.

[111] BAKER M, WURGLER J. Investor sentiment and the cross-section of stock market[J]. Journal of finance, 2006(4): 1645-1680.

[112] BAKSHI G S, CHEN Z, NAKA A. Production-based asset pricing in Japan[J]. Pacific-Basin Finance Journal, 1995, 3(2-3): 217-240.

[113] BANDT D O, HARTMANN P, PEYDRO J. Systemic risk in banking: an update [M]. New York: Oxford University Press, 2009.

[114] BANTEL K A, JACKSON S E. Top management and innovations in banking: does the composition of the top team make a difference? [J]. Strategic management journal, 1989, 10(S1): 107-124.

[115] BARBER B M, ODEAN T. All that glitters: the effect of attention and news on the buying behavior of individual and institutional investors[J]. Review of financial studies, 2008(21): 785-818.

[116] BARTHOLOMEW P E, WHALEN G. Fundamentals of systemic risk [J]. Research in financial services: banking, financial markets, and systemic risk, 1995(7): 3-18.

[117] BARTON D L. Core capabilities and core rigidities: a paradox in managing new product development [J]. Strategic management journal, 1992 (13): 56-61.

[118]BERNANKE B S， KUTTNER K N. What explains the stock market's reaction to federal reserve policy? [J]. Journal of finance，2005，60(5)：1221-1257.

[119]BERNHARD S， EBNER T. Cross-border spillover effects of unconventional monetary policies on Swiss asset prices[J]. Journal of international money & finance，2017(75)：109-127.

[120]BERNOULLI D. Exposition of a new theory on the measurement of risk [J]. Econometrica，1954，22(1)：23-36.

[121]BLACK F， JENSEN M C， SCHOLES M S. The capital asset pricing model：Some empirical tests[J]. Social science electronic publishing，1972，94(8)：4229-4232.

[122]BLACK L， CORREA R， HUANG X， et al. The systemic risk of European banks during the financial and sovereign debt crises [R]. Board of Governors of the Federal Reserve System International Finance Discussion Papers，2013.

[123]BLUME M E， FRIEND I. A new look at the capital asset pricing model [J]. Journal of finance，1973，28(1)：19-34.

[124]BOAMAH N A， WATTS E， LOUDON G. Regionally integrated asset pricing on the African stock markets：evidence from the Fama French and Carhart models[J]. Journal of economics & business，2017(92)：29-44.

[125]BOHL M T， BRZESZCZZYNSKI J. Do institutional investors destabilize stock prices? Evidence from an emerging market [J]. Journal of international financial markets，2006(16)：370-383.

[126]BOLY V， MOREL L， ASSIELOU N D G， et al. Evaluating innovative processes in french firms：methodological proposition for firm innovation capacity evaluation[J]. Research policy，2014，43(3)：608-622.

[127]BREEDEN D T. An intertemporal asset pricing model with stochastic consumption and investment opportunities [J]. Journal of financial economics，1979，7(3)：265-296.

[128]Broekhuizen T， Dekker H， Faria P D， et al. AI for managing open innovation：opportunities， challenges， and a research agenda [J]. Journal of

business research, 2023(167): 114196.

[129]CAINELLI G, IWANGCLISTA R, SAVONA M. Innovation and economic performance in services: a firm-level analysis[J]. Cambridge journal of ixonomics, 2006, 30(3): 435-458.

[130]CARAYANNIS E, PROVANCE M. Measuring firm innovativeness: Towards a composite innovation index built on firm innovative posture, propensity and performance attributes [J]. International journal of innovation and regional development, 2008(1): 90-107.

[131]CARL L P. Risk management: concepts and guidance[M]. Arlington, Virginia, USA: ESI International, 1999.

[132]CARLIN B I, LONGSTAFF F A, MATOBA K. Disagreement and asset prices[J]. Journal of financial economics, 2014, 114(2): 226-238.

[133]CARMELI A, HALEVI M Y. How top management team behavioral integration and behavioral Complexity enable organizational ambidexterity: the moderating role of contextual ambidexterity[J]. Leadership quarterly, 2009(20): 207-218.

[134]CASSIMAN B, VEUGELERS R. In search of complementarily in innovation strategy: internal R&D and external knowledge acquisition[J]. Management science, 2006(52): 68-82.

[135]CHAN L K C, LAKONISHOK J, SOUGIANNIS T. The stock market valuation of research and development expenditures[J]. Journal of finance, 2001, 56(6): 2431-2456.

[136]CHANG E C, SEN D. Idiosyncratic volatility, fundamentals and institutional herding: evidence from the Japanese stock market [R]. Working Paper, University of Hong Kong, 2005.

[137]CHIAO C, HUNG K, SRIVASTAVA S C. Taiwan stock market and four-moment asset pricing model[J]. Journal of international financial markets institutions & money, 2003, 13(4): 355-381.

[138]CHILD J. Managerial and organizational factors associated with company

performance: a contingency analysis [J]. Journal of management studies, 1975, 12(1): 12-27.

[139] CHO H J, PUCIK V. Relationship between innovativeness, quality, growth, profitability, and market value[J]. Strategic management journal, 2005, 26(6): 555-575.

[140] CHO T S, HAMBRICK D C, CHEN M J. Effects of top management team characteristics on competitive behaviors of firms[J]. Academy of management best paper proceedings, 1994, 30(2): 12-16.

[141] CHOU T J, CHEN F T. Retail pricing strategies in recession economies: The case of Taiwan [J]. Journal of international marketing, 2004, 12 (1): 82-102.

[142] CHRISTENSEN C M. The innovator's dilemma: when new technologies cause great firms to fail[M]. Boston: Harvard Business School Press, 1997.

[143] CHRISTOPHE B, WALTER H. Top management team diversity and firm performance: moderators of functional-background and locus of control diversity [J]. Management science, 2009, 55(2): 165-180.

[144] CLIFFORD D. Thriving in a recession[J]. Harvard business review, 1977(55): 57-65.

[145] COHEN R B, GOMPERS P A, VUOLTEENAHO T. Who underreacts to cash-flow news? Evidence from trading between individuals and institutions[J]. Journal of financial economics, 2002, 66(2-3): 409-462.

[146] COX J, INGERSOLL J, ROSS S. An intertemporal general equilibrium model of asset prices [J]. Econometrica, 1985, 53(2): 363-384.

[147] COX J, INGERSOLL J, ROSSS. A theory of the term structure of interest rates [J]. Econometrica, 1985, 53(2): 385-407.

[148] DANIEL K, HIRSHLEIFER D, SUBRMANYAM A. Investor psychology and security market under-and-overreactions[J]. Journal of finance, 1998, 53 (1): 1839-1886.

[149] DARRAT A F, ZHONG M. Equity market linkage and multinational

trade accords: the case of NAFTA[J]. Journal of international money & finance, 2005, 24(5): 793-817.

[150]DAS S. Empirical evidence of conditional asset pricing in the Indian stock market[J]. Economic systems, 2015, 39(2): 225-239.

[151]DENNIS P J, STRICKLAND D. Who blinks in volatile markets, individuals or institutions? [J]. The journal of finance, 2002, 57(5): 1923-1949.

[152]DIAMOND D W, VERRECHIA R E. Information aggregation in a noisy rational expectations economy[J]. Journal of financial economics, 1981, 9(3): 221-235.

[153]DRAKOS A A, KOURETAS G P. Bank ownership, financial segments and the measurement of systemic risk: an application of CoVaR[J]. International review of economics & finance, 2015(40): 127-140.

[154]DWYER S, RICHARD O C, CHADWICK K. Gender diversity in management and firm performance: the influence of growth orientation and organizational culture [J]. Journal of business rsearch, 2003(56): 1001-1019.

[155]ELDOMIATY T I, DHAHERY M, SHUKRI M. The fundamental determinants of systematic risk and financial transparency in the DFM General Index[J]. Middle eastern finance and economics, 2009(5): 62-74.

[156]ENGLE R F. Autoregressive conditional heteroscedasticity with estimates of the variance of United Kingdom inflation[J]. Econometrica, 1982, 50(4): 987-1007.

[157]ERDOS P, ORMOS M, ZIBRICZKY D. Non-parametric and semi-parametric asset pricing [J]. Economic modelling, 2011, 28(3): 1150-1162.

[158]FAHLENBRACH R, PRILMEIER R, STULZ R. This time is the same: using bank performance in 1998 to explain bank performance during the recent financial crisis[J]. Journal of finance, 2012, 67(6): 2139-2185.

[159] FAMA E F. Stock returns, real activity, inflation and money [J]. American economic review, 1981(71): 545-565.

[160]FAMA E F, FRENCH K R. A five-factor asset pricing model[J]. Jour-

nal of financial economics，2013，116(1)：1-22.

[161]FAMA E F，FRENCH K R. Dissecting anomalies with a five-factor model[J]. Review of financial studies，2016，29(1)：69-103.

[162]FAMA E F，FRENCH K R. International tests of a five-factor asset pricing model[J]. Journal of financial economics，2016，123(3)：441-463.

[163]FAMA E，FRENCH K. Common risk factors in the returns on bonds and stocks [J]. Journal of financial economics，1993，33(1)：3-56.

[164] FAMA E，FRENCH K. Multifactor explanations of asset pricing anomalies[J]. Journal of finance，1996，51(1)：55-84.

[165]FINKELSTEIN S，HAMBRICK D C. Strategic leadership：top executives and their effects on organizations[M]. Minneapolis：West Publishing，1996.

[166]FINKELSTEIN S，HAMBRICK D C，CANNELLA A A. Strategic leadership：theory and research on executives，top management teams，and boards[M]. New York：Oxford University Press，2008.

[167] FLEXNER K F，PFEFFER I. Insurance and economic theory [J]. Journal of insurance，1957，24(1)：188.

[168]FREEMAN C. The national system of innovation in historical perspective [J]. Cambridge journal of economics，1995，19(1)：5-24.

[169]FREEMAN C，SOETE L. The economics of industrial innovation[M]. London，UK：Routledge，1997.

[170]GALIA F，LEGROS D. Complementarities between obstacles to innovation：evidence from France[J]. Research Policy，2004，33(8)：1185-1199.

[171]GANDY A，VERAART L A M. A bayesian methodology for systemic risk assessment in financial networks [J]. Management science，2017，63 (12)：4428-4446.

[172]GAO X，ZHANG W. Foreign investment，innovation capacity and environmental efficiency in China[J]. Mathematical & computer modelling，2013，58 (5-6)：1040-1046.

[173]GARCIA R，BONOMO M. Tests of conditional asset pricing models in

the Brazilian stock market[J]. Journal of international money & finance, 2001, 20(1): 71-90.

[174]GERVAIS S, ODEAN T. Learning to be overconfident[J]. The review of financial studies, 2001, 14(1): 1-27.

[175]GIBBONS M R. Multivariate tests of financial models: A new approach[J]. Journal of financial economics, 1982, 10(1): 3-27.

[176] GOLL I, JOHNSON N B, RASHEED A A. Top management team demographic characteristics, business strategy, and firm performance in the US airline industry: the role of managerial discretion [J]. Management decision, 2008, 2(46): 201-222.

[177]GOSPODINOV N, KAN R, ROBOTTI C. Chi-squared tests for evaluation and comparison of asset pricing models[J]. Journal of econometrics, 2013, 173(1): 108-125.

[178]GRISHCHENKO O V. Asset pricing in the production economy subject to monetary shocks[J]. Journal of economics & business, 2011, 63(3): 187-216.

[179] GUAN J, MA N. Innovative capability and export performance of Chinese firms[J]. Technovation, 2003, 23(9): 737-747.

[180]GUO B, ZHANG W, ZHANG Y, et al. The five-factor asset pricing model tests for the Chinese stock market[J]. Pacific-Basin finance journal, 2017(43): 84-106.

[181]GUO J, HE X D. Equilibrium asset pricing with Epstein-Zin and loss-averse investors[J]. Journal of economic dynamics & control, 2017(76): 86-108.

[182]HACıBEDEL B. Does investor recognition matter for asset pricing? [J]. Emerging markets review, 2014(21): 1-20.

[183]HAMBRICK D C. Upper echelons theory: an update[J]. Academy of management review, 2007, 32(2): 334-343.

[184]HAMBRICK D C, MASON P A. Upper echelons: the organization as a reflection of its top managers[J]. Social science electronic publishing, 1984, 9(2): 193-206.

[185] HAMORI S. Risk premiums and conditional covariances in tests of asset pricing models: some evidence from Japan[J]. Japan & the world economy, 1997, 9(3): 413–430.

[186] HAO J, KOO C K, YU C. Legal environment, government effectiveness and firms' innovation in China: examining the moderating influence of government ownership[J]. Technological forecasting & social change, 2015(96): 15–24.

[187] HARSHITA SINGH S, YADAV, et al. Indian stock market and the asset pricing models[J]. Procedia economics and finance, 2015(30): 294–304.

[188] HART P, MELLORS J. Management youth and company growth: acorrelation? [J]. Management decision, 1970, 4(1): 50–53.

[189] HAYEK F A. The use of knowledge in society[J]. The American economic review, 2005, 35(4): 519–530.

[190] HELLWIG M F. On the aggregation of information in competitive markets [J]. Journal of economic theory, 1980, 22(3): 477–498.

[191] HEWITT–DUNDAS N. Resource and capability constraints to innovation in small and large plants[J]. Small business economics, 2006, 26(3): 257–277.

[192] HIRSHLEIFER D, SUBRAMANYAM A, TITMAN S. Security analysis and trading patterns when some investors receive information before others[J]. Journal of finance, 1994(49): 1665–1698.

[193] HOLMSTROM B, MILGROM P. Aggregation and linearity in the provision of intertemporal incentitives[J]. Econometrica, 1987, 55(2): 303–328.

[194] HORTON F W. Information resources management: concept and cases [M]. Ohio: Association for Systems Management Press, 1979.

[195] HSU P H. Technological innovations and aggregate risk premiums[J]. Journal of financial economics, 2009, 94(2): 264–279.

[196] HUANG H H, CHAN M L, HUANG I H, et al. Stock price volatility and overreaction in a political crisis: the effects of corporate governance and performance[J]. Pacific–Basin finance journal, 2011, 19(1): 1–20.

[197] HUANG X, ZHOU H, ZHU H. A framework for assessing the systemic

risk of major financial institutions [J]. Journal of banking and finance, 2009(33): 2036-2049.

[198] HUNTER J, WU F. Multifactor consumption based asset pricing models using the US stock market as a reference: evidence from a panel of developed economies[J]. Economic modelling, 2014, 36(35): 557-565.

[199] HUSSINGER K, PACHER S. Information ambiguity, patents and the market value of innovative assets[J]. Research policy, 2019, 48(3): 665-675.

[200] HUYNH T D. Conditional asset pricing in international equity markets [J]. International review of economics & finance, 2017(49): 168-189.

[201] IVASHINA V, SCHARFSTEIN D. Bank lending during the financial crisis of 2008[J]. Journal of financial economics, 2010, 97(3): 319-338.

[202] JAN Y-C , CHOU P S-R, HUNG M-W. Pacific Basin stock markets and international capital asset pricing[J]. Global finance journal, 2000, 11(1): 1-16.

[203] JOHNSON S, BOONE P, BREACH A, et al. Corporate governance in the Asian financial crisis[J]. Journal of financial economics, 2000, 58(1-2): 141-186.

[204] KAUFMAN G. Comment on systemic risk [J]. Research in Financial Services: Banking, Financial Markets, and Systemic Risk, 1995(7): 47-52.

[205] KING B F. Market and industry factors in stock price behavior[J]. Journal of business, 1966, 39(1): 139-190.

[206] LANJOUW J O, SCHANKERMAN M. Patent quality and research productivity: measuring innovation with multiple indicators [J]. Economic journal, 2004, 114(495): 441-465.

[207] LEBARON B. Heterogeneous gain learning and the dynamics of asset prices[J]. Journal of Economic Behavior & Organization, 2012, 83(3): 424-445.

[208] LEENDERS M A A M, WIERENGA B. The effectiveness of different mechanisms for integrating marketing and R&D[J]. Journal of product innovation management, 2002, 19(4): 305-317.

[209]LEMMON M L, LINS K V. Ownership structure, corporate governance, and firm value: evidence from the east Asian financial crisis [J]. Journal of finance, 2003, 58(4): 1445-1468.

[210]LERNER J AND WULF J. Innovation and incentives: Evidence from corporate R&D [J]. Review of economics and statistics, 2007(89): 634-644.

[211]LEUNG S, HORWITZ B. Corporate governance and firm value during a financial crisis[J]. Review of quantitative finance & accounting, 2010, 34(4): 459-481.

[212]LI J. Investor sentiment, heterogeneous agents and asset pricing model [J]. North American journal of economics & finance, 2017(42): 504-512.

[213]LI K, MORCK R, YANG F, et al. Firm - specific variation and openness in emerging markets[J]. Review of economics & statistics, 2004, 86(3): 658-669.

[214]LI W, WANG S S. Daily institutional trades and stock price volatility in a retail investor dominated emerging market [J]. Journal of financial markets, 2010, 13(4): 0-474.

[215]LI Y S, LI Y. Liquidity and asset prices: a new monetarist approach [J]. Journal of monetary economics, 2013, 60(4): 426-438.

[216]LI Y, YANG L Y. Prospect theory, the disposition effect, and asset prices[J]. Journal of financial economics, 2009(107): 715-739.

[217] LIANG H, YANG C, ZHANG R, et al. Bounded rationality, anchoring - and - adjustment sentiment, and asset pricing [J]. North American journal of economics& finance, 2017(40): 85-102.

[218]LIN C, LIN P, SONG F M, et al. Managerial incentives, CEO characteristics and corporate innovation in China's private sector [J]. Journal of comparative economics, 2011(39): 176-190.

[219]LIN Q. Noisy prices and the Fama-French five-factor asset pricing model in China [J]. Emerging markets review, 2017(31): 141-163.

[220]LUCAS R, STOKEY N. Money and interest in a cash-in-advance econ-

omy [J]. Econometrica, 1987, 55(3): 491-513.

[221]MANDELKER G N, RHEE S G. The impact of the degrees of operating and financial leverage on systematic risk of common stock[J]. The journal of financial and quantitative analysis, 1984, 19(1): 45-57.

[222] MANSFIELD E. Industrial research and technological innovation: an econometric analysis[M]. New York: Norton, 1968.

[223]MARKOWITZ H M. Portfolio Selection[J]. Journal of finance, 1952, 7(1): 77-91.

[224] MARQUERING W, VERBEEK M. An empirical analysis of intertemporal asset pricing models with transaction costs and habit persistence[J]. Journal of empirical finance, 1999, 6(3): 243-265.

[225]MENG X Y, ZHANG Y Y, WEI X H. Market value of innovation: an empirical analysis on China's stock market[J]. Procedia computer science, 2015 (55): 1275-1284.

[226]MERTON R C. An inter-temporal capital asset pricing model[J]. Econometrica, 1973, 41(5): 867-887.

[227]SPENCE M. Job Market Signaling[J]. Quarterly journal of economics, 1973, 87(3): 355-374.

[228]MILLIKEN F, MARTINS L. Searching for common threads: understanding the multiple effects of diversity in organizational groups[J]. Academy of management journal, 1996(21): 402-433.

[229]MIRANDA M J, RUI X. Maximum likelihood estimation of the nonlinear rational expectations asset pricing model[J]. Journal of economic dynamics & control, 1997, 21(8-9): 1493-1510.

[230]MITTON T. A cross-firm analysis of the impact of corporate governance on the East Asian financial crisis [J]. Journal of financial economics, 2002, 64 (2): 215-241.

[231]MODIGLIANI F, MILLER M H. The cost of capital, corporation finance and the theory of investment [J]. American economic review, 1958, 48 (3):

261-297.

[232] MOSNIER H, GAYET B. Are scientific indicators of patent quality useful to investors? [J]. Journal of empirical finance, 2004, 11(1): 91-107.

[233] MYERS S, MARQUIS D G. Successful industrial innovation: a study of factors underlying innovation in selected firms [R]. Washington: National Science Foundation, 1969, 69-71.

[234] NICHOL E, DOWLING M. Profitability and investment factors for UK asset pricing models [J]. Economics letters, 2014, 125(3): 364-366.

[235] NING J. Corporate innovation strategy and stock price crash risk [J]. Journal of corporate finance, 2018(53): 155-173.

[236] OURA M, ZILBER S N, LOPES E L. Innovation capacity, international experience and export performance of SMEs in Brazil Mauricio [J]. International business review, 2016, 25(4): 921-932.

[237] PANCHENKO V, GERASYMCHUK S, PAVLOV O V. Asset price dynamics with heterogeneous beliefs and local network interactions [J]. Journal of economic dynamics & control, 2013, 37(12): 2623-2642.

[238] PICARD R G, RIMMER T. Weathering a recession: effects of size and diversification on newspaper companies [J]. Journal of media economics, 1999, 12(1): 1-18.

[239] PRAJOGO D L. The relationship between innovation and business performance: a comparative study between manufacturing and service firms [J]. Knowledge and process management, 2006, 13(3): 218-225.

[240] PREACHER K J, HAYES A F. Asymptotic and resampling strategies for assessing and comparing indirect effects in multiple mediator models [J]. Behavior research methods, 2008, 40(3): 879-891.

[241] PRUNA R T, POLUKAROV M, JENNINGS N R. Avoiding regret in an agent-based asset pricing model [J]. Finance research letters, 2017(24): 273-277.

[242] RAMCHAND L. Asset pricing in open economies with incomplete

markets: implications for foreign currency returns [J]. Journal of international money & finance, 1999, 18(6): 871-890.

[243] SCHUMPETER J A. Capitalism, socialism, and democracy [M]. New York: Harper and Brothers, 1942.

[244] SHANNON C E, WEAVER W. The mathematical theory of communication [J]. Mobile computing and communications review, 1948, 5(1): 3-55.

[245] SHARPE W F. A simplified model for portfolio analysis [J]. Management science, 1963, 9(2): 277-293.

[246] SHARPE W F. Capital Asset Prices: a theory of market equilibrium under conditions of risk [J]. Journal of finance, 1964, 19(3): 425-442.

[247] SIAS R W. Volatility and the institutional investor [J]. Financial analysts journal, 1996, 52(2): 13-20.

[248] SMITH K G, SMITH K A, SIMS H P, et al. Top management team demography and process: the role of social integration and communication [J]. Administrative science quarterly, 1994, 39(3): 412-438.

[249] STIGLITZ J E, WEISS A. Credit rationing in markets with imperfect information [J]. The American economic review, 1981, 71(3): 393-410.

[250] STOFFMAN N S. Individual and institutional investor behavior [D]. Michigan: University of Michigan, 2008.

[251] SULISTYO H, SIYAMTINAH. Innovation capability of SMEs through entrepreneurship, marketing capability, relational capital and empowerment [J]. Asia pacific management review, 2016(21): 196-203.

[252] TIHANYI L, ELLSTRAND A E, DAILY C M, et al. Composition of the top management team and firm international diversification [J]. Journal of management, 2000, 26(6): 1157-1177.

[253] TOBIN J. Liquidity preference as behavior towards risk [J]. Review of economic studies, 1958, 25(2): 65-86.

[254] WAGNER A F, ZECKHAUSER R J, ZIEGLER A. Company stock price reactions to the 2016 election shock: Trump, taxes, and trade [J]. Journal

of financial economics, 2018, 130(2): 428-451.

[255] WANG H, BOATWRIGHT A L. Political uncertainty and financial market reactions: a new test[J]. International economics, 2019(160): 14-30.

[256] WEI L, WU L. What a diverse top management team means: testing an integrated model[J]. Journal of management studies, 2013, 50(3): 389- 412.

[257] WEI Y H, ZHANG H Y, WEI J. Patent elasticity, R&D intensity and regional innovation capacity in China[J]. World patent information, 2015(43): 50-59.

[258] WIERSEMA M F, BANTEL K A. Top management team demography and corporate strategic change[J]. Academy of management journal, 1992(35): 91-121.

[259] WONG A, FONG T. An analysis of the interconnectivity among the Asia-Pacific economies[Z]. Hong Kong Monetary Authority Working Paper, 2010.

[260] XU Z X. Economic policy uncertainty, cost of capital, and corporate innovation[J]. Journal of banking & finance, 2020(111): 105698.

[261] YANG C, ZHANG R. Dynamic sentiment asset pricing model [J]. Economic modelling, 2014, 37(574): 362-367.

[262] YANG C, ZHOU L. Investor trading behavior, investor sentiment and asset prices [J]. North American journal of economics & finance, 2015 (34): 42-62.

[263] YANG S P. Exchange rate dynamics and stock prices in small open economies: Evidence from Asia-Pacific countries[J]. Pacific-Basin finance journal, 2017(46): 337-354.

[264] YIM S. The acquisitiveness of youth: CEO age and acquisition behavior [J]. Journal of financial economics, 2013, 108(1): 250-273.

[265] YIN-CHING JAN, PETER SHYAN-RONG CHOU, MAO-WEI HUNG. Pacific Basin stock markets and international capital asset pricing [J]. Global finance journal, 2000, 11(1-2): 1-16.

[266] YU G J, HONG K H. Patents and R&D expenditure in explaining stock

price movements[J]. Finance research letters, 2016(19): 197-203.

[267] ZHANG W, BI Z, SHEN D. Investor structure and the price-volume relationship in a continuous double auction market: an agent-based modeling perspective[J]. Statistical mechanics and its applications, 2017(467): 345-355.

[268] HUTTON A P, MARCUS A J, TEHRANIAN H. Opaque financial reports, R2, and crash risk[J]. Journal of financial economics, 2009, 94(1): 67-86.

[269] ZHOU L, SADEGHI M. The impact of innovation on IPO short-term performance: evidence from the Chinese markets [J]. Pacific-Basin finance journal, 2019(53): 208-235.

后 记

本书在研究和撰写过程中，得到很多老师和朋友的帮助。在本书付梓之际，要向他们致以最崇高的敬意和最真诚的谢意！

感谢河南大学商学院、河南大学工商管理博士后流动站对本书出版提供的资助，学院和学校对青年教师科研工作的大力支持为本书的顺利出版提供了极大的帮助。

感谢国家社会科学基金年度重点项目“混合所有制改革背景下基于现代企业理论的国有企业公司治理机制创新研究”(项目编号：19AGL013)、中国博士后科学基金面上项目“行为金融视角下数字化转型的股票市场定价及韧性赋能效应研究”(项目编号：2023M730974)对本书研究工作的资助。

此外，还要感谢身边的老师、朋友和同行对本书撰写的支持和帮助。学术研究是一件苦心孤诣的事情。路漫漫其修远兮，吾将上下而求索，初心不改，砺砺前行。身边优秀的前辈是我们学术研究的启蒙老师和人生榜样；家人的支持是我们前进道路上的不竭动力和坚实后盾。

在本书的撰写过程中，我们参考了大量的中外文书籍和文献，并基于CSMAR、Wind、CCER等专业数据库，以及上市公司、国家知识产权局、交易所等公布的信息进行了数据补充和核对，还查阅了世界知识产权组织和国家发布的有关政策文件与统计资料，在此对相关机构及学者一并表示感谢。

由于时间仓促，加之水平有限，书中难免存在疏漏和不足，恳请专家学者和广大读者朋友指正。

张　慧　陈其安

2023 年 9 月